なぜ女性は ケア労働をするのか

性別分業の再生産を超えて

山根純佳

勁草書房

はしがき

なぜ女性はケア労働をするのか。本書においてこの問いは、家庭、労働市場、両領域でのケアをめぐる性別分業に対して向けられている。近年、育児にかかわる父親や、介護にかかわる夫や息子がクローズアップされているが、多くの女性が育児、介護責任を引き受けている現状は変わらない。労働市場においても、保育、看護など他者を世話するケア労働は、長らく女性職でありつづけている。そして女性が担うケア労働のなかでも、もっとも低賃金で周辺化されているのが介護労働である。介護保険制度は「ケアの社会化」を前進させた一方で、家庭から労働市場へと性別分業を拡大させた。家庭のケアの経験者である女性にとっては、介護労働は自分のケア能力をいかすことができる雇用の場であり、また夫の扶養のもとで家計補助的に働く限り、低賃金も問題化されない。このように「ケアの社会化」は、家庭の性別分業と密接に結びつきながら、労働市場における性別分業と男女賃金格差を再生産している。

ではなぜ、家庭でも労働市場でも女性はケア労働をするのだろうか。極めてシンプルなこの問いに答えることは、意外に難しい。たとえばこれまでのジェンダー研究では、権力構造によって女性がケア労働を強いられているとする説明と、ケアの価値を内面化した女性がケア労働を自発的に選択しているとする対立する説明の二つが併存してきた。また、この二つの枠組は性別分業の再生産については説明するが、女性が性別分業を変容させていく可能性について説明しえない。

こうした隘路を乗りこえるべく本書が採用したのが「エージェンシー agency」概念である。ポスト構造主義フェミニズムにおいて構造的決定と主体（の自由）の対立を乗りこえる概念として提示されたエージェンシーは、構造の変動や権力への抵抗に結びつけられてきた。それに対し本書では、エージェンシーを行為者の能動的実践としてとらえ、性別分業の再生産にも変動にも共にかかわるものとして位置づける。構造的制約のなかで自らに有利な選択をしようとする実践の結果として、男女間の利益格差をもたらす性別分業が再生産されている。このような視点によって、女性にとってケア労働は強いられた選択なのか望んだ選択なのかという対立問題を乗りこえることができる。本書の前半（第一章〜第三章）では、従来の性別分業論の批判的検討をとおして、家庭の性別分業の再生産に女性のエージェンシーがどのようにかかわっているのか考察する。女性が労働市場から撤退し、家庭のケア責任を引き受けるのはなぜなのか。また低賃金やボランティアのケア労働を選択していくのはなぜなのか。女性のエージェンシーによる性別分業の再生産メカニズムと、女性の実践を規定している「構造」の双方について明らかにする。

さらにエージェンシー概念は、行為者の実践による社会変動の可能性をも明らかにしてくれる。女性は与えられた構造にただ従う受動的存在ではなく、既存の性別分業を不都合とみなせば、相互行為をとおしてその状況を変えようと試みる。本書の後半（第四章〜第六章）では、こうした行為者の実践を「交渉実践」としてとらえ、性別分業の変動の可能性について考察する。第四章では、家庭のケア分担をめぐる夫婦間の交渉実践について、第五章、第六章では介護労働市場における事例研究をもとに、既婚女性ケアワーカーや、女性職に参入した男性ヘルパーの交渉実践とその効果についてとりあげる。

このように女性のエージェンシーに注目することは、従来の女性像をめぐる対立を乗りこえるだけでなく、ケア労働を選びとっていく女性の実践を支えている構造や、行為者が変えたくても変えられない「変動を制約している構造」を明らかにすることにもなる。家庭と労働市場において再生産されている性別分業の解消のためにどのような構造の変容が求められているのか、実践的な方策についても本書では考えていきたい。

家庭の性別分業を解消するケアの社会化が、ジェンダー平等にとってユートピアではないことは明らかである。さらにケアをめぐる分業は、ジェンダーだけでなく、エスニシティの差異をともなって再編されている。日本でも、労働力不足を補うべく外国人介護労働者の受け入れが始まった。ケア労働市場におけるジェンダー間、エスニシティ間の格差を拡大、再生産しないために何が求められているのだろうか。本書での考察が、「よりよいケアの社会化」のあり方について考えるためのヒントになれば幸いである。

なぜ女性はケア労働をするのか

――性別分業の再生産を超えて

／目次

はしがき

序　章　性別分業論に今何が必要とされているか……1
1　ケアの社会化と変動――家庭から労働市場への性別分業の拡大と再編　1
2　なぜ女性はケア労働をするのか――「物質構造決定論」と「主体選択論」　4
3　近年のジェンダー研究の二つの潮流――「言説」と「資源配分」　9
4　本書の枠組――エージェンシーと性別分業の再生産・変動　25

第一章　性別分業の再生産論の到達点と課題……39
――「能動的実践」とは何か
1　ギデンズとブルデューの「構造」と「実践」　40
2　言説による実践の構造化――江原のジェンダー秩序論　51
3　再生産論の乗りこえ――「構造」「実践」「権力」「カテゴリー還元的説明」　68

第二章　性別分業再生産におけるエージェンシー――なぜ女性は家庭に入るのか　79

1　マルクス主義フェミニズムにおける「家父長制」と「唯物論」　80
2　家庭における家父長制――デルフィの家内制生産様式　85
3　労働市場における家父長制――ハートマンの「労働力の支配」　90
4　家父長制概念への批判――性別分業再生産における男性と女性の実践　95
5　家父長制から「ジェンダー」へ――労働市場の性別職域分離　101
6　性別分業を選択する女性の利益――世帯単位の合理的選択　106

第三章　言説に対する批判的解釈実践――なぜ女性はケア責任を重視するのか　117

1　無意識におけるケアの価値――チョドロウの母親業の再生産論　118
2　女性の発達とケアの価値――ギリガンの「ケアの倫理」　126
3　「ケアの倫理」への批判――女性の声の多様性と排除された声　131
4　母親の経験とケアの価値――ケア倫理学における女性の価値　144

5 ケア責任を構成する構造的条件——資源配分と他者の言説実践 149
6 批判的解釈実践と変動の契機 165

第四章 家庭における交渉実践と変動——ケア労働の配分をめぐる交渉と権力……175
1 男女間の「権力」をめぐる理論的対立——経済資源と言説 177
2 権力資源と権力作用の多様性 180
3 交渉実践のバリエーション——育児をめぐる交渉実践1 186
4 交渉実践における意識と利益の変容——育児をめぐる交渉実践2 194
5 介護責任をめぐる「見えない交渉」 202
6 交渉実践による性別分業の変動と構造的限界 204

第五章 女性ケアワーカーの交渉実践……215
1 ケア労働市場のジェンダー構造の再生産メカニズム 217
2 介護労働市場におけるワーカーズコレクティブの位置 226

3　ワーカーズコレクティブの交渉実践――自律的な労働を求めて　232
4　ワーカーズコレクティブの実践の効果　247

第六章　男性ヘルパーの交渉実践と性別職域分離　253
1　女性職における男性ヘルパーの位置　254
2　男性ヘルパーの生存戦略――同化戦略、差異化戦略　259
3　ケアワーカーの交渉実践の変動力と構造的限界　270

終　章　性別分業の再生産を超えて　277
1　エージェンシー概念の意義と貢献――構造決定論の乗りこえ　278
2　性別分業の性支配性と解消策――結果の不平等と交渉力の格差　286
3　今後の課題――「女性間の多様性」と「女性間の格差」　294

あとがき　301

参考文献
人名索引・事項索引

序章　性別分業論に今何が必要とされているか

1　ケアの社会化と変動
――家庭から労働市場への性別分業の拡大と再編

問題の所在

近代家族における男性＝賃労働、女性＝家事労働という性別分業 gender division of labor の解体は、フェミニズムの主要なテーマである。近年では、家事労働はとりわけケア労働として焦点化され、女性のケア労働の負担が問題化されるとともに、「ケアの社会化」が求められている。

日本では急速な高齢化による家族の介護負担の限界が社会的に認知され、二〇〇〇年の介護保険制度導入によって介護の社会化への道が開かれた。家庭での愛の奉仕や義務としてとらえられてきた介護は、対価の発生する「労働」「サービス」として認知されるようになった。「半ペイドワーク」でケアを提供してきた有償ボランティアから発展したＮＰＯや、民間営利企業もサービス供給主体として位置づけられ、女性の雇用機会を拡大した。一方、介護労働市場への男性の参入も増えたものの、介護労働はいまだ八割以上を女性が占める「女性職」となっている。[1] とくに家事労働（生活援助）を含むホームヘルプ労働の担い手は九割以上が女性である。非正規の登録ヘルパーの平均月給は約八万円と、女性の低賃金労働が再生産されている。[2] さらに「施設＝若年男女、ホームヘルプ＝中高年女性」という「世代別・性別職域分離」や、介護労働者の男女賃金格差も再生産されている。

一方育児をめぐっては、保育サービスの整備や男性の参加は進んでおらず、もっぱら女性の責任でありつづけている。多くの女性が出産を機に労働市場から撤退し、子育て後非正規労働者として労働市場に参入する。そして介護労働は、こうした家計補助的に働く既婚女性の雇用の受け皿となっている。男性は市場労働、女性は家庭のケア労働という「完全な性別分業」は姿を消しつつあるが、ケアをめぐる性別分業は家庭から労働市場へと拡大している。本書の関心は、このケアをめぐる「性別分業の拡大・再編」のメカニズムを明らかにすることにある。

日本以外の先進諸外国に目をむけると、労働市場の介護労働の女性職化は、新しい問題ではない。いち早く保育や介護などのケアが社会化された北欧諸国では、一九八〇年代からケア労働の女性職化をさして「全体社会の家父長制」（Siim［1987］）と呼ばれてきた。スウェーデンでは、高齢者・障がい者ケアの職種では女性が九割を占めており、近年では、公的部門のケア労働の賃金低下も指摘される（Anker［1998］; 久場［2007］）。ケアの社会化が、ジェンダー公正の観点からみてユートピアではないことは確かである。

さらに労働市場のケア労働における分業は、ジェンダーだけでなく、階級、エスニシティという変数をともなってグローバルに再編されている。ケアの市場化の道を歩むアメリカでは、育児であれ介護であれ、ケア労働を担っているのは移民、移住労働者であり、なかでも専門性の低い在宅介護を担っているのは、エスニック・マイノリティの女性労働者である（安里・牧田［2007］）。ケアの市場化は、先進国の女性が安価なケア・サービスを購入してキャリアアップしていくことを可能にする一方、女性間の格差を拡大させている。市場化であれ、福祉国家による公的ケア・サービスの供給であれ、ケアの脱家族化を達成した国では、男性の参入が進む前に、エスニシティ、階級格差を伴った性別分業の再編がおこっている。こうした変化は、フェミニズム理論家シルヴィア・ウォルビーが、労働市場の男性支配を指す「公的家父長制」（Walby［1990:59］）という概念を捨て、女性間の格差の伴った「公的領域のジェンダー体制 gender regime」（Walby［2000］）と呼びかえていることに、象徴的にみてとることができる。家庭から労働市場へのケアをめぐる分業の拡大は、従来と同じ秩序の再生産ではなく、新しい秩序の登場であることは間違いない。

そして日本でも二〇〇八年から看護、介護労働者不足を補うべく、インドネシア、フィリピンからの看護・介護労働者の受け入れが開始された。移住女性労働者からみれば、先進国でケアワーカーとして就労することは、自国の何倍もの給料を獲得する機会となる。一方で日本の介護労働市場においては、外国人労働者の導入によって介護の低賃金化がさらに進む可能性や、日本人労働者と外国人労働者の間の賃金格差が強化されることが懸念されている。このように日本でも「性別分業の拡大・再編」という現状に対し、なんらかの取り組みが求められている。ではジェンダー、エスニシティ、階級格差を伴ったケアをめぐる分業の再編に対し、具体的にどのような方策が必要とされているのだろうか。また家庭でも労働市場でも、女性だけがケア労働を担う状況を変え、男性もケア労働に従事していくためには、どのような課題を乗りこえていくべきなのだろうか。本書の関心は、ケアをめぐる性別分業の拡大・再編のメカニズムを把握するという理論的関心に加えて、性別分業の解消に有効な実践的方策を見出すことにある。

しかし、そのためには家庭でも労働市場でも性別分業が再生産されるそのメカニズムを把握することが必要である。ではなぜ、女性は、家庭でも労働市場でもケア労働をするのか。この問いに対する十分な答えを私たちは手にしているだろうか。

2 なぜ女性はケア労働をするのか
――「物質構造決定論」と「主体選択論」

「なぜ女性はケア労働をするのか」という問いをめぐっては、主に家庭の性別分業を対象にした大量の研究蓄積がある(3)。しかし性別分業の再生産メカニズムをめぐっては、フェミニズム研究において二つの対立する説明が併存してきた。

一方に、性別分業の再生産メカニズムを物質的構造や権力構造から説明する「物質構造決定論」がある。他方、女性は「内面化した価値」にもとづいて自発的にケア労働を選んでいるとする「主体選択論」がある。後者は精神分析や心理学に依拠したフェミニズム、社会学の社会化理論にも所与の前提として入りこんでいる。この二つの理論は、家庭の性別分業の再生産について以下のように異なる説明をしてきた。

「物質構造決定論」の代表的理論であるマルクス主義フェミニズムは、無償の家事労働が近代社会における女性の抑圧を規定しているとして、家父長制という「構造」によってそのメカニズムを説明した。この説明によれば、近代家父長制のもとで二重の意味で女性は犠牲者である（Hartmann［1976］; Delphy［1984］; 上野［1990］）。第一に家長である男性の権力によって女性はケア労働を強いられている。第二に、そのような男性の権力がつくってきた家庭や労働市場の「物質的構造」が、女性にケア労働するように強いている。

それに対し「主体選択論」は、性別分業の再生産を、ジェンダー化した女性主体の価値の問題として説明する。この説によれば、女性は母子関係や幼少期の社会化の過程をとおして、ケアを重視する価値を内面化し、自発的にケア労働を選択している（Chodorow［1978］; Gilligan［1982］）。

そして家庭の性別分業をめぐるこの二つの理論枠組は、労働市場の性別分業をめぐっても異なる説明をおこなう。「物質構造決定論」にもとづけば、男性の権力によって維持されている家庭や労働市場の構造によって、女性は低賃金で不安定なケア労働に就くことを強いられている。この説明は、現在、社会化された介護労働が低賃金であり、またホームヘルプ労働などのより低賃金、不安定な職が女性職化していることをみると、一定の有効性をもつように思われる。他方「主体選択論」にもとづけば、労働市場のケア労働に女性が参入するのは、彼女たちの内面化された価値のためである。若い女性が看護師や介護士などの職を選択したり、家庭の子育てを終えた女性がボランティアや有償のケア労働に従事していることをみると、この説明にも一定の意義があると考えられる。

このように「物質構造決定論」と「主体選択論」は、家庭の性別分業をめぐっても、労働市場の性別分業をめぐっても、対立する説明をおこなう。もちろん「主体選択論」においても、女性は構造から自由な主体であるわけではなく、「ジェンダー化された主体」をつくりあげる所与の「言説構造」が想定されている。つまり女性が性別分業を変動させる可能性については論じないという意味では「構造決定論」の一種である。ただし「主体選択論」は、いったん主体化した女性にとって、ケア労働は選択に値する価値のある労働であり、性別分業は女性の望んだ選択の結果である、と論じる。その意味で「物質構造決定論」が想定するように、女性は性別分業を強いられているわけではない。性別分業の再生産過程において女性は、男性がつくりだした構造（家父長制）の犠牲者なのか、それとも自発的な選択をおこなっているのか。性別分業をめぐる「物質構造決定論」と「主体選択論」は、その理論的前提そのものの限界という点から問い直される必要がある(4)。

女性間の多様性・格差

さらに近年の社会変動は、この「物質構造決定論」と「主体選択論」の限界を以下のように露呈させている。

第一に女性間の格差について。ケアと女性の労働の再編は、女性間の格差を顕在化させ、マルクス主義フェミニズムの家父長制論における「男性支配者・女性犠牲者」という性支配のとらえ方の限界を露わにした。家庭で専業主婦として育児、介護を引き受ける女性、家計補助的賃金を稼ぐためにケア労働で働く既婚女性、家庭のケア労働を担いながら低賃金で働くシングルマザー、そして労働市場で高い地位に就き、経済資源を利用してケアサービスを買う女性。これらの女性の間には、所有する資源や選択肢に大きな違いがでてきており、すべての女性を一枚岩的に「構造の犠牲者」と位置づけることはできなくなっている。

第二に、変動によって顕在化している女性間の価値の多様性の問題である。専業主婦として育児などのケア労働に満足している女性たちと、非婚化、少子化にみられるように子育てを自己実現としない女性たちのあいだの価値や解釈の多様化が顕在化してきている。しかし、この女性の経験への意味づけや価値の多様性についても、二つの理論は適切な説明を与えることはできない。「物質構造決定論」は、ケア労働に満足している女性の経験、すなわち抑圧の経験の不在を、「虚偽意識」(「騙されている！」)の概念を用いることによってしか説明することができない。一方で「女性はケアの価値を内面化している」とする「主体選択論」は、なぜケア労働を好まない女性がいるのか、なぜ主体の意識のレベルでの変容が起こっているのかを説明することができない。

もちろん女性間の格差、多様性は、近年の社会の変動によって登場した新しい問題群なのではなく、再発見された問題群にすぎない。フェミニズムのこれまでの理論は、性別分業というテーマを問題化し分析するために汎用性をもった理論を構築する必要があった。その過程では、女性間の格差・多様性はいわば棚上げにされてきたのである。その意味でこれらの論点は、現在だけでなく過去の歴史的分析においても必要とされる視点であり、フェミニズム理論全体のあり方を問う重要な問題である。

また女性間の格差、多様性が顕在化したからといって、「女性」「男性」というカテゴリーを前提とした性別分業が、もはや問うべき問題ではなくなったわけではない。現在でも、育児や介護をめぐって家庭のケア責任の多くは女性にあり、また低賃金のケア労働を支えているのは、家庭のケア負担を背負った女性たちである。そして、いまだ多くの女性がやっている労働は、無償や低賃金という点で社会的評価の低い労働でありつづけている。よって、変動や多様化だけに目を奪われるのではなく、女性間格差や多様性を含みこみながらも性別分業が再生産されるのはなぜか、ケアをめぐる性別分業の変わりがたさを明らかにすることも重要な課題だと考えられる。そのためには一部の女性の経験を本質化したり、一部の女性の経験を他者化することなく、さまざまな位置にある女性の選択肢や抑圧の質の違いを明らかにする視点が必要とされる。このような視点で性別分業の再生産メカニズムを明らかにすることは、性別分業を変革するために必要とされている処方箋は何なのか、実践的課題の明確化につながると考えられる。

以上みてきたように「なぜ女性はケア労働をするのか」を説明する「物質構造決定論」と「主体選択論」は、両者の理論的対立が乗りこえられておらず、また変動によって顕在化した女性間の多様性・格差を論じることができないという点で限界をもっている。ケアをめぐる「性別分業の拡大・再編」のメカニズムについて明らかにするには、両者の限界を乗りこえる視角を提示する必要がある。以下ではこの理論的対立の乗りこえをはかりながら、「なぜ女性がケア労働者になるのか」を考えていくことにしたい。

3　近年のジェンダー研究の二つの潮流
――「言説」と「資源配分」

では、性別分業をめぐる「物質構造決定論」と「主体選択論」の乗りこえを、どのような点から進めていくべきなのだろうか。まず注目したいのは、近年のジェンダー研究において提示されている新たな分析視角である。これらの研究において、従来の「家父長制」に代わって主要概念となっているのが「ジェンダー」である。さらにこのジェンダー概念に依拠した近年の研究にも、大きく二つの潮流がある。一方に、ジェンダーの構築をめぐって言説の作用に注目するポスト構造主義フェミニズムの流れがある。この分析視角では「ジェンダー」とは、性差に関する「知」「認識枠組」を含む「言説 discourse」を意味する。他方、男女間の機会や資源の配分に焦点をあてるジェンダー分析がある。この潮流においては「ジェンダー」とは、男性、女性への資源や機会の配分のされ方によって社会的に見出される性差のことをさす。本節では、これら近年のジェンダー研究の特徴をまとめ、それらが性別分業論に対しどのような意味をもっているのか確認し、本書の課題をより明確にする作業をおこないたい。

ジェンダー概念の転換と「エージェンシー」――ポスト構造主義フェミニズム

まず、歴史学、人類学、社会学、教育学など領域横断的に受容されているポスト構造主義フェミニズムの潮流についてとりあげよう。ポスト構造主義フェミニズムの核心は、「ジェンダー」概念そのものの転換にある。それ以前のフェミニズムにおいて、ジェンダーは「生物学的性差」である「セックス」と区別された、「社会的性差」として定義されてきた。それに対しポスト構造主義フェミニズムは、「ジェンダー」を、身体や人格に備わった実体ではなく、身体や人格に意味を与える言説の作用であるととらえることで、ジェンダー概念を「性差を構築する知」へと転換させた。ここではまずポスト構造主義フェミニズムを理論的パラダイムとして確立させたジュディス・バトラー（Butler［1990; 1997］）の議論をみてみよう。

言説実践としての「ジェンダー」

バトラーの議論の根幹にあるのが、男・女という二元的な「ジェンダー」「身体」「セックス」とは異性愛制度のもとでの規範的な言説実践による構築物だ、とする「実体の形而上学」批判である。バトラーによれば、「身体」や「セックス」が基盤となって「ジェンダー」がつくられているのではなく、「ジェンダー」こそが「セックスを確立している」（Butler［1990 = 1999: 29］）。つまり、ジェンダーとは「女」という名詞でも、「女とは～である」という属性でもなく、その効果において、首尾一貫した主体をつくりあげる実践、行為のことをさす。

ジェンダーはつねに「おこなうこと」であるが、しかしその行為は、行為の前に存在すると考えられる主体によっておこなわれるものではない。……「おこなうこと、もたらすこと、なることの背後に『あること』はない。『行為者』は行為に付けられた虚構でしかない――行為がすべてである。」（Butler

［1990＝1999：58］）

「ジェンダーとは『おこなうこと』である」というバトラーのジェンダー概念の転換は、「主体subject」は、あらかじめ存在する実体ではなく、言説実践の結果にすぎないという「主体」批判に論理的に結びつく。バトラーは「権力の法システムはまず主体を生産」するとしたミッシェル・フーコー（Foucault［1978＝1986］）に依拠して、以下のように述べる。

構造で規定される主体は、構造に隷属することによって、構造が要求する事柄に見合うように形成され、定義され、再生産されていく。この分析が正しければ、女を、フェミニズムの「主体」として表象しようとする言語や政治の法組織は、表象の政治の既存の一形態を言説で組み立てたもの、その結果にすぎないということになる。（Butler［1990＝1999：20］）

こうしてバトラーは、女性という集団の同一性の虚構性をも指摘する。バトラーによれば、ジェンダーは、人種、階級、民族、性、地域にまつわる言説によって構築されているアイデンティティの様態と、複雑に絡み合っており、異なった歴史的文脈を貫いてジェンダーがつねに一貫して矛盾なく構築されているわけではない。よって「もしもひとが女で『ある』としても、それがそのひとのすべてではない」し、「家父長制」という概念が想定しているように「普遍的、覇権的な構造のなかに、女の抑圧の単一な形態がある」わけではない（Butler［1990＝1999：22］）。

さらにバトラーはこのように徹底した言説構築主義をとおして、「主体」から「エージェンシーagency」への理論的転換を図る。人々が言説によって構築されていることは、言説によって決定づけられていることではない。バトラーは、多元的意味づけに開かれている言説実践をエージェンシーととらえ、発話による構造の変動の可能性について、言説と主体をめぐる従来の理論を批判しながら以下のように理論化する（Butler［1997＝2004］）。まず言説による「主体＝従属化 subjection」論について。イデオロギーを神の声にたとえ、「主体」は呼びかけ interpellation への応答を通じて構築されるとしたアルチュセール（Althusser［1971］）に対し、バトラーは「呼びかけ」は神の権力のようにふり向かせる統治的権力をもっているわけではなく、「慣習を引用」しているだけであり、よって呼びかけによる主体の構築は潜在的には非決定的であるとする（Butler［1997＝2004：52］）。

次に言説の「慣習」についてバトラーは、発話内行為は既存の慣習に頼ることによってその力と効果を得るとしたジョン・オースティン（Austin［1960］）の議論に対し、言葉の意味は文脈や慣習に拘束されるものではなく、言葉には未来の予見できない意味も凝縮していると述べる。バトラーによれば、発話は発話者が意図した効果と、意図しなかった効果の両方を有するのであり、行為の結果を統治できる主体は存在しない（Butler［1997＝2004：60–61］）。つまり、発話の社会的意味は言語の歴史性によって決定されているが、一方で言語を別のものを差し示すように置き換えることで、言語に新しい意味を与え、権力を撹乱することもできる。こうしてバトラーは言語の「意味の非決定性」に、構造の変容の可能性を見出す。

ここでバトラーのいう「発話」とは、相互行為における「発話」だけをさすのではなく、集合的な言説実践や広い意味での行為もさす。たとえばバトラーは、既存の言語を用いることによる抵抗の実践として、フェミニズムが「自由」や「人権」の概念を用いて、女性の不平等を可視化し、資源の獲得や法的平等を達成してきたことをあげる（Butler［1999］）。

このように、ジェンダーを実体としての「性差」から「言説実践」へ、また構造の再生産・変動の担い手を「主体」から「エージェンシー」へと転換させた点でバトラーの理論的な意義は大きい。「女」は一貫した価値を内面化した主体なのではなく、そのつどそのつどの言説における呼びかけによって「主体」として構築されつづけている。女性という集団的アイデンティティもまた言説実践の産物である。バトラーのこの視点にもとづけば、女性は男性と異なる価値を内面化した主体であるとする「主体選択論」も、女性を一枚岩的な「構造の犠牲者」としてとらえる「物質構造決定論」も批判されることになる。しかしバトラーの議論だけでは、ポスト構造主義フェミニズムの理論が性別分業の再生産過程の説明に対してどのような意義をもつのか把握しにくい。つづいて、ポスト構造主義フェミニズムの視点で具体的な歴史的過程を分析しているジョーン・スコットの議論をみてみよう。

女性史における「主体」の脱構築

スコットは、女性史における「男性中心の歴史学批判」をより徹底させるために、ポスト構造主義の視角を導入した論者である（Scott［1999＝2004］）。女性史は、従来の歴史学における女不在の歴史の知を、歴史における女性の経験や主体性を明らかにすることで相対化することを試みてきた。しかし女性史が、男性の歴史に「労働者階級の一員として女」を書き加えたとしても、「すでに普遍的で権威ある」

ものとして確立している男性中心的な歴史に対し、女が周縁的で特殊な関係にあることを確認するだけのものになってしまう。スコットはこのような問題意識から、「意味」とは他の意味の上に成立した差異の体系にすぎないとして、あらゆる知を相対化したフーコーやデリダのポスト構造主義の視点を歴史学に導入する。つまり「女」「男」というカテゴリーをあらかじめ前提にして「女たちや男たちに何が起こり、彼らがそれにどのように反応したか」を問うのではなく、「女や男についての主観的および集団的意味がどのように構築されてきたか」、「男」「女」という「意味が作られる過程」を明らかにすることを試みる（Scott［1999 = 2004:134］）。スコットによれば「ジェンダー」とは、第一に「両性間の認知された差異にもとづく社会関係の構成要素」であり、第二に「権力の関係を表す第一義的な方法である」（Scott［1999 = 2004:103］）。

では、「主体選択論」や「物質構造決定論」に対してスコットはどのような位置にあるのであろうか。スコットもバトラー同様、「女という主体」概念の限界を指摘しているが、「女性の経験」の構築過程に照準するスコットは、「女性の経験の多様性」についてよりはっきりとした理論的説明を与えている。スコットによれば「アイデンティティと経験とは、特定の文脈または位置関係のなかで組織される可変的な現象である」（Scott［1992:32］）。つまり、言説配置によって女の「経験」が異なるのであれば、女は同一の「経験」や「利害」をもつ集団とはいえない。さらに「女」というカテゴリーの意味は流動的で、矛盾を抱えているとするスコットの説明にもとづけば、個人のアイデンティティも通時的に変化するものであり、「女」を一貫した価値を内面化した「固定的な主体」とみなすことはできない。

また社会の再生産の根本的要因を「言説」に求めるスコットは、「物質構造決定論」に立つマルクス主義フェミニズムの理論に対して、その唯物論的傾向を批判する。スコットによれば、（資本制と家父長制の相互作用の結果だとする）二重システム論にしろ、正統派マルクス主義の生産様式論にせよ、ジェンダー・システム発生の原因とその変化の説明は労働の性別分業以外のところに求められており、家父長制はいつも「生産関係の関数として発達したり変化したりしている」（Scott［1999＝2004:87］）。それに対しスコットは、「ジェンダー」とは、経済（生産）関係の副産物ではなく、社会のあらゆる編成を規定している「社会組織の基本的な一局面」であり、それゆえ独立した分析カテゴリーであると主張する。たとえば、十九世紀の労働組合が「女性の労働者の地位を真剣に防衛することを妨げたのは、想像力の不足や男権主義のためではなく、生産性と男性性とを等値するような階級の構築だった」（Scott［1999＝2004:143-144］）。このようにスコットの分析において「ジェンダー」という言説実践は、労働市場や家庭における性別分業を再生産する根本的な作用とされる。

以上のジェンダーによる社会の組織化というスコットの視点を、今日の性別分業の再生産の説明にあてはめれば、以下のようなことがいえる。「女性は他者の世話をするのに適している」という言説によって、「母性愛の主体」としての女性像が構築されていく。一方「働く母親」「育児パパ」といった言説の多様化は、母親が育児に責任をもつのが当然とする従来の秩序を変えていく。このようにポスト構造主義フェミニズムは、行為者の選択肢を規定している「言説」の作用に注目し、言説の変化による社会変動の可能性を明らかにする視角を提示している。

「言説」への注目の限界――男女間の「権力」「支配」の不在

社会の再生産を「言説」の作用に求めるポスト構造主義フェミニズムの視点は、社会学における社会構築主義の潮流と重なり、「ジェンダーの構築」をめぐる実証研究をうみだした(5)。しかしこの視点にも一定の限界がある。それはたとえば、ポスト構造主義フェミニズムの受容の限界として表れている。スコットは、ポスト構造主義フェミニズムの「主体」の解体とジェンダー概念の転換の意義は、適切に理解され受容されたとはいえず、「一九九〇年代が終わりに近づくにつれ、『ジェンダー』は私たちを驚かせ、挑発する力を失ってしまったように見える」（Scott［1999＝2004:15］）と憂い、以下のように指摘している。

> アメリカにおいてそれは「通常の用法」の一局面となり、女性、両性間の差異、およびセックスの同義語として日常的に提示されるようになってしまった……「ジェンダー分析」をおこなうと称する本の多くは、たいていの場合、女について、あるいは……女と男にたいして開かれた地位や経験、可能性の違いについての研究だと、読む前から予測できる……「ジェンダー」という語を使う多くのフェミニスト研究者は、一方で「男」と「女」が歴史的に可変的なカテゴリーであると前提することをはっきりと拒否しながら、この語を使用しているのである。（Scott［1999＝2004:15-16］）［強調引用者］

このようにスコットは、ジェンダーカテゴリーの生成に照準する自らの立場と、あらかじめ「女性」と「男性」を異なるカテゴリーとするジェンダー研究とを明確に区別し、いまだ後者が主流であることにいらだちを示す。

しかしスコットが指摘するように、この二つの「ジェンダー研究」は相対立するものなのだろうか。つまりスコットのようなポスト構造主義フェミニズムは、「女と男にたいして開かれた地位や経験、可能性の違い」に関心を示していない、といえるだろうか。私は、以下の点で二つのジェンダー研究の視角は、切り離すことはできないと考える。

それは、言説分析の研究対象の選定にかかわる問題である。スコットが述べるように「ジェンダー」の意味が、可変的で流動的であるとしても、歴史家が歴史上発見する「言説」とは、男女の権力関係をうみだした特定の「支配的言説」＝イデオロギーである。もしくは支配的言説を合理化してきた、行為者のミクロな「言説」である。たとえば歴史家は、「母親こそ一家の大黒柱だ」と考えたある子どもの逸脱的言説ではなく、「母親とは家庭的存在である」として性別分業を合理化しようとした言説に関心を示す。それは「性別分業には男女の権力関係がある」という前提をあらかじめ研究者がもっているからではないだろうか。言説分析における「権力」の同定問題について赤川学はこう指摘する（赤川［2002］）。言説＝知識が人びとの間に共有され、行為者の実践を規制することで、特定の支配－被支配関係を帰結するような特定タイプの言説の作用、すなわち「言説的権力」を「言説分析」において同定することは困難である。「言説的権力」が「支配者から被支配者に行使されるようにみえるのは、言説的権力が作用する以外の場所に、支配者と被支配者の非対称な関係が分析者によって予め前提されているからである」（赤川［2002：27］）。この赤川の指摘は見事にスコットにもあてはまる。スコットの記述においても、言説とは独立に女性の生き方が制限されていることや物質的な男性優位は客観的事実として同定されている。たとえば十八世紀フランスの女性労働の状況をめぐってスコットはこう述べる。

男と女のあいだの賃金計算の非対称は驚くほどのものであった。男の賃金には扶養と再生産のためのコストが含まれ、女の賃金はたった一人が食べていくためにすら家族による補助を必要としたのである。……男は独身であろうが結婚していようが自分の賃金で生活していけたが、女にはできなかった。（Scott［1999 = 2004 : 299］）

そして「女と男にたいして開かれた地位や経験、可能性の違い」への関心は、スコットの「ジェンダーとは権力の関係を表す第一義的な方法である」（Scott［1999 = 2004 : 103］）というテーゼのなかにも含まれている。スコットはジェンダーと権力の結びつきについて、ピエール・ブルデュー（Bourdieu［1980］）の議論に言及しながら以下のように説明する。

一組の客観的な典拠として確立されたジェンダー概念が、知覚と、あらゆる社会生活の具体的で象徴的な組織を構造化するのである。これらの典拠が権力の配分（物質的および象徴的資源にたいする支配または接近度の差）を確立した程度に応じて、ジェンダーは権力それ自体の概念と構築のなかに包含されるようになる。（Scott［1999=2004:107-108］）

そのうえでスコットは「言説」が、物質、象徴的資源への男女間の接近の格差、すなわち権力となる例として、福祉国家の女や子どもに向けた法律が、保護者的パターナリズムを内包していることをあげている（Scott［1999＝2004:108-112］）。この分析では、言説とは独立して「男女の資源への接近の差」である権力関係は同定されている。その意味で、言説と権力に注目する研究は、行為者間の行為能力や選択肢の違いといった客観的な男女の格差を暗黙に前提にしたうえで成り立っている。このことは社会の再生産過程は、言説だけではなく、その結果つくられた「女と男にたいして開かれた地位や経験、可能性の違い」によっても説明される必要があることを示唆している。

資源・機会の配分とジェンダー――フェミニストの福祉国家研究

以上のようなポスト構造主義フェミニズムの潮流とまったく対照的な道をたどっているのは、男女の選択肢の違いを、機会や資源の配分のあり方から説明するジェンダー研究の潮流である。こうした研究として近年脚光をあびているのが、福祉国家をめぐるジェンダー分析である。これらの研究は、ポスト構造主義フェミニズムのように、「主体」に関する理論的乗り越えを企図したものではなく、実証データにもよる比較研究をとおして、国家によるマクロな資源配分と人々の実践の相関関係について明らかにするものである。

フェミニズムの福祉国家批判

一九九〇年代以降「空前のブーム」（大沢［2004:18］）となっている福祉国家研究において、「ジェンダー」は無視しえない論点として位置づけられるようになった。福祉国家研究にフェミニストも参入したことで、福祉国家とジェンダーをめぐる研究は急速に拡大、深化した。フェミニストは「男性＝稼ぎ手 breadwinner」「女性＝依存的ケア労働者 dependent carer」という性別分業に、福祉国家の資源配分構造がどのような影響を与えているのかを実証的なデータをもとにあからさまに照らし出した。

しかしフェミニストの国家というアクターへの注目は近年はじまったものではない。もともとフェミニストの福祉国家批判は、一九七〇年代のマルクス主義フェミニズムの議論の延長に登場し、イギリスのフェミニストによって牽引されてきた（Wilson［1977］）。最初に批判の対象となったのは、第二次大戦後の福祉国家プランとして打ち出されたベヴァリッジ・プランのパラダイムである。ベヴァリッジ・プランでは、既婚女性は、配偶者の拠出を介してしか社会保険の受給権を得られず、たとえ彼女が賃労働者であったとしても失業や疾病による所得の中断の際に、男性と同様の所得補償を与えられなかった。こうした点からイギリスのフェミニストは、「妻を夫の被扶養者」とみなすこうした社会政策が「両性間の不平等を維持する極めて重要な手段となって」（Land［1978：284］）おり、「女性の有給雇用を補助的なものと扱い、家族内での権力や資源の配分問題を無視してきた」（Lewis［1983：4］）として批判の声をあげた。

また「ケア労働は家庭で女性が無償でおこなうのが当然である」という国家のイデオロギーを示している象徴的な政策が、イギリスで一九七五年に施行された家庭の介護者への現金給付である「介護手当 Invalid Care Allowance」制度である。この制度では「稼ぎ手であり、かつ家でケアの必要な人の世話をする不払いの活動をおこなわなければならない労働力年齢にある人」が対象とされ、夫に扶養されている女性はこの給付を得る資格を与えられなかった（Groves and Finch［1983］）(6)。女性の介護労働問題を研究してきたクレア・アンガーソンは、国家による資源の配分と女性の選択の関係についてこう述べる。

> 国家の見解が私たちの見解に影響を与えているかどうか、イデオロギーと人びとの行動の関係についてははっきりとしたことはわからないが、国家のサービス給付の構造と資源配分のあり方は、人びとの行動に直接的な影響を与えている。(Ungerson [1983:45])

フェミニストの福祉国家研究批判

福祉国家と性別分業の関係への注目は、主流の「福祉国家論」に対するフェミニストの批判として、九〇年代以降、さらに展開をとげた。フェミニストは、従来の福祉国家論が「ジェンダー間の不平等についてほとんど無視してきた」(Sainsbury [1996:1]) ことに批判の声をあげ、各国の政策を比較するための指標づくりに着手した。

こうした試みは、エスピン‐アンデルセンが福祉国家の類型化の指標としてもちいた「脱商品化 de-commodification」(Esping-Andersen [1990]) 概念への批判から展開された。資本主義社会では、労働者の生存は自己の労働力を商品化することで維持されている。一方で福祉国家によって社会サービスが権利として提供されるようになると、個人や家族は市場に依存することなく生活を維持できるようになる。エスピン‐アンデルセンはこれを「脱商品化」と呼んだ[7]。しかし、国家からの給付によって可能になる脱商品化を「社会権」が保障されている状態とみなすならば、市場からも国家からも報酬や給付を受けずに過ごす時期が長い女性は、この理論から抜けおちてしまうし、女性にとっては労働市場において自らを「商品化」することのほうが、夫に経済的依存する状態からの自立につながる。いずれにせよ、エスピン－アンデルセンの枠組では、福祉は国家と市場によって提供されることが前提され、女性の無償労働が視野に入れられていない（Orloff［1993:312］）。また年金、失業給付、疾病給付に焦点があてられており、女性の脱商品化を可能にする保育サービスが分析に加えられていない（Orloff［1993:308］）。こうした点からフェミニストは、従来の福祉国家研究がジェンダー不平等を可視化しないことに批判の声をあげた。

フェミニストの批判をふまえて、エスピン－アンデルセンの類型を前提にし、そこに女性の地位を浮かび上がらせる指標を加えて再度類型化しようという試みも男性研究者によっておこなわれた。たとえばアラン・シーロフは、「女性の働きやすさ」「家族福祉重視度」「家族給付がどちらの親に支給されるか」(8)を指標として、OECD二三ヶ国を比較し、以下の三類型を提示した（Sialoff［1994］）。それは、①家族福祉が充実しており家族給付は女性に支払われる「プロテスタントの社会民主主義的福祉国家」（北欧諸国）、②最低限の家族福祉であり家族給付女性に支払われるが、労働市場では男女の平等が比較的達成されている「プロテスタントの自由主義的福祉国家」（アメリカ、カナダ、イギリス）、③女性が働くインセンティブではなく、家庭にとどまるための強いインセンティブが存在する「先進カトリック民主主義的福祉国家」（オーストリア、ドイツ、ベルギー）である（Sialoff［1994:94-96］）。また三類型に収まらない日本とスイスのケースから、「遅れて女性が動員された福祉国家」という新たな類型が加えられた。

同様にフェミニストは、福祉国家の政策がジェンダーに及ぼす影響を検証する指標づくりに着手し、ジェンダー平等につながるオルタナティブな政策のあり方を提示してきた。ジェーン・ルイスは「男性稼ぎ手」が雇用保障と社会保障の対象であり、女性が無償で育児や介護をおこなうことが前提となった政策を「男性稼ぎ手モデル」としてとらえ、これを指標にして国家間比較をおこなっている（Lewis [1992]）。[9] またセインズベリは、「男性稼ぎ手モデル」に対し、福祉の家族依存からの脱却をすすめる「個人モデル」を設定し、その指標として、女性の福祉の受給権の根拠（婚姻上の地位、市民権、居住権）や、雇用・賃金政策、税制、ケア政策の状況をあげる（Sainsbury [1996]）。[10] これらのフェミニストの批判と議論の展開を受けてエスピン－アンデルセンは、家族の福祉やケアに関する責任が、福祉国家の給付ないしは市場からの供給によって緩和される度合いや、女性が労働力商品化されるための自律性を与える度合いをさす「脱家族化 de-familialization」の指標を加えた福祉レジーム論を改めて提起した（Esping-Andersen [1999]）。

日本のフェミニストは、諸外国のなかでも日本ではとりわけ強固な男性稼ぎ手型が維持されていると して、そのメカニズムについて考察している。大沢真理によれば、日本は日本型福祉社会のスローガンのもとに「家族だのみ」「大企業本位」「男性本位」を維持強化し、「脱商品化」にも「脱家族化」にも逆行して、強固な「男性稼ぎ手」体制を温存してきた（大沢 [1993a; 2004]）。また深澤和子は、男性稼ぎ手体制と女性のM字型就労が温存されている原因について、諸外国と異なり日本では、労働市場における男女平等推進政策が国家主導でも、企業主導でもおこなわれてこなかったことをあげている（深澤 [2003]）。

以上のフェミニストの福祉国家論批判は、国家による資源配分が男女の性別分業の選択を水路付けていることを示した。課税や社会保険の拠出権や家族給付のあり方、育児休業制度など、国家が経済資源やケア資源を「いかに」「だれに」分配するかによって性別分業のありかたが決定される。その意味でこれらの研究は、行為者の選択は資源の配分によって変わることを証明しており、間接的にではあるが「主体選択論」を反証している。

マクロな比較研究の限界――行為者の主観性の不在

ではこうした統計データを用いたマクロなジェンダー研究は、先にみた「言説」に照準するポスト構造主義のジェンダー研究の視角と、どのような関係にあるだろうか。

第一にマクロな研究は、政策の効果が限定的であったとき、その理由を十分に説明することができない。それは「言説」がつくる性別分業をめぐる人々の「認識」について把握できないからである。たとえば公的介護サービスが整備されても女性が家庭で介護をすることを選択するのは、妻としての責務を果たそうとしているためなのか、それとも、公的介護サービスの質を疑っているからなのか。政策をより効果的なものにするには、ジェンダーをめぐる「言説」が男性、女性の経験や主観的アイデンティティをどのように規定し、性別分業を再生産しているのかを考慮することが求められる。

第二にこれらの研究は、資源配分構造の転換から引き起こされる変動については説明するが、行為者の実践というミクロなレベルで起こる変動のメカニズムについては解明することはできない。各国の少子化は女性の労働力率の増加と相即して起こっている。また、家族政策の変化は、人びとの実践からなる社会の変動が福祉国家に要求した変化でもあるし、国家間の政策の違いはその国の価値や女性の政策決定への参加程度の反映でもある。女性をめぐる言説の変化や、それによって引き起こされる女性の価値や男女の関係の変容は、ジェンダーをめぐる「言説」をみなければ十分に理解することができないといえる。

4　本書の枠組
――エージェンシーと性別分業の再生産・変動

二つの構造分析と「主体選択論」「物質構造決定論」の乗りこえ

さて、以上みてきた近年のジェンダー研究の潮流は、「主体選択論」と「物質構造決定論」の対立を乗り越える性別分業の拡大・再編メカニズムを解明するという本書の課題に対し、どのような含意をもつか再度確認してみよう。

一つめの「言説」に注目するポスト構造主義フェミニズムは、言説がいかに「女」「男」という「ジェンダー」をつくりだしているのかに照準し、性差に関する知（ジェンダー）に従って人びとが社会を構成していく動的過程を説明する。二つめの潮流である福祉国家のジェンダー分析は、「女」「男」というカテゴリーをあらかじめ設定し、経済資源やケア資源などの資源配分が、男女の選択にどのような影響を与えているか分析する。このように二つのジェンダー研究は、「言説」であれ「資源」配分であれ、行為者の選択はこれらの構造によって制約されているとしており、価値を内面化した「女」を前提にした「主体選択論」には依拠していない。

ただし行為者の選択を制約する構造をめぐっては、両者は「言説」と「資源」というまったく異なる側面に注目する棲み分け状況にあり、両者とも自らの理論的優位性を主張している、もしくはしえているわけではない。上述したようにポスト構造主義フェミニズムの分析も、男女間の非対称的な資源と選択肢の配分が社会の秩序を再生産していることを前提としている。他方、福祉国家のジェンダー分析も、言説の影響を否定する主張をしているわけではない。このように考えると、性別分業の再生産にかかわる構造を「資源」、もしくは「言説」、どちらか一方ととらえるよりも、両者とも性別分業の再生産と変動にかかわる「構造」であると考えるのが適切であろう。だとすれば、「言説」を視野に入れず「物質的構造」から性別分業の再生産を説明する「物質構造決定論」も、「構造」を「物質構造」に還元している点で限界があるといえる。

すなわち、本書の課題である「性別分業の拡大・再編」をめぐっては、以下のような意味で「言説」「資源」の影響を考えることができる。まず「女性＝家庭のケア労働者」という「言説」は、労働市場においても「ケア＝女性の労働」ととらえる言説を再生産し女性が看護職や介護職に就くことを正当化する。他方、経済資源の男女間の格差は、家庭の性別分業を正当化するものとなるし、国家によるケア資源の配分は家庭のケア労働の負担を解消する大きな要因となる(11)。これらの「資源」は、ジェンダーをめぐる「言説」とは異なり、人びとの行為の可能性をより物質的な面から規定している構造といえよう。よって、この二つの構造が相互にどのように規定しあい、性別分業を再生産しているのか考えることが、本書の重要な課題のひとつといえる。

しかし、二つの構造から性別分業の再生産メカニズムを明らかにすることは、「物質構造決定論」「主体選択論」の対立問題の乗りこえたことにはなるが、「資源」と「言説」という二つの構造による「構造決定論」を乗りこえたことにはならない。家庭であれ労働市場であれ女性がケア労働者になるのは、「資源」と「言説」という構造に強いられた選択のためなのだろうか。二つの構造分析を、「構造決定論」に回収されないかたちで担保するためには、「行為者の能動性」についての説明を取り入れる必要がある。

エージェンシーと「構造決定論」の乗り越え

ここまでの議論のなかで「構造決定論」の乗りこえにとりくんでいるのは、唯一バトラーのエージェンシー論である。バトラーは「女という主体」とは言説実践の産物であるとして「主体」概念を解体したうえで、言説の反復、引用をとおして社会を変動させる実践をエージェンシーと呼んだ。ではバトラーのエージェンシーは、構造からの行為者の自由を論じるのに有効な概念となっているのだろうか。バトラー理論の解説書を書いているサラ・サリーは、バトラーのエージェンシーをめぐって以下のような疑問を投げかけている。

(問題は) バトラーが提唱する領有と再記号化をわたしたちが実行し**たい**かどうかということだ。というのは、そういう行為は表面的には撹乱的に見えるかもしれないが、権力の効果にすぎないかもしれないからだ……撹乱的な反復と、既存の権力構造を強化するだけの反復を、区別することが可能になるのだろうか。(Salih 2002 = 2005:204-205)

サリーはバトラーに対し、権力構造の反復とは異なる実践、すなわちエージェンシーと権力構造の反復とをどのように区別するのかと疑問を投げかける。サリーの批判は、「言説実践」をエージェンシーの作用とみなすのであれば、構造に対する行為者の自由の問題は理論上リダンダントになってしまい、構造決定論との差異は明確ではなくなってしまう、というものと解釈できる。また、ルワ・マクネイは構造に対する行為者の能動性という点からバトラーのエージェンシーの限界をこう指摘する（McNay [2004]）。バトラーはエージェンシーを言語の性質としてとらえており、相互行為における行為者の意図と反省性というエージェンシーの主要な要素について論じていない（McNay [2004:182]）。

これらの批判は、「変動的実践＝エージェンシー」ととらえるバトラーの議論では、「人はなぜ権力構造から自由であることができるのか」が明らかにされていないと指摘する点で共通している。それは、バトラーが「主体」から「エージェンシー」への転換の過程で、「行為者」をも消し去ってしまったことに起因する。バトラーが想定する他者からの名指しへの抵抗、慣習のずらしは、既存の言説を疑問視する行為者の批判や反省性がなければ起こりえない。「権力から自由に考えること」ができるというためには、行為者が言説をどのように認知し、評価しているのかを把握することが必要となる。ナンシー・フレイザーは、バトラーは「批判能力」を「人びとが身につけていると信じている」（Fraser [1997＝2003:325]）と述べるが、それはバトラーの理論内部では論証されていない。

もちろん構造の変革の契機として、行為者の批判力や反省性を強調することは、構造に対する「意図せざる結果」も含めた言説の作用を「エージェンシー」としてとらえようとしたバトラーからみれば的外れなものともいえる。しかし「意図せざる結果」という概念自体、「意図した／意図しなかった」という行為者の意味づけを理解しなければ成立しない。言説構造決定論を乗りこえるには、行為者の意味づけに照準し「行為者が構造をどのように認識し、どのように状況を変えようとしているのか」を理解することが不可欠であろう。

フェミニズムによる変動の歴史――意図した効果と意図せざる効果

バトラーのエージェンシー論へ投げかけられた「行為者が構造から自由でありうるのはなぜか」「抵抗という実践がうみだされるのはなぜか」という問題は、理論的に論証することは難しい。しかし構造的制約のもとでの行為者の能動的実践は、経験的にはフェミニズムの実践に見出すことができるのではないだろうか。

フェミニズムは女性の経験を言語化して、この社会が「性支配的である」という事実、そして性支配の不当性を説明し、社会変動を引き起こしてきた。これはバトラーが述べるように、「自由」や「権利」という近代社会の概念を用いた交渉の産物である。「労働者の権利」という概念は女性労働者の地位を向上させるための交渉資源となるし、「男女平等」の概念は性差別を訴える際の論拠となる。女性の参政権の獲得、雇用における男女平等政策、学校教育における男女平等の普及、そしてケアの社会化は、フェミニズムが実現させてきた成果である。結果としてジェンダーをめぐる言説が多様化し、家庭のケア役割だけに規定されない女性の生き方が一定の社会的承認を得るようになった。

もちろんフェミニズムの実践は、意図した効果だけではなく、意図しなかった効果をもたらす。運動の効果は戦略の失敗だけでなく、入手可能な「言説」がどのようなものであったのかという歴史的偶然性にも依存する。日本の介護保険制度や少子化対策のように、女性以外のアクターの利益との重なり合いのなかで実現された政策もある。一方で近年の「ジェンダーフリー・バッシング」にみられるように、フェミニズムの主張への意図的な曲解によって、変化を後退させるような現象もおきている。その意味でフェミニズムも、決して自らの発話の効果を統治できる運動主体ではない。しかしだからといって、社会を変動させる抵抗が不可能なわけではない。フェミニズムの実践が女性の生き方に対する人びとの認識を変え、男女平等という言説が正当性をもつような社会をつくりあげてきたことは確かである。その点でフェミニズムとは、「物質構造決定論」も、「ジェンダー化された主体」という概念も失効させる実践といえる。

では、性別分業に対して疑問、不満を抱き、批判をしてきたのは女性の一部、つまりフェミニストだけなのだろうか。フェミニズムに出会ってない女性も、自らが置かれた立場、たとえば家庭で姑や実親の介護労働に従事することに対して、なんの違和感も持っていないわけではないだろう。女性だけでなく不利な立場にある行為者は、言語化しえなくとも、不当感やいらだちを経験していると考えられる。このような主張に対しては、言語の外部にある「ほんとうの私」を想定している、という批判も想定される。しかしフェミニズムのこれまでの過程からいっても、言語化しえない経験の問題をとるに足らないものとして片付けるわけにはいかない。ガヤトリ・スピヴァク（Spivak［1988］）が提示した「サバルタン」概念は、帝国主義と家父長制の言説構造のなかで「語ること自体がすでに確固たる支配と抑圧の歴史に構造的に取り込まれてしまっている」（Chow［1993 = 1998 : 64］）状況にある女性の経験を表現している。つまりサバルタン概念が表しているのは、言説の外部の経験の表象不可能性であり、言説の規則の外部にある行為者の感情や認識の領域である。そしてこうした経験を説明する言説資源や権限を獲得したときに、被抑圧者は、既存の性支配を変える力をもつ。だからこそフェミニズムは、沈黙させられてきた女性行為者の声を生成、復元し、解釈することを通して、従来の研究の男性中心性を相対化しようと試みてきた(12)。このように女性の意味世界を理解し、そこから従来の世界観を変える言語をつくりだしてきたのが、フェミニズムの学問としての営みであり、フェミニズムの運動そのものの歴史であるといえる。その意味で経験の言語化、対象化、批判といった実践とは、行為者の能動性、すなわちエージェンシーの根拠といえるのではないだろうか。

本書の立場――構造の二元的把握と広義のエージェンシー

さて、「物質構造決定論」と「主体選択論」という理論的対立を乗り越え、「ケアをめぐる性別分業の拡大・再編」のメカニズムを説明するという本書の目的を達成するにあたり、以下の課題がみえてきた。それは第一に性別分業を再生産する構造として「言説」と「資源」の二つを位置づけ、実践における両者の関係を明らかにすること。第二にこれらの構造的条件のもとでの能動的実践、すなわちエージェンシーに照準することである。上述したように行為者の能動性は、経験に対する行為者の解釈や批判的意識に根拠をもつ。よって本書ではエージェンシーを、「構造に対する解釈にもとづいた能動的実践」と定義することにする。バトラーの議論では、エージェンシーは構造の変動や抵抗に結びつけられてきたが、このような控えめな定義においては、構造の変動だけでなく再生産するエージェンシーをも説明することができる。行為者は現状の構造を不都合なものとして解釈した場合、構造を変える実践をおこなうが、必ずしもそれが成功するわけではない。また行為者は、構造に従うことが好都合と解釈すれば構造を再生産する。つまりエージェンシーとは、抵抗や変動にかかわる「行為」のことではなく、一定の構造的条件のもとでの「能動的実践」を意味する。

さらに「構造に対する解釈にもとづいた能動的実践」としてのエージェンシーは、時間的経過のなかで行為者の実践を把握するのに有効である。行為者は、日常生活のなかで常に構造に対して反省的でありつづけることができるわけではない。個々の行為をみれば、構造に決定された（そうではない選択が不可能な）行為もあるし、決定されていない行為もある。一方で行為者は、過去の経験をふり返り不当性や不利益を認知し、構造を批判的に解釈することがありうる。たとえば、長年子育てと介護におわれてきた女性が「ケアは無償労働である」といった言説を手に入れることで、性別分業の不当性を実感するといったように、過去の経験に対する解釈もエージェンシーの重要な要素である。

以下の章では、このような「構造に対する解釈にもとづいた能動的実践」としてのエージェンシーに注目し、性別分業の再生産、変動に女性のエージェンシーがどのようにかかわっているのかを考察していく。このような視点によって、女性を構造の犠牲者としてとらえる「物質構造決定論」にも、性別分業を自発的に選択しているとする「主体選択論」にも依拠せずに、「ケアをめぐる性別分業の拡大・再編」メカニズムを明らかにすることができるだろう。

各章の構成

各章の構成は以下のとおりである。まず第一章では社会学の構造化理論、また構造化理論の枠組で性別分業の再生産メカニズムを説明している江原由美子のジェンダー秩序論の検討をとおして、性別分業の再生産・変動におけるエージェンシーを把握するのに有効な「構造」や「実践」概念について考察する。そのうえで、第二章から第四章では、家庭のケアをめぐる性別分業の再生産、変動における女性のエージェンシーについて、先行研究の検討をとおして考察する。第五章と第六章では、労働市場のケアワーカーの実践と構造の再編過程について面接調査のデータをもとに考察する。

第二章ではマルクス主義フェミニズムの「家父長制」をめぐる論争をとりあげる。性別分業は家父長制という物質的構造によって再生産されているとするマルクス主義フェミニズムの議論に対しては、ジェンダーをめぐる「言説」や女性の「実践」の作用をみていないとして批判が投げかけられてきた。この章ではこれらの論争を整理したうえで、「資源」と「言説」という二つの「構造」との関係から、性別分業を再生産する女性のエージェンシーを明らかにすることを試みる。

第三章では、「ケア＝女性の責任」という言説に対する女性の「批判的解釈実践」に焦点をあてる。この章では、「ケアの倫理」という女性の道徳を発見したとするキャロル・ギリガンの実証研究や、母親を「ケアの価値に動機づけられた主体」ととらえるケア倫理学の議論をめぐる争点を検討しながら、変動の契機となる言説に対する女性の批判的解釈実践について考察する。

第四章では家庭内のケア労働の配分をめぐる「交渉実践」に焦点をあてる。「資源」と「言説」、二つの構造的与件のもとでの女性の交渉実践と、男女間の権力関係について、家庭内の育児や介護のケア労働配分をめぐる研究をもとに検討し、交渉実践による家庭の性別分業の変動の可能性について考察する。

第五章、第六章では、労働市場のケアワーカーの交渉実践と変動について、既婚女性によって担われてきたワーカーズコレクティブの実践、女性職に参入した男性ヘルパーの実践から考察する。特に介護保険制度以後の介護労働市場の構造のもとでの行為者の実践が、ジェンダー構造にどのような影響をもたらしているのか検討する。終章では、これらの検討をとおして、「ケアをめぐる性別分業の拡大・再編」に対して求められている方策について提示する。

本書の諸概念

本論に入る前に本書の概念について整理しておく。まず、本書では「性別分業 gender division of labor」を採用し、「性別役割分業」を採用しない。「性別分業」は、男性が賃労働、女性が家庭のケア労働を担う近代社会における分業をさすが、マルクス主義から派生したこの概念は、性別分業そのものを女性抑圧の原因とみなすものである。一方で「性別役割」の概念は、「男は仕事役割、女はケア役割」という同等な役割の違いをさすもので、男女間の権力や支配とは独立して把握される。[13]「性別役割分業」は、役割（社会的地位に付随した行動様式）が性別区分され、それぞれが生物学的男女によって担われる状態をさす「性別役割分担 gender/sex role assignment」[14]から派生したもので、日本の社会学者のあいだで頻繁に使われているが、英語の gender division of labor と gender / sex role assignment を混在させたもので英語に対応するテクニカル・タームが存在しない。また、「性別分業」は、女性が低賃金労働や家計補助的労働に就くという労働市場における性別分業のあり方も含むものであるが、特に労働市場における男女の分業と地位の格差を表す場合に「性別職域分離 gender segregation」の概念を用いる。

次に「ケア労働」を、子ども、高齢者、障がい者など自分で自分のニーズを満たすことができない依存的存在に対して行われる「世話する労働」と定義する。妻がおこなう健康な夫への世話も、無償のケア労働に含まれるが、近年、高齢化などの変化に伴って、子育てや介護に比べ負担の少ない夫の世話は周辺的な問題となっている。よって本書で扱うケア労働問題とは、育児や介護に絞られている。また家庭の「ケア労働」と区別するために、労働市場のケア労働を指す場合には「労働市場のケア労働」と表記する。

注

(1)本書では「女性職」を、女性が八割以上占める職業を指すものとして用いる。
(2)厚生労働省『平成十九年賃金構造基本統計調査』
(3)ケアとジェンダーをめぐっては、介護をめぐる女性の経験（春日［1997; 2001］）、母性愛規範と母親の経験をめぐる研究（大日向［2000］）、社会化されたケア労働のジェンダー化（笹谷［2000］）など、女性がケアを引きうけていく過程や、また女性のケア労働への意味づけに関して、さまざまな実証研究がおこなわれている。ただし、これらは、介護や育児をめぐるそれぞれの規範の作用や、介護労働市場などのメゾレベルの構造について説明するが、全体的な社会構造のなかで、ケアをめぐる性別分業が再生産されるのはなぜなのかを包括的に説明するものではない。
(4)また両者は社会変動の要因についても、以下のように異なる説明をする。「物質的構造」に注目する論者は、行為者の選択とは物質的構造の反映であって、物質的構造が変われば行為者の価値や選択も変わるととらえる。他方「主体」の概念を用いる論者は、行為者は言説によって構築された「首尾一貫した価値をもつ主体」ととらえるため、物質的構造が変わっても「主体」の選択は変わらないとする。その意味で、この二つの理論は、性別分業の解体の実践的方策についても、異なる解を提示することになる。

(5)教育学において、ポスト構造主義的立場に立つジェンダーと教育研究者の理論的立場として「フェミニストポスト構造主義 feminist post structuralism」が登場している。この立場は女性の価値の変化や、女性側の能動的実践を扱えない従来の教育学の「社会化理論」の理論的限界を乗り越える視点として採用され、日本では西躰容子(1998)によって、性別カテゴリーを研究者がアプリオリに想定することを避け、女、男が差異化されていく過程を分析するという実証研究が展開されている。しかし経験的研究において「性別カテゴリーを用いない」というポスト構造主義の理論的立場を徹底することは難しいとの批判がある(Francis [1999]; 中西 [2004])。

(6)一九八六年以降には欧州裁判所の判決に従って、既婚女性にも支給が拡大された。

(7)エスピン-アンデルセンの「脱商品化」の指標は、老齢年金に関する①最低限の年金の所得代替率、②標準的な年金の所得代替率、③資格期間、④保険料の自己負担の大きさ、⑤受給者のカバレッジ、疾病失業時の所得補償の①所得代替率、②資格期間、③待期の長さ、④給付期間である(Esping-Andersen [1990:54])。

(8)シーロフは「家族福祉重視度」を、社会保障支出や家族政策関連支出(出産育児休暇や公的保育)の対GNP比から、「女性の働きやすさ」を男女賃金格差、女性の管理職への進出の程度、男女の失業率の差異などから割り出している(Sialoff [1994])。

(9)ルイスは、①イギリスなど労働力率が低く保育など社会サービスが低い国を「強い男性稼ぎ手型」、②政策の上では女性の労働者としての役割も認知され、公的保育サービスが充実しているフランスなどを「改良された男性稼ぎ手型 Modified Male Breadwinner」、③保育サービスが充実し女性の労働力率が高いスウェーデンなどを「二人稼ぎ手型 Dual Breadwinner」と分類している(Lewis [1992])。

(10)さらにセインズベリは「個人モデル」では男性のケアへの参加を保証できないとして、「賃労働・ケアラー両立 individual earner carer」モデルを提示している（Sainsbury［1999］）。

(11)なお性別分業を規定する「資源」には職場における女性の「地位」も含まれるが、ここでは経済資源の配分が、地位の配分を表しているととらえることにする。

(12)春日キスヨは、ラインハルツが提唱するフェミニスト・エスノグラフの目標として、①男性の研究者および男性のインフォーマントからはとるに足らないと見落とされていた女性の生活と活動を記録すること、②女性の視点から女性の経験を理解すること、③女性の行動を生理学やパーソナリティや社会階級に規定されたものとみるより、女性がおかれた社会的コンテキストによって形成されたものとしてみていくことの三つをあげている（Reinharz［1992］; 春日［1995:172-173］）。一方で春日は、研究者と対象者の間の親密性や感情移入を強調するフェミニスト・エスノグラフが、対象者の私生活を搾手的に利用してしまう危険性について触れ、そのような危険を乗りこえる方法論について模索している（春日［1995］）。

(13)「人種役割」や「階級役割」とは呼ばないのは、人種や階級が選びとられた「役割」ではなく、権力の行使と関連していることがあまりにも明白だからである。

(14)『女性学事典』（2002）岩波書店

第一章　性別分業の再生産論の到達点と課題
――「能動的実践」とは何か

本章の課題

本書の課題は、性別分業再生産、変動過程を女性のエージェンシーから理解することにある。エージェンシーが性別分業を再生産させ、また変動させているといえるためには、「能動的実践」とは一体どのようなことを指すのか明確にする必要がある。そこでまず本章では、社会学の構造化理論や再生産論の検討をとおして、「能動的実践」とは何かをより明確にする作業をおこないたい。

1節では社会学において構造と主体の二元論を乗り越える理論枠組を提示しているギデンズやブルデューの理論の諸概念をとりあげ、これらが構造（言説・資源）と行為者の実践との関係についてどのような説明をしているのか検討する。2節では構造化理論の概念を用いて、性別分業の再生産論を提示している江原由美子の「ジェンダー秩序論」の諸概念を検討し、3節では「行為者の能動的実践」を論じるのに有効な「構造」や「実践」概念について、本書独自の視点を提示する。

1　ギデンズとブルデューの「構造」と「実践」

前章ではポスト構造主義フェミニズムのエージェンシー概念の検討から、構造的制約のもとでの能動的実践について理論化する必要性について論じてきた。社会学の文脈においても、行為者は構造に決定された存在なのか、それとも自由に社会をつくる行為者なのか、という「構造」と「行為者」をめぐる対立問題の乗りこえが試みられてきた。本節ではこの対立問題の乗りこえを試みたアンソニー・ギデンズとピエール・ブルデューの理論が、「能動的実践とは何か」という問題にどのように答えているか考察する。

ギデンズの構造の二重性テーゼ

まず、「構造決定論」への批判と社会理論における「主体性の回復」に関心を示したギデンズの議論をみてみよう（Giddens［1977; 1979］)。ギデンズが行為者の「主体性の回復」によって乗りこえようとしたのは、以下のような社会理論の状況である。「意識を所与のもの、それ自身自明なもの」とみなす主観主義への批判から展開された構造主義の「構造決定論」は、歴史における主体の能動性を否定してしまった。また、社会を行為者の動きを拘束する環境としてとらえたデュルケムや、人格を社会システム統合の機能としてとらえるパーソンズも、主体と行為の二元論の克服に成功していない。こうした問題意識からギデンズは、構造分析をしながら、なおかつ行為者の主体性を理解するための理論枠組の構築を試みている。以下ではギデンズの議論を、「構造」「実践」「権力」に分けて整理してみたい。

ギデンズの理論において構造決定論を乗り越える「構造」の再定義を可能にしているのが、「構造の二重性 duality」テーゼである。ギデンズによれば「構造の二重性」とは、一方でエージェンシー agency（実践）が構造（規則・資源）に依存的であり、他方で社会システムの構造特性が規則的な社会的実践によって生み出されていることをさす。ここで「構造」は、構造主義における理論家が発見する「モデル」ではなく、行為者の実践を介して社会システムを再生産する「媒体」として位置づけられている。またギデンズの議論の特徴は、「構造」を「社会システム」と区別している点にある。「社会システム」は規則的な社会的実践として組織化された可視的パターンを指すのに対し、「構造」とは、社会システムを再生産する際に行為者によって用いられる「規則 rule」および「資源 resources」を意味する（Giddens [1979 = 1989 : 71]）。

では、構造とされる「規則」や「資源」とは何か。まず規則とは、「時間的には構造の例示化や社会システムの契機を構成する際にのみ現前する」（Giddens [1979 = 1989 : 69]）ものとされる。ギデンズによれば、行為者は行為を「いかに続けるかを知っている」という点で、規則を知っており、規則を利用することで、他者に向けた行為を実現させている。他方、資源とは「人を意のままにする能力」である「認証（権限）」と、「事物ないし物質的現象を意のままにする能力」である「配分（所有）」の二つに分けられる（Giddens [1979 = 1989 : 110]）。

次に行為者の「実践」について。実践とは、行為者の意図的な「行為 action」、また個々の「行為」をさすのではなく、行為者が状況に対する知識（暗黙知）によりながら、「変更可能な対象世界に介入」

していくことを意味する。そして、行為者の能動的実践とは、この（1）「変更可能な対象世界」への介入と、（2）「別様に行為できたであろう」ことに求められる。ギデンズは、このような一定の自由な行為をもった行為者をエージェンシーと呼んでいる。この行為者像を支えているのが、行為者の状況に対する知識＝認識能力である。行為者は、「自分の欲求に関してだけでなく、『外的世界』の要求にたいする評価との関連でおこなう自分の意図の反省的観察」（Giddens［1993＝2000：154］）をおこなっている。この行為者の状況に対する認識には、規則（構造）への知識も含まれる。行為者が規則を知っているとは、たとえばどのような表現を用いればその主張が受け入れられるかを知ったうえで、ある発話をおこなうことを意味する。逆に行為者は他者の行為の意味も、そうした規則との関連から解釈している（Giddens［1993＝2000：183］）。このような認識能力をもっているために、行為者は構造的制約のなかで一定の自由な行為をおこなっているとギデンズは述べる。

最後に「権力」について。ギデンズは「構造の二重性のテーゼ」に依拠することで「権力」を以下のように再定義する。権力の行使とは従来考えられてきたように、利益の対立状況において「AがBの利害を阻害するような影響をBに与えるような」（Giddens［1979＝1989：96］）行為のことではない。権力とは、明確な利益の対立がなくとも、行為者の「結果の実現が他者の主体的行為いかんであるようなばあいに結果を保証するような能力」（Giddens［1979＝1989：100］）である。そしてこの能力を担保しているのが、「認証（権限）」と「配分（所有）」という「資源（構造）」である。これらの資源は、相手への「威圧」「誘因」というサンクションとなることで、相手の行為に影響を与えることになる。さらにこの構造がもたらす「資源の非対称性」が、相互行為システムの権力関係を再生産している。

以上のギデンズの構造化理論の枠組は、エージェンシーによる再生産・変動論にとって、以下のような示唆を与えるものであろう。

まず「構造」について。ギデンズの理論の「規則」と「資源」とは、序章であげた「言説」と「資源」に対応するものといえよう。「規則」に従うとは、行為者が何が可能な選択か、どのようにふるまうことが適切かを判断することであり、ポスト構造主義フェミニズムのいう「性差をめぐる知」としての「言説」に従うことと同義ととらえられる。またギデンズは資源を「認証（権限）」と「配分（所有）」に分けているが、この枠組は、「権限」と経済資源等の「資源」が「実践」を規定していることを説明しうるものである。さらにギデンズは、これらの資源を行為者間の「権力関係」をもたらすものと位置づけており、これは、男女間の権力関係を論じる際にも有効な視点といえよう。

次にエージェンシーについて。ギデンズは行為者を、「実践」を介して構造を産出し変容させていく行為者としてとらえることで、「構造決定論」の乗り越えをはかる。「実践」とは、構造的制約のもとでの行為者のふるまいであり、行為者の意図や自由意志にもとづく自由な行為ではない。一方で行為者は、社会的世界への認識能力をもっており、「すべての社会的行為者はどんなに温厚な人であっても、自分たちを抑圧する社会形態にある程度気づいている」（Giddens［1979＝1989:77］）。この視点は、エージェンシーの特徴を構造に対する反省性としてとらえる本書の視点と一致する。ギデンズは、制度は制度の生産者であり再生産者である社会的行為者の背後で作用しているとする社会理論を、「日常的行為者の軽視」という政治的意味をもつとして批判する。

（行為者が）行為の環境や状況について十分な理解をもっていないと考えるならば、ただちに、いかなる実践的計画においても行為者の見解を無視できるという考えになってしまう……「専門家」は社会的無能力の原因を社会経済的地位の低い人びとに求めるのが常である。（Giddens［1979＝1989:77］）
［括弧内引用者］

ギデンズの構造化論の問題点

このようにギデンズは被抑圧者の認識能力に、社会変動の可能性を見出している。しかしギデンズの理論は、以下のような問題を抱えていると考えられる。

第一に、ギデンズが「世界に介入していく能力」を行為者一般の普遍的能力としてとらえている点だ。つまりギデンズの議論では、「別様に行為できること」という行為者の能力が前提とされているが、別様に行為できる選択肢は、行為者の置かれた状況によっては存在しない場合もある（奴隷のような場合）。このときすでに行為者の選択は、主体的行為ではありえない（強いられた選択）。抑圧的位置にある行為者は、ギデンズが想定するような「認識能力」はもっていても、構造的制約により権力を行使する能力をもっていないこともありうる。こうした行為者間の能力の違い、権力関係を見据えるなら、「世界に介入していく能力」を、行為者一般の能力ととらえるのは適切ではない。

第二にギデンズの「規則」は、行為者の主体性の復権を試みる彼の議論において有効に機能していない。ギデンズは「規則」について「チェスの規則のように明確に定式化された」ものではなく、「時間的には構造の例示化や社会システムの契機を構成する際にのみ『現前』する」（Giddens［1979＝1989:69］）

のだとする。しかしこの定義では、「規則」は、「実践」をとおして事後的に同定されるしかなく、行為者の「実践」と「規則」の区別は曖昧になってしまう。ジョン・パーカーはこうしたギデンズの議論を「エージェンシーと構造の同一性」（Parker［2000:9］）として批判している。もちろん、ギデンズは「実践」を「行為者による規則の適用」ととらえており、「実践」と「規則」を区別しようとしている。ギデンズによれば「ほとんどの規則システムは、曖昧な『解釈』に絶えずさらされており、規則システムの適用なり活用は《異議を唱えられ》、《争い》の種」（Giddens［1976＝2000:216］）となる。しかし、価値の多様化した現代社会における実践を考えると、実践で利用可能な唯一の「規則」があるというよりも、さまざまな「規則」のうちどの規則を採用するかを行為者が選んでいると考えるほうが、納得がいく。たとえば男女の実践において「女性らしさ」の規則を利用するか、「男女平等」の規則を利用するか、行為者にはある程度の自由が与えられていると考えれば、行為者の能動性をより明らかにすることができるだろう。

ブルデューの「構造」と「ハビトゥス」

次にブルデューの議論をみてみよう。ブルデューの問題意識は社会理論における「主観主義」と「客観主義」の対立の超克にある。ブルデューもギデンズ同様、構造主義的な構造概念からの脱却を試みるが、ブルデューの議論の特徴は、構造を再生産するものとして、ハビトゥスという「主体のシステム」を導入したことにある。ブルデュー理論において「ハビトゥス」とは、構造との関係の中で獲得された「持続性をもち移調が可能な心的諸傾向のシステム」（Bourdieu［1980＝1988:83］）であり、行為者の心的構造とされる。ブルデューは、この構造によって形成された「ハビトゥス」にもとづく「実践practice」が、構造を再生産する側面を強調する。

ではなぜ「実践」概念の導入が、主観主義と客観主義の乗り越えになるのか。ブルデューは主観主義と客観主義を以下のように批判する。主観主義は、生きられた経験を自明のものとみなしているため、なぜそうした経験が成立するのかを問うことができない。一方客観主義は、個人的意識や意志を超えた「客観的規則」を重視するが、「生きられた意味」と「客観的意味」との関係を理解することができない。ブルデューは、この乗り越えのためには、客観的構造に対するハビトゥスの反応を意味する「実践」の概念が重要だとする。

ハビトゥスは構造の所産であるが、その構造はハビトゥスを通して、機械的決定論の道にしたがってではなく、ハビトゥスが行なう発明の始めから割り当てられる制約と限界を通じて実践を統御する。(Bourdieu［1980＝1988：87］)

ブルデューによればこのような「実践」のとらえ方は、行為者とは、主観主義が想定するように自由でもなく、客観主義が想定するように構造に従属しているわけでもないことを示している。ハビトゥスに特徴づけられるブルデューの行為者も、ギデンズの行為者と同様、構造に対する知識をもっており、客観的な状況に対し適応したり調整したりする「戦略」をもっているとされる。

しかしブルデューによれば、行為者の実践は、身体化されたハビトゥスによって限界づけられているため、常に自分の抑圧的位置を再生産してしまう。ブルデューは支配構造の再生産過程を、「経済資本」「文化資本」「象徴資本」などさまざまな「資本」の概念によって説明する。資本とは、行為者の実践と独立に存在する実体ではなく、特定の構造のなかで価値を付与される構成的な価値のことを指す。「場の構造＝界 champ」は、さまざまな資本の配分によって与えられており、この「界」のなかで行為者は、手持ちのハビトゥスを、（経済資本など）「資本」に転換させる闘争をおこなう。しかしこの闘争過程において、中産階級に比べて労働者階級は、また男性に比べて女性は、ハビトゥスを経済資本に転換していく能力をもっておらず、結果として支配構造が再生産される。たとえば家庭の社会化過程で、階級間で異なるハビトゥスが形成されるが、このハビトゥスは教育過程における「資本」の相違となり、この資本の格差が階級関係を再生産する。下層階級の子弟は、支配層の出身者のように「文化資本」を「経済資本」に有利に転換することはできない（Bourdieu and Passeron［1970＝1991］）。同様に女子は、知的職業に就く可能性が客観的に男子よりも低いために、学校教育において男子のように学問に身を投じるハビトゥスを形成していない（Bourdieu and Passeron［1964＝1997］）。

こうした視点から、ブルデューは、性別分業の再生産に関しても以下のように説明している。「ハビトゥス」は、家庭の社会化過程で形成されるもので、ジェンダーも社会化の初期に身体化される。「子供たちは、家庭内の仕事と子供の世話は女性と母親のもの、経済活動は男性と父親のもの」といった区別をおよそ五歳頃というきわめて早期に知る。そして「性的同一性の自覚と、男と女に帰属する社会諸機能の特定の社会的定義と結びついた心的傾向の身体化とは、社会的に定義される性的分業観の承認と一体となっている」（Bourdieu［1980＝1988：125-126］）。つまり両親の性別分業をとおして、子どもは幼少期に性別分業に適合的なハビトゥスを獲得する。

さらにブルデューは、男性支配をめぐっても「象徴支配」の概念によって、「ジェンダーをめぐる言説」による支配の根深さを主張する。性支配的な社会において男性は、権威や信用といった「象徴資本」を有しており、被支配者（女性）にその支配を正当なものと誤認させる「象徴権力」（精神に対する支配力）を行使している。一方女性はそうした象徴権力から逃れることができない。こうした認識からブルデューは「弱者の武器は常に弱い武器である」（Bourdieu［2000：32］）としてフェミニズムによる解放の可能性も否定する。(1) これはあたかもブルデューだけが、世界を超越的な立場から理解しているかのような主張である。その意味でブルデューは、ギデンズが批判する「日常的行為者」の能力を軽視する専門家を体現している（Giddens［1979＝1989：77］）。そして実際に、フェミニズムによって変動が引き起こされてきたという事実、またなぜそうした変動が可能になったのかを、ブルデューの理論は説明することができない。

ブルデューの再生産論の問題点――なぜ変動が否定されるのか？

以上のように、世界に介入していく能力を行為者一般の能力としてとらえたギデンズと異なり、ブルデューは構造的位置によって規定される行為者の能力の格差を「資本」概念によって明確にしている。ただし行為者の「能動的実践」の把握という点からみたとき、ブルデューの行為者のとらえ方には以下のような問題がある。第一にブルデューの理論では、階級支配と男性支配とが十分に関連づけられておらず、女性のエージェンシーが過少評価されている。ブルデューが述べるように、「経済資本」や

「文化資本」が、階級間で不平等に配分されているとするならば、女性間のハビトゥスや資本の配分も一枚岩ではなく、階級や人種によっても差異があり「持たざる女性」と「持つ女性」の格差も存在するはずである。こうした女性間の資本の格差を無視して、男性支配で覆い尽くされているととらえるのは適切ではない。そしてフェミニズムが運動や理論構築をとおして女性の政治参加や社会的地位の獲得を達成してきたことを考えれば、経験的には「男性支配の再生産は宿命である」とはいえない。

第二に、被支配者の抵抗の可能性についてブルデューは十分に評価していない。ブルデューは、言語行為を遂行する力を「発話内の力」に求めたオースティンの発話行為論に対し、言葉が効果をもつのは社会的権力をもつ人が発言する場合だけだとして、発話行為の社会制度決定論を主張する（Bourdieu［1982＝1993］）。このブルデューの決定論も対しバトラーは、「社会的な地位自体パフォーマティビティの暗黙の機能をとおして構築されて」（Butler［1999：122］）いること、権力をもたない人も既存の言語の利用をとおして権力構造に抵抗できることを理解していないと批判する。(2) 確かにバトラーのいうとおり、支配者の発話を正当とみなすかどうかは、被支配者側の承認にかかっている。(3) その意味でブルデューは、実践をとおした被支配者の抵抗について、理論化しえていない。

第三に、ブルデューの理論では、社会化過程で獲得されるとする「ハビトゥス」が、生涯をとおして行為者を拘束する心的構造として位置づけられていることだ。この点について、ブルデューを批判的に継承するフェミニストは、行為者が参加する「場」が変わり、主体の構造と客観的構造（場）が一致しなくなるとき（構造の矛盾）、ハビトゥスは変化すると指摘する。たとえば家庭から職場に移動したとき、女性は従来の家庭でのハビトゥスと職場という構造における要求の不一致を経験し、そのことによって従来のジェンダー規範、慣習を批判的に反省するようになる（McNay［1999：110］）。このような「ハビトゥス」の変更過程には、エージェンシーの特徴である「言説に対する批判的解釈」を見出すことができる。それに対しブルデューのハビトゥス概念は、行為者が過去の価値や意識を反省的に問い直し、実践をとおして構造を変動させている側面について論じるのには有効ではない。

さて、このようにギデンズもブルデューも、「実践」概念によって、構造的決定と主体の自由の対立を乗りこえる理論枠組を提示している。ギデンズは、認識能力と行為能力をもつ行為者論をたて、行為者は構造（「規則」「資源」）を利用した実践によって世界に介入し、他者の行為に影響を与えることができると論じる。ギデンズのいう行為者の認識能力とは、本書がエージェンシーの特徴とした行為者の「言説に対する反省性」に一致する。しかし、ギデンズの議論では被抑圧者が状況を変えたくても変えることができない状況が説明できず、また「規則」に対する行為者の能動性も明確ではない。一方ブルデューの「資本」の概念は行為者間の能力の格差についてより明確にするものであるが、女性の資本や能力が過少評価されている。また行為者の認知構造の変化や、実践をとおした変動の可能性を明らかにすることができない。

さらに両理論とも性別分業を分析対象にしているわけではなく、性別分業の再生産にかかわる資源配分（経済資源・ケア資源）と実践の関係については分析をおこなっていない。両者の議論の意義と課題とを整理し、本書の関心に接続するにはさらなる検討が必要とされる。そこで以下では、ギデンズとブルデューの議論に依拠して性支配の再生産論を展開している江原由美子の議論をとりあげる（江原［2001］）。ラディカル・フェミニストを自称してきた江原が集大成としてまとめた『ジェンダー秩序』は、日本において構造化論の理論枠組を用いて性別分業の再生産について体系的に論じている唯一の議論である。以下ではジェンダー秩序論の枠組みが、性別分業再生産・変動における女性のエージェンシー（能動的実践）の問題にどこまで答えているのか考察してみたい。

2　言説による実践の構造化
――江原のジェンダー秩序論

まず『ジェンダー秩序』以前に、いくつかの論文にわたって展開されている江原の論考を追いながら江原の理論的立場を確認してみたい。

「社会構造の物象化」と「主観性の実体化」の乗り越え

ラディカル・フェミニズムを「再考＝再興」するという江原の試みのきっかけとなっているのが、マルクス主義フェミニズムの立場にたった上野千鶴子とのあいだで展開されたいわゆる「物質－文化」論争である[(4)]。この論争とは、マルクス主義フェミニズムの立場に立ち性支配の根拠を「物質的基盤」に求める上野が、他のフェミニストを「文化派」と呼んだことではじまった論争である（江原［1995］）。江原によれば、「上野氏は自らの立場を唯物論的立場と主張し、それに基づいて『文化主義』『心理主義』『観念論』を批判」（江原［1995：50］）しているが、この「文化派対唯物論派」という枠組は以下の点でまちがっている。第一に「社会構造」を個人の社会的実践とは独立に定義できるかのように物象化している点、第二に社会的実践の意味を、「イデオロギー」「心理」など個人の内面に求めることで、主観性の実体化をおこなう点である（江原［1995：102］）。この対立構図への江原の批判は、本書が立てた「物質構造決定論」と「主体選択論」という対立図式と符合する。江原はこのような対立は理論的に乗りこえられうる、という意味で疑似問題であるとして上野を批判している。

加えて江原が理論的問題として重視するのが「権力とは何か」という問いである。江原によれば、社会制度を「物質的構造」に還元する理論も、「主観性」に依拠する理論も「権力」の証明を困難にしている。

「意図に反した行為をさせられた」ということが、本人に内面化された文化・イデオロギー・社会規範によって説明させられるのなら、それは規範の共有に基づく自由意思による行為との違いが明確ではなくなる。もし「意図に反した行為をさせられた」ことが、「主観性」の外にある「物質的条件」に求められるのなら、それは外的条件を合理的に考慮して選択した行為とどこが違うと言うのだろうか。（江原［1995：113］）

江原によればこうした隘路から脱け出すには、「権力」を、「客観的実在」や「主観性」に関連づけるのではなく、人びとの社会的実践に関連づけねばならない。このような問題意識から江原はマルクス主義フェミニズムを以下のように批判する。

第一にマルクス主義フェミニズムの限界は「本質主義的性別観」「カテゴリー還元主義」にある。「男女という性別は変えようのないもの」（江原［1995:12］）という本質主義的性別観を最初に採用したのはラディカル・フェミニズムであるが、マルクス主義フェミニズムが再導入した「家父長制」概念は、この「カテゴリー還元主義」的な色彩を残しており、男性が支配者であり女性は犠牲者であることが自明視されている（江原［1995:15］）。

第二にマルクス主義フェミニズムは、「『性支配』が『構造的』であるということを、性別秩序以外の別の根拠に根拠づけることと、等値して」（江原［1995:12］）しまった。つまり、「教条的マルクス主義的な枠組み」を「『性支配』論に当てはめ、ラディカル・フェミニズムの『性支配』（「家父長制」）論を上部構造（「イデオロギー」？）の記述として把握し、上部構造を規定している下部構造」（江原［1995:14］）を明確化することによってその限界を乗り越えうると規定したのだとする。

このようなマルクス主義フェミニズムの限界を乗り越えるべく江原が目指すのは、「カテゴリー還元主義（トートロジーと言ってもよい）に陥ることなく、しかも『性支配』とは異なる別の根拠（物質的根拠？）に根拠づけること」（江原［1995:16］）のない性支配論である。江原はこれを「装置としての性支配」と呼び、この性支配論のイメージを以下のように述べている。

装置としての性支配とは、すなわち、「性支配」を、「女」あるいは「男」という「性別」の「本質」から必然的に生じる「支配」でも、性別秩序以外の根拠（たとえば財の不平等配分等）によって成立する「支配」でもない「支配」であるということを含意する。「支配」が「装置」であるとは、個人の内面に支配－被支配というパーソナリティ傾向や意思が存在しなくとも、行為の社会的条件の中に

「支配」を結果的に産出してしまうような条件があるというイメージ、しかもその条件が「性支配」にとって外在的な条件ではなく、「性支配」そのものによって産出される条件であるというイメージを、示している。（江原［1995:16］）

九五年には「まだイメージでしかない」としていたこの見取り図を、理論として具体化したのが『ジェンダー秩序』（江原［2001］）である。江原は「カテゴリー還元主義」にならざるをえない家父長制概念と手を切り、「ジェンダー」概念で性支配の理論を構築する方向へ舵を切ったと考えられる。

「本質主義」と「カテゴリー還元主義」への批判

ジェンダー秩序論の検討に入る前に、江原のいう「本質主義的性別観」「カテゴリー還元主義」とは何かを整理、確認しておこう。江原は、両者の問題点として以下の二つをあげている。第一に、「社会変革の可能性の見込みを充分提起しえない」こと、第二に、「女の視点」「女の利害」「女性の主張」「共通の視点や経験や利害」があるかのように主張することである[5]（江原［1995:9-14］）。しかし「本質主義」と「カテゴリー還元主義」は別の概念であり、分けて把握することが必要であろう。

まず本質主義に関して、江原は「生物学的に女であるというだけで共通の視点がある」とする立場と説明をしているが、ここには、生物学的本質主義と、文化本質主義、両者への批判が含まれているように読める。ひとまず、江原の本質主義批判は、生物学的本質主義批判と文化本質主義批判の二重の意味をもつものとして理解しておこう。

次に、「カテゴリー還元主義」にもいくつかの含意があり、以下のように分解できる。ロバート・コンネルは、マルクス主義フェミニズムに代表されるカテゴリー理論の特徴として以下の三つをあげている（Connell［1987＝1993］）。

①一方で男女間の政治関係において対立する利害と、他方で特定の人々からなるカテゴリー［現実には必ずしも集団や組織として緊密な連帯をたもっているわけではないが、なんらかの同質性においてひとまとまりにとらえられる集群は、社会的カテゴリーとよばれる。この意味で男性／女性もまたそれぞれ社会的カテゴリーと考えることができる］とを同一視すること。

②議論の焦点を一つのまとまりとしてのカテゴリーに据え、カテゴリーが構成される過程やカテゴリーを構成する要素をあまり論じないこと。

③全体的な社会秩序を、権力および利害葛藤をつうじて相互に関連しあう二、三の主要カテゴリー——通常は二つの主要カテゴリー——によって描き出すことである（Connell［1987＝1993：103］）。

このようにコンネルによれば「カテゴリー還元主義」の議論は、男女の「利害」にもとづく「カテゴリー化」という問題（①と③）、カテゴリー生成過程についての説明が欠如していること（②）の二つの論点が含まれている。そこでここでは、①と③を男女利害対立にもとづいた説明として「女性犠牲者モデル」、②を「カテゴリー還元的説明」として分けて把握して、議論をすすめよう。

では以上の「本質主義」「女性犠牲者モデル」「カテゴリー還元的説明」を乗り越える性支配論とはど

のようなものなのか。江原は、あるべき性支配論の要件として以下の六つをあげている（江原［2001：iii－iv］）。

（1）法規範上の平等に還元しない
（2）個人が「男性」「女性」に「ジェンダー化」される過程をも論じる
（3）「ジェンダー化された主体」の選択能力を否定しない
（4）それにもかかわらず「ジェンダー化された」「男性」「女性」が、選択しうる選択肢の範囲の相違を論じられるような具体性をもっている
（5）「ジェンダー化された主体」が状況の中で有利に行動しようとする選択自体が、行為の条件を再生産するような「性支配」の構造性を記述しうる
（6）「支配」の歴史的起源論ではない

江原によれば（2）の要件が必要なのは、性別の変容可能性を否定しないためであり、（3）の要件が必要とされるのは、現実の社会の変革可能性を否定しないためである（江原［1995：18］）。ここで江原が、性別（ジェンダー）と社会の変革可能性も射程に入れていることを確認しておこう。

社会構築主義による本質主義の乗り越え

つづいて、以上の問題関心を理論化した『ジェンダー秩序』（江原［2001］）の内容についてみてみよ

う。この著作で江原はまず「ジェンダーは、それ自体、権力を内包している」（江原［2001:25］）という仮説を出発点に思考を展開していく。

> 「男」「女」という「ジェンダー化された主体」が最初にあって、その両者の間で「支配‐被支配」関係がうまれるのではなく、「男」「女」として「ジェンダー化」されること自体が、権力を内包している可能性があるのだ。（江原［2001:25］）

　江原によればこのテーゼは、性差とは「生物学的な性差」ではなく「社会的文化的に形成されたもの」という認識を含む「ジェンダー」概念に内包されている。「ジェンダー」とは、「心の奥」「内面」や「固定的な『男らしさ』『女らしさ』などの行動傾向やパーソナリティ特性」（江原［2001:5］）に求められるものでなく、「心にかんするカテゴリーを［他人に］帰属したり、［自分で］表明したりする」（江原［2001:9］）その「ふるまい」に見出されるものである。この視点にもとづけば「社会的行為」と「権力」の概念も再定義される。行為を「行為者が主観的な意味を含ませている限りでの人間行動」として定義するマックス・ウェーバーの行為論では、人が社会的に行為できるということを「主観的意味」「意図」（「心」）ととらえるため、権力は「『主観的意味』『意図』の実現を妨害する力」（江原［2001:20］）として把握されてきた。それに対し「ジェンダー」をふるまいに見出す立場にもとづけば、自分の行為がどのように解釈されるかは、自分がいかなる社会的カテゴリーに属しているかに依存しているのであり男性（女性）とみなされることはそれだけで「社会的行為能力の相違を帰結する可能性がある」（江原［2001：25］）。

さらに江原はこのジェンダーをめぐる議論を、ポスト構造主義フェミニズムの「社会構築主義」に接続することで、本質主義批判を徹底させる。「女」という本質をおきその表出としてジェンダーをみる見方を本質主義として批判したバトラーの視点も、人びとの間にジェンダーが生じてくる理由として「言説」に注目したのであり、ここまでの江原の考察と符合する。そして①バトラーも含めフランス哲学の影響を受けた社会構築主義が対象としてきた「広く流布し多くの人びとにとって利用可能になっている諸言説」と、②言語行為理論・会話分析・エスノメソドロジーが対象としてきた「具体的な社会的相互行為の場において行為を遂行することに関わる言説」は、どちらも「ジェンダーの社会的構築」を規定している言説といえる。江原によれば二つの言説分析はいずれも、（1）言説が「女とは何か」「何が望ましい女の生き方か」などのイメージを作り出すということ、（2）言説が言説内において男女に異なる「権利と義務」を課すということに、「ジェンダーの社会的構築」を見出しており、ジェンダーが権力を内包していることを明らかにしている（江原［2001：48］）。たとえば、「母親は母性愛ゆえに子育てを行う」という言説を利用すれば、男性は自分が子育てにかかわらないということを無難に表現できるが、女性は子育てにかかわらないということを無難に表現することは難しい。つまり「母性愛」の言説は、「『誰が子育てを行うのか』に関わる『権利と義務』の体系を規定している」（江原［2001：34］）。

「実践」「構造」「権力」の再定義

つづいて江原は、ギデンズとブルデューの議論に依拠して、「ジェンダーの構築」と「性支配」を、

「社会的相互行為の中に繰り返し現出する社会関係」「構造」（江原［2001:65］）として位置づける作業をおこなう。ギデンズとブルデューの議論を江原がどのように理解し、性支配の説明に用いているのかみてみよう。

まずギデンズにかんして江原は、一方で構造が行為を産出すること、他方で実践が社会システムの構造特性を生み出していることを説明している「構造の二重性の定理」を評価する。このギデンズの議論に従えば「『社会システムの構造特性』の一つである規則は、規則に即した実践が行われているということ自体に求めることができる」（江原［2001:71］）。他方のブルデューは「実践」そのものが「構造」によって構造化されている側面に着眼し、人びとの実践が構造化されたハビトゥスに基礎づけられていることを明らかにしている（江原［2001:73-74］）。このように両者の議論を評価したうえで江原は、ギデンズの「構造によって規則づけられた社会的実践」や、ブルデューの「ハビトゥスに基礎づけられた実践」といった概念を用いて、性支配を再生産する構造を「ジェンダー規則」「ジェンダー・ハビトゥス」ととらえる視点を提示する。(6)

次に江原は「社会的実践」を以下のように定義する。「広義の社会的実践」とは「他者のふるまいあるいはその成果を他者の『心』に関連づけて解釈する解釈実践」（江原［2001:100］）のことであり、たとえば「振り上げた手」を「怒りの表れ」と解釈することが例としてあげられる。また「狭義の社会的実践」とは相互行為過程において「自己の実践によりなしうることが、他者の実践に依存しているような実践」（江原［2001:102］）のことであり、これは発話の意味（象徴）を理解してもらうこと（解釈実践）や、自己の意図している結果が他者の実践に依存していることをさしているとする。

以上のような「構造」と「実践」の概念化をへて、江原は「権力」と「支配」を以下のように再定義する。ギデンズは、社会的相互行為における実践はすべて権力を含んでいるとした上で、権力の大小は社会システムの構造特性における認証（権限）や所有という「資源」を利用することによって生じるとする（江原［2001:85］）。またブルデューは行為者がそれぞれのハビトゥスにしたがって実践していくことで、「象徴資本」をもつ者の「社会的世界の見方」を正統な見方として社会的に構築していく側面に「支配」を見出している（江原［2001:93］）。これらの議論に依拠すれば、ジェンダーをめぐる相互行為水準における権力とは、「自己が目的とする事態に向けて、他者の実践を積極的契機として動員しうる力」（江原［2001:106］）のことであり、「性支配」とは、「文化的に利用可能な流布している諸言説」を利用した実践において、女性と男性の権力行使の程度が異なることと定義できる（江原［2001:106–108］）。ギデンズが「資源」概念をたてて、構造的支配を資源の非対称性に根拠づけたのに対し、江原はあえて「資源」という概念を用いずに、権力を相互行為において「他者を動員しうる力」に関連づけるとする。たとえば江原は、性別分業のもとでの男女間の権力関係について以下のように説明している。

「自己と他者」に対する注意配分において、他者に対する注意配分が大きい者は、他者の欲求や必要をより強く知覚し……そうでない者よりも、「自分が望むこと」よりも「他者がしてほしいと望むこと」をより多く選択しがちになる。それは強制されていやいやそうしなければならなくてそうしているわけではない。むしろ自分自身の感情にしたがって、まさに「他者が自分にしてほしいと望むこ

と」をより選択するようになるのである。（江原［2001：135］）

以上のように江原は「実践に権力が埋め込まれている」という視点を提示することで、権力を「客観的実在」や「主観性」ではなく、人びとの社会的実践に関連づけられねばならないとした自らの課題を達成したといえる。

性別分業とジェンダー秩序

つづいて江原は構造化理論の枠組みを用いて、性支配を再生産する主要な構造として「性別分業」と「異性愛」、二つの構造の再生産メカニズムについて説明する。この作業の過程で江原が参照するのが、コンネルのジェンダー論である（Connell［1989＝1993］）。江原によれば、コンネルは「男女間の権力関係の歴史的に構成されたパターン」である「ジェンダー秩序」と、「特定の制度に関わる構造構成」である「ジェンダー体制」とを区別し、「ジェンダー秩序」を、さまざまな制度に適合的に「ジェンダー体制」を産出していく「構造」として位置づけた（江原［2001：117–119］）。[7] このようにコンネルの議論を理解したうえで江原は「ジェンダー体制」と「ジェンダー秩序」を以下のように定義する（江原［2001：117–120］）。「ジェンダー体制」とは、〈家族〉〈職場〉〈学校〉〈諸制度〉〈儀式〉〈メディア〉〈社会的活動〉など具体的な制度における「ジェンダーに関わる構造特性」を指す。他方「ジェンダー秩序」とは、「性別に関わる社会の構造特性」に基づく「社会的諸実践の規則」と、そこから生じるジェンダーに関する社会成員の「ハビトゥス」を意味する。

ジェンダー秩序＝（社会的諸実践の規則・ハビトゥス）「性別分業」「異性愛」

↑ 構造化

ジェンダー体制＝〈家族〉〈職場〉〈学校〉〈諸制度〉におけるジェンダーに関わる構造特性

以上のようなジェンダー秩序の具体的な構造としてあげられるのが「性別分業」と「異性愛」である。江原によれば「男は活動の主体、女は他者の活動を手助けする存在」（江原［2001：128］）とみなす性別分業（ジェンダー秩序）は、女性が無償のケア労働、男性が賃労働につくという〈家族〉（ジェンダー体制）を構造化する構造として位置づけられる(8)。

家族あるいは夫婦という「ジェンダー体制」があり、その社会組織の中で役割分担がなされているのではない。まず、「男」「女」というカテゴリーと、「家事・育児」「人の世話をすること」を（「男」というカテゴリーはそれを「しない」ということと、「女」というカテゴリーはそれを「する」ということと）結びつけるパターン（「ジェンダー秩序」）があって、それが各行為主体の実践によって、家族という「ジェンダー体制」において特定の形に産出されていると考えた方がより適切である。（江原［2001：127］）

江原はこのような視点によって、なぜ家族という「ジェンダー体制」以外の労働市場においても、家事、あるいは幼い子や病人の世話をする仕事が、女性向け職業となるのかもみえてくるとする（江原［2001：127］）。この理論は、家庭の性別分業の再生産も、労働市場のケア労働の性別分業の再生産も同じ「ジェンダー秩序」（規則とハビトゥス）によって説明できる点で興味深い。江原によれば「『家事・育児』『世話』などの活動の本質」とは、「他者が何を望み何を求めているのかということに『気配り』をし、その必要・欲求を満たす手助けをしたり、必要・欲求を実現しようとする活動を行いやすいように環境を整えたりすること」（江原［2001：129］）である。そして、このような性別分業というジェンダー秩序にそった社会的実践を繰り返すことによって、女性はより「他者の欲求や必要」に対して注意を払うハビトゥスを形成する（江原［2001：134］）。さらにこのハビトゥスと規則にもとづく実践が、家庭だけでなく、労働市場における性別分業を再生産する。このようにジェンダー秩序論は、性別分業が家庭でも労働市場でも再生産されるメカニズムについて、理論的説明を与えることができる。

一方で江原の議論では、女性の実践は構造を再生産するように運命づけられており変動の可能性がみえてこない。行為者はどのようにして、性別分業を変えていく実践をおこなうことができるのか。この疑問は、江原が実践を産出するジェンダー秩序を根底から構造化しているものとして「言語的諸規則」に言及することでさらに深まっていく。以下でみる江原の議論の特徴から、私は江原のジェンダー秩序論を「言説構造決定論」と呼ぶことにする。

言説構造決定論

江原は、言語的諸規則とジェンダー秩序の関連性を、英語においても日本語においても、ジェンダーを表現する語彙が男女で非対称であることに見出す。たとえば、英語の he が人間についての総称としても使用できるため、「人間が話題になっている時には男のイメージしか想起されない」という「人間＝男観」や、「女を指す言葉が男を指す言葉に比べて否定的意味合いを与えられる傾向」があるという「女＝性観」に見出すことができるとする（江原［2001：169-170］）。

こうしたパターンが、語彙体系・文法構造・言い回し・諸言説に見出しうるということは、「性別分業」や「異性愛」のパターンがかなり一般的な「ジェンダー秩序」であるということを確認させてくれる。……第二に……こうした言語的諸規則があるということが、男女に「性別分業」パターン、あるいは「異性愛」パターンに則した社会的実践を規則的に産出させていく効果をもつ。（江原［2001：175］）［強調引用者］

この一節の前半では、言語的諸規則はジェンダー秩序の「例証」としてとらえているが、後半では言語的諸規則は、「ジェンダー秩序」を「産出するもの」とされている。しかしこれでは江原の意図に反して、言語的諸規則は、「ジェンダー秩序」（規則とハビトゥス）を構造化する「深層構造」として位置づけられてしまう(9)。この説明では、既存の言語を用いなければならない人びとの実践はジェンダー秩序から逃れることができない。

さらにジェンダー秩序論では言説によって実践が決定されているだけでなく、行為者の認識能力も「ハビトゥス」によって限界づけられている。江原によれば、日常生活において女性たちは「女性らしさ」にしたがって、進んで男性の言葉を「聞き」それにそった実践を行おうとする（江原［2001：388］）。つまり、女性化されたハビトゥスの主体である行為者は、「ジェンダー秩序」という構造を批判的にとらえ返すことはなく、ジェンダー秩序を再生産しつづける。この点で、ジェンダー秩序論は「女性犠牲者モデル」を乗りこえるものではない。当初、江原は変容可能性を担保するために「『ジェンダー化された主体』の選択能力を否定しない」（江原［2001：iii］）という要件をたてていたが、ジェンダー秩序論において行為者の選択能力や、構造を変動させる実践は担保されていない。このことは江原がエージェンシー概念を使わず、「ジェンダー化された主体」という概念を用いていることに端的に表れている。

そしてこの規則やハビトゥスを「構造」と位置づける戦略は、「本質主義」（江原［1995：10］）を乗りこえるという当初の江原の企図を裏切るものとなっている[10]。上述したようにこれは、「本質主義」というより「カテゴリーが生成される過程を論じない」「カテゴリー還元的説明」の問題である。研究者がパターンとして見出す客観主義的な構造から、行為者の実践を説明していることが、江原のジェンダー秩序論が再生産論に回収されてしまっている原因であろう。

他方、江原が依拠するコンネルの関心は変革可能性にあり、そのため彼はブルデューを参照しながらも「ハビトゥス」を構造としては位置づけていない[11]。またコンネルは、変動の契機となる構造間の矛盾やパーソナリティの歴史的可変性や「女らしさ」「男らしさ」の言説の多様性に関心を示す。コンネルによれば家父長制的な家庭や職場における女性の男性への従属と、市民権や市場によって前提とされている男女間の抽象的平等との間には根本的な矛盾があるが、「フェミニズム運動は、この矛盾によって活力を得て、不平等を打ち破るためにこの矛盾を利用した」（Connell［2002＝2008：124］）。構造間の矛盾や言説の多様性に関心を示すコンネルの議論と比較すると、江原のジェンダー秩序論は一枚岩的な言説と実践による再生産の説明に終始する傾向がある。その点でジェンダー秩序論は、「構造に対する反省性にもとづいて状況を変えていく志向性」というエージェンシーや、構造の変容可能性については棚上げにした「言説構造決定論」にとどまっている。

言説構造還元論

このように江原はハビトゥスや規則の概念を用いることで、「ジェンダーをめぐる知」としての「言説」が性別分業を再生産している側面について説明する一方で、ギデンズが構造として位置づけた「資源」や、「経済資源」「ケア資源」の配分が性別分業に与える影響については触れていない。その意味でジェンダー秩序論は、「ハビトゥス」と「ジェンダー規則」という「言説（ジェンダーをめぐる知）構造還元論」をとっている。

しかし言説構造還元論は、社会変革の可能性という点からみて問題含みである。序章でみたように、フェミニストは福祉国家論批判をとおして、経済資源の男女間格差や国家によるケア資源の供給が、性別分業のあり方を規定していることを明らかにしてきた。一方江原の言説構造還元論では、男女賃金格差の是正やケアの社会化、市場化は、性別分業の解消に有効でないことになる。たとえば、妻が夫と同等の経済的資源を所有していてもいなくても、もしくは代替的なケア資源が入手可能であってもなくても、女性は「ジェンダー・ハビトゥス」と「ジェンダー規則」に従って性別分業を再生産することになる。ジェンダー秩序という「言説構造」は、「資源配分構造」から完全に独立に実践を構造化している構造と位置づけられているのである。しかしはたして、ジェンダー規則やハビトゥスは、資源の配分と独立して再生産され、実践を構造化している構造だといいうるだろうか。

ジェンダー秩序論における「資源」の軽視は、江原の性別分業観にもかかわってくる。江原の性別分業の概念とは、「男性は活動の主体、女性は他者の活動を手助けする存在」という男女の象徴的な「態度」にその力点がある。そしてこの性別分業論には、家庭におけるケアのニーズ、すなわち高齢者も子どもも登場しない。先に述べたように本書ではケア労働を「気配り」といった象徴的なものではなく「他者に向けておこなわれる世話労働」としてとらえる。このような労働は時間と身体的労力を伴う労働であり、そして家庭においては「無償労働」、労働市場では「低賃金労働」である。だからこそ家庭において「誰が（男・女）ケア労働に従事するか」は、労働市場における経済資源のジェンダー間の配分に規定されるし、女性が「ケア労働を続けるかどうか」は代替的ケア資源の入手可能性にも依存する。性別分業をめぐる行為者の選択は、「言説（規則）」だけでなく、これらの資源配分構造にも規定されていることを無視することはできないはずである。(12)

このようにマルクス主義フェミニズムの「物質構造決定論」や、文化派としてカテゴリー化された「主観性の実体化」論によらずに、ラディカル・フェミニズムを再興するという江原の試みは、「言説構造還元／決定論」として位置づけられる。

3 再生産論の乗りこえ
――「構造」「実践」「権力」「カテゴリー還元的説明」

以上ここまで、ギデンズとブルデューの理論枠組、またこれらに依拠した江原のジェンダー秩序論において、「能動的実践」（エージェンシー）がどのように理論化されているのか検討してきた。上述したように江原の理論は、実践を規定する構造を「ジェンダー規則」と「ジェンダー・ハビトゥス」（心的構造）という言説構造に還元し、さらに行為者の実践は常に性別分業（ジェンダー秩序）を再生産するという言説構造決定論をとっている。その点で構造に対する行為者の能動的実践も変動可能性も担保されていない。では性別分業の再生産、変動におけるエージェンシーを明らかにするために、どのように「構造」「実践」を概念化するべきなのだろうか。江原の理論における「構造」「実践」「権力」「カテゴリー還元的説明」という四つの論点の批判をとおして、本書の課題を整理したい。

論点1 「構造」――実践を規定する「諸構造」の把握

まず「構造」について。江原は、マルクス主義フェミニズムを「社会構造」を「個人の社会的実践とは独立に定義できるかのように」（江原［1995:102］）物象化する議論として批判し、実践を構造化し、また実践によって構造化される構造として「ジェンダー秩序」を位置づけた。しかしこの議論では実践は構造と区別されていない、すなわち実践は構造に決定されてしまっている。これは江原が、実践に頻出するパターンを「ジェンダー秩序」（構造）として位置づけているからであろう。その意味でジェンダー秩序論の構造概念は、「行為者がなぜそのような選択をしたのか」という行為者の意味世界との関連から把握された構造ではなく、構造主義がおこなったように、研究者が想定するモデルにとどまっている。

確かにマクロな構造を分析する研究者の目からみれば、人びとの実践は「ジェンダー秩序」によって構造化されているようにみえる。そして家庭でも労働市場でも同じように性別分業が再生産されているようにみえる。しかし性別分業は、決して単一のジェンダー秩序によって構造化されているわけではなく、言説も資源配分も含め、歴史的な諸構造のもとでの人びとの実践の結果として再生産されているのではないだろうか。また構造の配置の変化や行為者の実践をとおして、変動しているのではないだろうか。こうした点から本書ではパターンとしての「一枚岩的な構造」ではなく、行為者の実践を規定する「諸構造」に関心を示すことにする。

そして行為者の実践を規定している構造を、一定程度具体的に把握するためには、「家庭」や「労働市場」を異なる実践の場として区別し、家庭と労働市場の性別分業の再生産メカニズムをそれぞれ別に考察することが必要であろう。よって本書では、家庭の構造と実践と、労働市場の構造と実践をそれぞれ分けて考察したうえで、相互の連関について検討する。

次に本書では、言説構造還元論の乗りこえのために、「資源」をも行為者にとって可能なこと、可能でないことを規定する「実践を構造化する構造」として位置づける。「資源」が実践を制約しているとは以下のようなことを意味する。ギデンズは「資源」という構造は実践において用いられる限りにおいて「資源」となるとする（Giddens［1984：33］）。つまり「資源」は、行為者の認識の対象となることで、行為者にとって「何が可能であり何が可能でないか」、つまり行為の可能性を限定している。もちろんこの行為の可能性をめぐる認識とは、広義には行為者の「知」であり「言説」である。しかし行為者は自分をとりまく物質的な状況と交渉していることは確かである。本書ではこのような点から、資源配分構造が性別分業や言説の再生産にどのような影響を与えているのか検討する。

また上述したように、全体社会におけるジェンダー関係を構造化する構造としての「ジェンダー秩序」という概念は本書においては重要な位置を占めないので採用しない。

論点2「実践」——解釈実践にもとづいた再生産実践、変動実践

ジェンダー秩序論においては、「実践」と「構造」との区別が明確ではなく「実践」は常にジェンダー秩序を再生産するものとして把握されていた。一方で本書の関心は、行為者の能動的実践＝エージェンシーを論じることができる実践の概念化にある。序章ではエージェンシーを、「構造に対する解釈にもとづいた能動的実践」として定義し、構造の変動にも再生産にもかかわるものと定義した。本書では、このような実践について把握するために、「実践」を以下のように概念化したい。

まず行為者の「実践」は、「再生産実践」と「変動実践」に分けられる。さらに行為者の「意図」と「効果」は一致するわけではないので、行為者の「意図における再生産／変動実践」と、「効果における再生産／変動実践」は概念上区別される。そのうち本書で扱うのは「意図における再生産／変動実践」

である。しかし「意図」という概念を導入することは、行為を構造から切り離された行為者の利益や意図によって把握する従来の行為モデルに回帰することになる。そこで本書では、実践をより構造との関係から把握するために、あらゆる実践には「構造」に対する行為者の「解釈実践」が含まれるととらえることで、行為者の意図レベルでの「再生産実践」と「変動実践」を区別する。

「解釈実践」とは以下のようなものである。江原は自己のふるまいに対する他者の解釈を「解釈実践」と呼んでいたが、本書では、「構造に対する行為者の解釈」をも含むものとして、「解釈実践」を定義する。そしてその下位区分として、行為者が既存の構造を自分にとって好都合と解釈する「受容的解釈実践」（言説の受容）と、構造を批判的に解釈する「批判的解釈実践」とを区別する。それぞれ受容的解釈実践は「再生産実践」、批判的解釈実践は「変動実践」となる可能性をもつ。受容的、批判的のいずれであれ行為者の解釈実践の過程を明らかにすることで、行為者の能動的実践について明らかにできるだろう。

次に解釈実践にもとづいておこなわれる再生産実践、変動実践のうちで、相互行為をとおして状況の改善を試みる実践を「交渉実践」と呼ぶことにする。一方の行為者が相手に対し「男（女）らしさ」に従うことを要求するとしたら、それは性別分業を再生産させる「交渉実践」といえる。一方で「男女平等」という言説や「男性も育児にかかわるべき」という言説を用いて現状を変える実践は、変動志向の交渉実践といえる。本書では特に変動志向の交渉実践に照準し、家庭の交渉実践（第四章）、労働市場の交渉実践（第五章、第六章）の過程を分析する。

本書における実践概念

構造　受容的解釈実践→交渉実践→再生産実践

構造　批判的解釈実践→交渉実践→変動実践

論点3「権力」――「主観的権力経験」と「交渉実践」の把握

行為者の能動的実践や変動について論じるためには、江原の理論においてもうひとつ乗りこえられなければならない論点がある。それは「ジェンダーは、それ自体、権力を内包している」（江原［2001:25］）というテーゼである。江原によれば、「自己よりも他者の要求に配慮するハビトゥス」を女性がもっているために、男女のあいだには必然的に権力関係がうまれることになる。つまり、女性は命令や強制を受けると感じることなくそうすることが「女性らしい」ことだから、進んで男性の言葉を聴き、それに沿った実践を行おうとする（江原［2001:388］）。このハビトゥスに依拠した権力概念によって、江原は、自発的に行われる「ジェンダー秩序」にそった社会的実践にも権力や支配があることを理論化した。しかしこの説明では、女性は「ジェンダー・ハビトゥス」に従っているだけであり、実践が内包する権力関係に対する認識能力をもっていないことになる。つまり女性が権力関係や性別分業における抑圧状況を認知したりする「主観的権力経験」がみいだせない。確かに、権力とは男性の利益にもとづく意図的行為、また女性の「強制された」という「主観的権力経験」に還元できないという江原の主張は妥当であろう。しかし何らかの「主観的不利益」の認知は、女性が男女の関係や性別分業を変えていくために不可欠ではないだろうか。ここで有効だと考えられるのがギデンズの行為者の理論である（Giddens［1979 = 1989］）。ギデンズによれば行為者は「反省的観察 reflexive monitoring」によって、活動を他者や客体世界に関係づけているが、活動の間じゅう明白な目標を意識しているわけではない。一方で「行為者が個別の行為について互いの意図をたずねるときには、行為者は日常的な自省的評価からはそれている」のであり、「理由は、問いただすなかで個々の説明」（Giddens［1979 = 1989:61-62］）となる。この説明によれば「実践」は半意識的な過程であるが、この半意識的な実践は事後的に鮮明に意識化され、意味づけられることがある。「権力経験」もこうした時間の流れのなかで把握される行為者の「解釈実践」によって把握することができるのではないだろうか。実践において行為者は常に行為の意味を明確に意識し理解しているわけではないが、過去の出来事に対する「反省」をとおして、「強制された」という経験や不利益を認知することもある。本書では、このような権力の主観的経験があるからこそ、現状を変えていこうとする交渉実践が試みられるととらえる。この点について第四章で考察する。

論点4 「カテゴリー還元的説明」――行為者の意味世界の把握

最後に「カテゴリー還元的説明」の乗りこえとしてどのような視点が必要だろうか。江原が自ら指摘しているように、「ハビトゥス」や「ジェンダー規則」から「実践」を理解するジェンダー秩序論は、「その場面において使用されているのかどうかわからない性別カテゴリーを予め研究に導入する」（江原［2001:14］）ものであり、「カテゴリー還元的説明」をぬけでていない。この「カテゴリー還元的説明」を乗り越えるには、研究者によって設定された男女の利害対立図式（本書第二章）や、「女性の声」というカテゴリー（本書第三章）に依拠することなく、行為者が位置している特殊歴史的な「構造」と、行為者の意味づけ、すなわち「解釈実践」の両者を理解することが必要だろう(13)。客観的には性別分業を再生産するととらえられる実践は、行為者の視点からみれば限定された選択肢のなかでとりうる最善の選択であるのかもしれない。このような具体的な状況のなかでの行為者の意味に照準することが、「カテゴリー還元的説明」と「女性犠牲者モデル」の乗りこえにつながると考えられる。

以上、従来のフェミニズム理論の限界を乗りこえる本書の課題を整理すると、表1－1のとおりである。

表1－1　本書の位置づけ

	ラディカルフェミニズム	マルクス主義フェミニズム	ジェンダー秩序論	本書の視点・課題
構造	家父長制＝イデオロギー	家父長制＝物質的構造	ジェンダー秩序（言説構造還元論）	資源配分・言説の諸構造
権力	主観性の実体化	物質構造決定論	言説（内在）的権力	主観的権力経験と交渉実践の把握
再生産メカニズム	男性権力による再生産		女性、男性による再生産実践（言説構造決定論）	女性、男性による再生産実践 変動実践
実践の説明	カテゴリー還元的説明（本質主義的性別観）		カテゴリー還元的説明（ハビトゥス・規則）	解釈実践、交渉実践の把握
行為者	女性犠牲者モデル		女性犠牲者モデル	エージェンシー

＊　＊　＊　＊　＊

ジェンダー秩序論の批判的検討をとおして、本書の課題を「実践を規定する諸構造」「行為者の解釈実践」「主観的権力経験」「行為者の意味づけ」の把握として整理検討した。女性のエージェンシーによる性別分業の再生産・変動過程を説明するという本書の課題をまとめると以下のとおりになる。第一に構造をめぐっては、「言説」だけでなく「資源」も実践を構造化する構造であることを示し、家庭や労働市場の資源配分構造、言説構造が性別分業の再生産にどのようにかかわっているのかを明らかにすること。第二に実践をめぐっては、構造に対する行為者の「解釈実践」にもとづく「再生産実践」「変動実践」を明らかにすること。第三に、「交渉実践」による男女の権力関係の変動可能性を明らかにすること。第四に、具体的文脈のなかでの行為者の意味づけや利益を明らかにすることである。このような視点によってなぜ行為者は性別分業を再生産しているのか、行為者にとっての意味を理解することができ、性別分業の解体のための実践的解決策の発見につながると考えられる。次章ではまず、性別分業再生産における女性のエージェンシー（解釈実践にもとづく再生産実践）を明らかにすることを試みる。

注

(1)アン・ウィッツによれば、ブルデューの『男性支配』(Bourdieu［1998］)における男女の二元論は、ブルデューが批判してきたエスノセントリズムを免れておらず性差別的な女性の表象に陥っている（Witz［2004:214］）。

(2)バトラーはさらに、ブルデューのハビトゥスと構造の再生産関係についても以下のように批判する。ブルデューの「諸条件と客観的に両立するような、かつこれら条件が要請してくることにいわば予め適応した心的傾向」(Bourdieu［1980＝1988:85］)であるハビトゥスは、アルチュセールの服従の概念に近い（Butler［1999:118］）。つまり、ブルデューは主観的な現象である「ハビトゥス」が、客観的な「場（構造）」に出会う encounter という主客二元論をとり、さらにそこではハビトゥスの側が「場の規則」に適応するととらえている。それゆえブルデューの理論では、ハビトゥスが場を構成していく可能性が閉ざされているのである（Butler［1999:117］）。

（3）被支配者の抵抗実践をめぐる興味深い研究として、男性上司の権威を無効にする「OLの抵抗」をめぐる小笠原祐子の議論がある（小笠原［1998］）。

（4）この論争は「八〇年代フェミニズムを総括する」という一九九一年の女性学研究会のシンポジウムにおいて、上野が自らの「唯物論派」に対し江原の立場を「文化派」として批判したことによってはじまった論争である。上野は、「文化派」が多数を占めたのは、「均等法による敗北の後、フェミニズムが運動として後退した結果」であるとして、「唯物派」が少数であるためにフェミニズム運動が雇用機会均等法の見直しなど「物質的問題」に向かわない点を批判した。

（5）江原が述べるように、ラディカル・フェミニズムとマルクス主義フェミニズムは、同じ意味で「本質主義＋カテゴリー還元主義＝変革不可能性」という傾向を共有しているとはいえない。たとえばマルクス主義フェミニズムは、社会の変革可能性について、「家事労働の有償化」「家事労働の社会化」というかたちで具体的な提案をおこなってきた。

（6）一方江原は、ギデンズとブルデューの理論の欠点にも言及している。まずギデンズの理論では、構造が経験的に何であるかについて把握が困難でありマジック・ターム化している（江原［2001:77］）。江原はこのギデンズの議論の欠点に関しては、以下でみるように構造（ジェンダー秩序）の内容を特定化することで乗り越えようとしている。他方ブルデューの理論の欠点は、「ハビトゥス」を行為者の生涯においてあまり変化しないものとして把握していることにある。そして「そのことがブルデューの『再生産論』を、『世代間継承における再生産論』に限定してしまう効果を持っている」（江原［2001:77］）。そう指摘した上で江原は、ジェンダーと性支配を同一の実践あるいは社会的相互行為から同時に成立してくる「構造」として把握するためには「諸実践が多様性の中にもある種の規則性をもつものとして産出されていること、あるいは多様な諸実践においてそれを生み出す持続的な共通の基盤（ハビトゥスなど）が存在すること」（江原［2001:79］）をいわなければならないとして、あえてハビトゥス概念を利用するという選択をしている。

(7)江原は、コンネルの理論が「社会システム」と「構造（特性）」を分けたギデンズの影響を受けたものであり、コンネルはギデンズの「社会システム」を「ジェンダー体制」（の複合）として、ギデンズの「構造」を「ジェンダー秩序」として概念化しているとする（江原［2001:119］）。しかしコンネルは、「ジェンダー秩序」をこのような「実践」と「ジェンダー体制」を構造化する深層構造としては位置づけていない。コンネルの枠組において「ジェンダー秩序」は「全体社会の構造」、「ジェンダー体制」は「特定の制度」（家族、国家、街頭）における構造を指しているにすぎない（Connell［1993:98-99］）。よって江原が述べるようにコンネルの「ジェンダー秩序」は「ジェンダー体制」を産出していく構造のことではないし、コンネルの「ジェンダー体制」と「ジェンダー秩序」は、ギデンズの「社会システム」と「構造」に対応するものではない。また、コンネルの「特定の制度」をさす「ジェンダー体制」の概念は、シルヴィア・ウォルビーなどが全体社会の構造をさして用いる「ジェンダー体制 gender regime」の概念とも、その意味内容が異なっている。

(8)また「異性愛」は男に「性的欲望の主体」、女に「性的欲望の対象」を結びつけるパターンと定義される（江原［2001:126］）。

(9)江原は、言語的諸規則とは「『社会から隔離した言語』（言語体系）の規則」（江原［2001:166］）ではなく、広義には「社会成員として資格の認定に関わるような外見にかかわる規則や、礼儀や話し方などふるまいに関わる規則なども含む『象徴実践』『解釈実践』に関わる諸規則」（江原［2001:163］）であるとしているが、どちらにしても「言説構造決定論」であることに違いない。

(10)江原自身、ハビトゥスの概念を用いることは、「社会構築主義の一定の立場からすればいわゆる『本質主義』に陥っている」という批判が予想されるとした上で、自分の理論は「ある種の『本質主義』

を含んで」（江原［2001:80］）いるとしている。また「規則」を構造としてとらえることに関しても、「心にかかわるふるまい」において「性差」を見出すものであり、「その場面において使用されているのかどうかわからない性別カテゴリーを予め研究に導入する」（江原［2001:14］）本質主義に陥るものだと自戒している。

(11) コンネルによれば、ブルデューのアプローチは人びとがみずからの生を追求するさいに発揮する創意やエネルギーの存在を認識するうえでは大きな利点をもっているが、ブルデューの社会構造のイメージは社会的「再生産」のアイデアに依拠しすぎており、行為者の背後で何かが生じるといったふうにでも想定しないかぎり、歴史の可変性をとらえることができない（Connell［1988＝1993:155］）。

(12) その意味で江原が「異性愛」の再生産と、「性別分業」の再生産とを同じ構造によって説明していることも問題である。男性の性的対象になるような女性らしいふるまいを選ぶ理由を、ジェンダーの社会化や身体化されたハビトゥスとして説明することはもっともらしい。しかし、家庭でケア労働者になるか、賃労働に従事するかという選択は、家族政策や労働市場の構造の影響を排して、異性愛と同じ意味でジェンダーの社会化やハビトゥスによっては説明できないはずである。

(13) 行為者が用いる「カテゴリー」と研究者がとらえる客観的な構造を区別する研究は、フィールドワークにおける聞き取り調査をとおして数多くおこなわれている。有名なものとしては労働者階級の少年の価値選択と階級構造の再生産をめぐるウィリスの研究（Willis［1977＝1996］）がある。ジェンダーをめぐっては、ＯＬの抵抗と職場のジェンダー構造の再生産をめぐる小笠原の研究（小笠原［1998］）をはじめとして、さまざまな実証研究によって展開されている（Witz［1992］; 木本［2003a］）。

第二章　性別分業再生産におけるエージェンシー

――なぜ女性は家庭に入るのか

本章の課題

前章では、再生産、変動過程における構造に対する行為者の能動的実践＝エージェンシーを明らかにするために必要な諸概念について検討してきた。以下の章では、構造に対する行為者の実践（解釈実践・交渉実践）と、実践を規定している諸構造を具体的に明らかにしながら、性別分業の再生産、変動メカニズムを検討していく。本章ではまず、性別分業を再生産する女性の実践と、実践を規定する構造について、マルクス主義フェミニズムの家父長制論をめぐる論争をもとに考察してみたい。

上述したとおりマルクス主義フェミニズムは、女性は家父長制によって性別分業を強いられているとする「物質構造決定論」によって性別分業の再生産メカニズムを説明し、また家父長制には「物質的基盤 material basis」があるとして、行為者の行為を規定する経済的、物質的構造に照準してきた。それに対しラディカル・フェミニズムの立場に立つ江原は、マルクス主義フェミニズムは「性支配が社会成員の実践により再生産される性別秩序に基づいて維持されるというその『柔構造』的根深さに全く照準しえていない」（江原［1995:10-11］）と批判を向けた。確かにマルクス主義フェミニズムは構造化理論を経由しておらず、「実践」の概念を用いることもなかった。しかしマルクス主義フェミニズムの理論家からも家父長制概念に対する批判も登場し、性別分業再生産における「言説」の作用や女性の能動性についての分析が加えられてきた。その意味でマルクス主義フェミニズムの家父長制をめぐる論争の過程は、構造分析に「エージェンシー」を取り入れ（もしくは取り戻し）、性別分業の再生産メカニズムを明らかにしようとする苦闘の過程だったといえる。本章ではこれらの論争を追いながら、性別分業再生産過程における女性のエージェンシーについて明らかにしていく。1節ではマルクス主義フェミニズムの家父長制概念の系譜を確認し、2節と3節では、家父長制を家庭の構造としてとらえる議論と、家庭と労働市場を横断する構造としてとらえる議論をそれぞれ検討し、4節5節では、言説に注目する論者からのマルクス主義フェミニズムの家父長制論への批判をとりあげる。6節ではこれらの論争を整理し、性別分業の再生産過程における女性のエージェンシーを明らかにする。

1　マルクス主義フェミニズムにおける「家父長制」と「唯物論」

マルクス主義フェミニズムは、一方でラディカル・フェミニズム、他方でマルクス主義理論を受容し、その両者を批判的に継承することを試みたが、「マルクス主義とフェミニズムの不幸な結婚」と称されるように、その結婚は困難を抱えていたことが指摘されている。本節ではまずマルクス主義フェミニズムにおける家父長制概念の系譜をおおまかに確認しておこう。

江原は、ラディカル・フェミニズムとマルクス主義フェミニズムの対立点として、家父長制をイデオロギーとしてとらえるか物質的構造としてとらえるかという点をあげていた（江原［1995］）。しかし両者の分岐点としてより重要なのは、家父長制を歴史貫通的な普遍的構造としてとらえるか、近代の男性支配構造としてとらえるかという点にある。マルクス主義フェミニズムは、男性＝賃労働者、女性＝ケア労働者という性別分業を近代の女性の抑圧の原因とみなし、ラディカル・フェミニズムの家父長制概念を受容しながら、家父長制の歴史的概念化を試みようとしたのである。

普遍的構造としての家父長制は、ラディカル・フェミニズムの嚆矢であるケイト・ミレットの『性の政治学』の定義にみてとることができる（Millet［1970］）。ミレットは、家長が他の親族を支配し、家庭の経済的生産を支配しているものとして定義したウェーバーの家父長制概念に依拠して、家父長制を、男女の支配と従属の関係として定義した。

わたしたちの社会は……家父長制 patriarchy だからである。軍隊、産業、テクノロジー、大学、科学、行政官庁、経済——要するに、社会のなかのあらゆる権力の通路は、警察の強制的暴力まで含めて、すべて男性が握っていることを思い起こせば、この事実はただちに明らかになる。（Millet［1970：25］）

一方マルクス主義フェミニズムの論者は共通して、ミレットの家父長制論は通歴史的な性支配の説明にとどまっているとして不満を訴え、その「歴史的変化」に関心を示す。

ミレットの分析は、広範囲にわたる通歴史的・経験的かつ通文化的な証拠が用いられており、それらを比較することができる……しかしながら……彼女は、家父長制の作用をめぐるメカニズムの相互連関性や、それらが歴史的にどのように変化するかを私たちに理解させてはくれない。(Mcdonough and Harrison [1978 = 1984 : 14-15])

ラディカル・フェミニストの分析は……心理学的なものに注目するあまり歴史に対する理解が欠けている……(ミレットの)この定義によって諸社会を区別することはできない。(Hartmann [1979 = 1991 : 47])

［括弧内引用者］

このようにマルクス主義フェミニズムは、家父長制の歴史的形態を明らかにすることを目的として、労働市場や家庭の形態をめぐる歴史的考察や実証研究をとおして、資本制下に固有の近代家父長制という構造を明らかにしようと試みたのである。

そしてこの家父長制の歴史的形態の分析を可能にしたのが、マルクス主義理論の概念である。マルクス主義フェミニズムは、マルクス主義の「唯物論」を受容することで、生産関係の理論に、「性別分業」と「家事労働」を組み込んだ。マルクスは生産関係にもとづく歴史的変動の過程に家庭や分業を位置づけ、家庭が労働力再生産の場として必要であることを論じた。しかしそこでは、性別分業は家庭のなかで自然に発生してきたものであるととらえられ、資本制と女性の労働の関係について理論化されてこなかった。それに対し初期のマルクス主義フェミニズム論者は女性の労働に照準し、性別分業の根拠を「資本制」（という物質的基盤）に求めた。これらの論者によれば、資本制が、賃労働と家事労働の二重の生産様式をつくりだし、家庭のなかの男性を女性の搾取という特殊な搾取の道具とした（Dalla Costa and James［1972：29］）。ダラ・コスタは、家庭の家事労働の無償性が、女性の抑圧を規定しているとして以下のように述べる。

> 子供の存在は家事労働の量を増すばかりでなく、必然的に女を拘束している。というのはこの労働は無償であり、ここから男への依存と女の孤立という事態が生じるからである。女の孤立は女たちの個人としての社会生活を不可能にし、女たちに生活の大黒柱に対する弱々しい付属品としての生しか送ることを許さないようにしてしまうのである。（DallaCosta［1981＝1986：16］）

このように初期のマルクス主義フェミニストは、家事労働という概念を用いて、ケア（ここでは育児）が、資本制社会における女性の抑圧をうみだしていることをいちはやく指摘していた。しかし彼女たちはあくまで性別分業を資本制の一過程ととらえ、資本制を解体すれば性別分業も消滅するとか、資本制の発展にともなって既婚女性の賃労働者化がすすみ家庭内の支配関係は弱体化していくとみなしていた。

この資本制一元論に対し、近代の性別分業を資本制だけでなく家父長制という独立した制度の産物として位置づけたのが、二元論者と呼ばれる潮流である。家父長制は、資本制の発展に伴って時代遅れになるものでもなく、生き残って資本制とともに繁栄している。二元論者はこうした問題意識から「資本制社会における男性支配の基盤が、資本制システム自体から独立した別の社会関係の構造にあるという証拠」（Young［1981＝1991：99］）を明示しようとしてきた。しかしそのために二元論は、「家父長制的な資本制社会」において「家父長制のメカニズムだけを単独に取り出す」（Hartmann［1979＝1991：66］）という困難な課題に取り組むことになった。こうした文脈からマルクス主義フェミニズムにおいて「家父長制」は論者によってさまざまに定義されることになった。家父長制概念は「ごみ箱」になっていて、「伝統的なマルクス主義理論に適合しない変則的な、はんぱな物すべてが、そのなかに放り込まれていた」（Delphy［1984＝1996：178］）など、辛辣な評価を受けている。

日本の社会学においてもマルクス主義フェミニズムの家父長制概念は「十分に分析的ではな」く、「マジックワード化」しているという評価が主流である（長谷川［1989］；瀬地山［1996］）[1]。たとえば瀬地山角は、マルクス主義フェミニズムの議論では家父長制の「物質的基盤なるものが、一体何を指すのかも明確であるとはいいがたい」（瀬地山［1996：41-42］）と述べる。そのうえで瀬地山は、二元論のいう「資本制」と「家父長制」の相互作用とは「経済と規範とを独立変数として、現実を解釈・説明しようという図式」（瀬地山［1996：58］）ととらえ、家父長制を「規範」として位置づけている。また森田成也は、マルクス主義フェミニズムの家父長制には、近代の家族における支配構造と、「労働市場」も含めた全体社会の男性支配の構造の両者が混在していると指摘する（森田［1997］）。

これらの批判に対する検討は紙幅の都合で省略するが、論者によって家父長制の定義が異なることや、家父長制の「物質的基盤」という概念が、マルクス主義フェミニズムの議論をわかりにくくしてきたことは確かであろう。そこで以下ではマルクス主義フェミニズムの家父長制論の二つの潮流をとりあげ、それぞれにおいて「物質的基盤」をもつ家父長制という概念がどのように用いられてきたのかを整理、検討してみたい。

2 家庭における家父長制
——デルフィの家内制生産様式

本節では、市場と区別される家庭の構造として「家父長制」を定義したフランスの社会学者クリスティーヌ・デルフィの議論と、デルフィの議論への批判をとりあげる(2)。

デルフィの議論の特徴は、家父長制を、資本制と独立した家庭の「家内制生産様式」としてとらえた点にある（Delphy［1984＝1996：5-6］）。マルクスの理論において生産様式とは生産のやり方、生産の型をさす。デルフィはこの概念に従って、資本制生産様式と同様に家内制生産様式を、財の消費と流通の様式、生産手段の所有者と非所有者（夫のために働く）がいる様式ととらえ、労働市場の資本家と労働者の関係と同じように、家庭内では夫による妻の労働の「搾取」「領有」が生じているとした。ただし市場と家庭には以下のような違いがある（Delphy［1984＝1996：77-79］）。資本制生産様式のもとでは、労働者は自分の労働力を自分の供給するサービスに応じた一定の賃金と引きかえに売ることができ、また理論的には市場には無限数の雇用主がいるため、労働者は雇用主を変えることができる。それに対し家内制生産様式では、妻は賃金を支払われず、雇用主（夫）を変えることができない。また賃金労働者の提供するサービス量は一定であるのに対し、妻の供給するサービスの量は雇用主である夫の意思に左右される。

デルフィによれば、この生産関係を制度化し女性に無償労働を強いているのは、「結婚契約」である。「結婚とは、不払い労働が女性＝妻という特定のカテゴリーの人間に強要される制度」（Delphy［1984＝1996:111］）であり、妻は結婚契約をとおして労働力をただで売っている。さらに夫の世話だけでなく、子どもの世話が無償であることも、夫による妻の労働の「領有」として位置づけられる(3)。

またデルフィは女性の階級的地位という現在も決着のついていない争点に対し、「女性は生産関係における一つの階級である」という大胆なテーゼを提示する。女性は「生まれながらにこの階級の一員になる運命にあるカテゴリーの人間」（Delphy［1984＝1996:79］）であり、婚姻関係の外にある女性も、この階級関係から逃れることはできない。また女性が外で働くための物質的要件は、家庭における家父長制的抑圧によって決まるのであり、女性が労働市場から締め出されているのは「妻の労働力が夫によって領有されるという契約」（Delphy［1984＝1996:112］）のためである。


一方では、結婚が女性の搾取される（制度的な）場となっており、他方では、まさにこの搾取のせいで、女性の労働（現に結婚している女性だけでなく、すべての女性の労働…）にとっての潜在的な市場状況が劣悪であるために、経済面から言えば、いまだに結婚が女性にとって最良のキャリアとなっている。（Delphy［1984＝1996:114-115］）

以上のようにデルフィは、「家庭＝家父長制」「市場＝資本制」という「分離モデル」をとり、「家父長制（家内制生産様式）」を、資本制生産様式の外部にある下部構造として位置づける。(4) デルフィの家父長制論において、女性は二重の意味で「犠牲者」として位置づけられている。第一に、女性は生まれながらにして「家内制生産様式」における無償の労働者となる「女性という階級」に属しており、この階級的地位のために労働市場での女性の賃金は低く、家庭のケア労働者になることが構造的に決定されている。第二に、家庭の内部では、経済資源と権威は不平等に配分されており、夫が妻を支配している。つまり性別分業は、女性の実践ではなく男性支配構造によって再生産されている。その点でデルフィの説明する家族の支配体制は、家族員に対する家長の支配権を〝財産権同様のもの〟ととらえるウェーバーの家父長制的支配と重なり合う。家庭内において、夫は「自己の意思を他人の行動に対して押しつける」（Weber［1956＝1960:5］）ことができる「自覚的な搾取者 self-conscious appropriator」（Barrett［1980:217］）である。

デルフィへの批判──「ケアの私事化」と労働市場の性差別

デルフィの家内制生産様式決定論は、マルクス主義フェミニストから以下のような批判を受けてきた。ひとつは上野千鶴子による「生産様式還元論」「生産至上主義」という批判である（上野［1990］）。上野によれば、デルフィの家内制生産様式の理論は、「物質生産の用語に還元する唯物論」であり、「結局、生殖もまた労働──物質ではなく人間の生産という労働──であることを看過する」（上野［1990:71–72］）ものである。こう指摘する上野はデルフィの「生産様式」に代わって、家庭を「再生産様式」とみなすことで、資本制（生産様式）と家父長制（再生産様式）の二元論を展開する。その結果、上野は女性が

「二流の生産者」になるのは、「女性が『再生産者 reproducer』であるから」（上野［1990:74］）という、女性＝産む性という生物学的還元論に限りなく近い説を主張する。

しかし「生産」概念同様、「再生産」概念も問題含みである。第一に「生産」が「市場における生産」を前提にしているように、「再生産」概念の前提にあるのも、成人労働力の再生産、もしくは人類社会の存続を前提にした機能主義的発想である。育児は国家からみれば労働力再生産かもしれないが、子どもの視点からみれば生命の維持という「生産」にかかわるものである。「再生産」と「生産」の区別は、誰の視点に依拠するかによって、どちらにも解釈できる恣意的なものにすぎない(5)。第二に、家庭の育児や介護には食事も掃除も洗濯も含まれるが、そうした意味での再生産労働は市場でもおこなわれているのだから、「再生産様式」が「生産様式」と独立しているとはいえない。なぜ農作業や工場での缶詰作業が生産労働で、家庭での料理が再生産労働といえるのか。上野の「生産様式」「再生産様式」の概念もマルクス主義理論の概念に縛られた負の遺産にすぎない。

おそらく「生産様式還元論批判」で上野が指摘したかった問題は、女性が再生産者であるかどうかではなく、デルフィが産業化過程での「ケアの私事化」に分析上重要性を与えていないことを指摘したかったためであろう。デルフィは、農作物の生産等も含む家庭内の労働のうち、「ケア労働」に分析上重要な意味を与えていない。一方上野は、市場が産業化の過程で出産・育児という他人に委ねられない「他人の再生産」労働が、家事労働として残ったとして「ケアの私事化」と性別分業の関連性について指摘する（上野［1985:24］）。

「ケアの私事化」に分析上重要性を与えるという点では、上野の主張には説得力がある。「家庭のケアニーズ」への注目は、女性が無償のケア労働をおこなうのは結婚契約に原因があるとするデルフィの議論がもつ欠陥を明らかにするからだ。「結婚契約」をしていなくても、ケア責任が家庭に委ねられていれば「年老いた両親の面倒を見るために家にとどまるのは、彼女たちの兄弟ではなくて女性である」（Andre［1981 = 1993 : 17-18］）。そして家庭で提供されるサービスの量は、デルフィが述べるように「夫の意思」だけでなく、家族のニーズと国家の福祉政策によって変わってくる。デルフィは「独身女性が高齢の親のために行う不払い労働」を誰が領有しているのか、という問いについて口をつぐんでいるが（Delphy［1984 = 1996 : 221］）、核家族の外の介護問題は、性別分業の原因を「結婚契約」に求める議論の限界を示している。

デルフィの家父長制論への二つめの批判とは、デルフィは、性別分業を再生産する原因を「家庭の構造」に還元しており、「性支配的な労働市場の構造」をみていないというものだ。シルヴィア・ウォルビーは、デルフィは女性を家庭内の経済に追いやる労働市場の家父長制的関係の役割を明らかにしていないと指摘する（Walby［1986 : 42］）。デルフィによれば、女性の低賃金の原因はあくまで家庭における夫による搾取にあるのであり、結婚によって「夫や子どものことも物質的に世話するという必要がなかったならば」（Delphy［1984 = 1996 : 115］）、女性の昇進はかなえられたはずだという。それに対しウォルビーは、労働市場の男女賃金格差が女性を家庭においやっているのであって、男性支配の構造は家庭の外にもあると述べる。

以上デルフィの家父長制論は、①ケア労働の私事化が、性別分業に与える影響について論じていない点、②性別分業を再生産する要因として、労働市場の構造をみていない点、の二つから批判を受けてきた。次節ではマルクス主義フェミニズムの家父長制論の二つめの潮流として、②の立場から労働市場に家父長制概念を拡大した議論をとりあげたい。

3　労働市場における家父長制
——ハートマンの「労働力の支配」

デルフィのように家父長制を家庭の構造に限定する議論に対する乗り越えは、家父長制を家庭と労働市場を横断する構造としてとらえる立場として展開された。マルクス主義フェミニズムの家庭から労働市場への関心の移行は、一九七〇年代以降の労働力の女性化という趨勢にせまられた理論の転換として解釈されている。ジョアン・ケリーによれば、問われるべきは「分離された空間や領域における女性の位置ではなく、社会全般における女性の位置である」（Kelly［1979:57］）。

このような視点から家庭と労働市場双方に家父長制を見出しているのが、ハイジ・ハートマンやシルヴィア・ウォルビー、ナタリー・ソコロフといった論者である。ハートマンは「性別分業は、それが労働市場であろうとなかろうと、家父長制の存続を助長する家父長制の現れ」（Hartmann［1979＝1991:62］）だとし、家父長制を以下のように定義する。

家父長制は、物質的基盤を有する一連の男性間の社会関係であり、ヒエラルキー的に組織されてはいるが、男性に女性を支配することを可能とする男性間の相互依存と連帯を確立またはつくりだす社会

関係、として定義できる。（Hartmann［1979＝1991：48］）

ハートマンによればこの家父長制の「物質的基盤」とは、「家庭における育児だけでなく、男性に女性の労働力を支配することを可能にするあらゆる社会構造」（Hartmann［1979＝1991：49］）にある。またソコロフによれば「家父長制とは、男性の女性支配を可能にする社会関係のセット」であり、「この権力は、女性の労働を搾取することで物質的、イデオロギー的に利益を得る男性間のハイアラーキー関係に根ざしている」（Sokoloff［1980＝1987：199］）。ウォルビーは家父長制を「男性が女性を搾取する相互に関係した複数の社会構造のシステム」（Walby［1986：51］）と定義し、家父長制的関係の主要なセットとして、家事労働、賃労働、国家と男性の暴力とセクシュアリティをあげる。これらの論者によれば、家父長制とは家庭の構造ではなく、労働市場と家庭を横断する男性支配構造である。これらハートマンらの議論を、デルフィの議論と区別して公私にわたる家父長制論と呼ぼう。

労働市場の家父長制——男性の利益と権力

では労働市場の家父長制とは何か。また「物質的基盤」とは具体的になにをさすのだろうか。もっとも影響力をもったハートマンの議論をみてみよう。

上述したようにハートマンらの議論は、性別分業の再生産を資本制に求める理論に対し、資本制に対する家父長制の自律性を主張する「二元論」として展開された。ハートマンは、資本制に対する家父長制の自律性を、「家父長制的社会関係」（Hartmann［1976：140］）の作用に見出す。その根拠とされるのが、近代の性別分業成立の契機となった十九世紀後半のイギリスとアメリカにおける「家族賃金 family wage」観念の普及の過程をめぐる実証分析である（Hartmann［1976］）。男性を一家の稼ぎ手とみなす家族賃金観念の普及の過程について、ハートマンは以下のように分析する。資本制の勃興とともに女性が大量に労働市場に参入した際、男性労働者は女性が安い労働力となることでみずからの既得権が脅かされると判断した。そのため男性労働者は、労働組合の組織を用いて女性に家事と子育てを要求する家庭の性別分業を強化することで、労働市場の性別職域分離を強化するように行動し、また女性や児童のための保護立法を要求した（Hartmann［1976:153］）。その結果、女性は労働市場では低賃金労働に囲い込まれ、家庭では夫の支配のもとでケア労働者として従属することになった。ハートマンによれば、このとき男性が組織化と支配の技術をもっていたのは、「資本制以前にも家父長制システムは確立していて、男性は女性と子どもの労働を支配していた」（Hartmann［1976:138］）からである。つまり、家庭と市場との分化を強めたのは資本制であるが、女性を家庭にとどめ、男性を労働市場に配置したのは、家父長制である（Hartmann［1976:195］）。

以上のハートマンの議論において、家父長制的社会関係を特徴づけるのが「女性を支配する男性の意図」である。ハートマンによれば「家父長制的な関係とは、男性が女性に家で適切な仕事を遂行することを望んでいること」（Hartmann［1976:155］）である。つまり、女性を支配するという男性の「利益」があり、男性はそれにもとづいて連帯し行動している。一方、女性は歴史的過程において能動性をもたない犠牲者であり、性別分業によって「不利益」を被っている。このハートマンの権力論は、「利害」にもとづいた行為を指す「個人主義的権力観」、また「観察可能な行動」によって同定される、「行動主義的な権力観」（Lukes［1974＝1995：16］）に依拠していることを確認しておこう。

「近代家父長制」の「物質的基盤」——男性による労働力の支配

このように、男性の権力によって再生産された近代の家父長制の物質的基盤が、「男性に女性の労働力を支配することを可能にするあらゆる社会構造」（Hartmann［1979＝1991：49］）である。ハートマンの述べる「労働力の支配」とは、家庭でも労働市場でも、男性が物質的に優位にあることをさす。

①男性は労働市場で女性よりよい職につき、高い賃金を稼ぐ。女性が労働市場で低賃金しか受け取らないことは、男性の物質的に優位な地位を永続させ、女性に主婦業をキャリアとして選ぶように奨励する。

②女性は家事や育児を受け持ち、男性に直接的恩恵を与えるようなさまざまの《ママ》サービスを家庭でおこなう。女性の家庭における責任の重さは、また彼女たちの労働市場における地位の低さを強化する（Hartmann［1979＝1991：57–58］）。［強調引用者］

①のテーゼによれば、労働市場の男女賃金格差という「経済資源」の配分が、家庭の性別分業を再生産する。低賃金のために独身で生計をたてていくことができない女性は、結婚することで「稼ぎ手」を獲得し家庭に入るという選択をする。ウォルビーは「どうして女性たちは、結婚して男性に仕えるのではなく、自分たちの稼ぎで生活しようとしないのか」（Walby［1986：41］）という問いに対しこう答える。

「女性の位置は文化的な価値の選択ではなく、女性をとりまく物質的な制限」（Walby［1990:56］）のためである。

また②のテーゼによれば、家庭において「ケア責任」が女性に割り当てられていることが、労働市場の性別職域分離を再生産する。労働市場から撤退した女性は家庭でケア労働に従事するが、家庭におけるケア責任のため今度は労働市場において男性のような「自由な労働者」になれない。すなわち、家庭のケア労働は、賃労働における経済資源の獲得を妨げるいわば「負の資源」である。[6] 上野千鶴子の表現を借りれば、近代家族において再生産労働の「現物費用」（上野［1985:50］）を背負っているのは女性であり、出産する女性は、「出産退職をして収入を失った上に、再生産労働を現物費用として一〇〇パーセント肩に背負うという、踏んだり蹴ったりの状態にある」（上野［1985:53］）。

上述したように、瀬地山は「物質的基盤なるものが一体何を指すのかも明確であるとはいいがたい」（瀬地山［1996:41-42］）としていた。しかし「家父長制の物質的基盤」を、男性、女性の実践を規定する家庭や労働市場の「資源配分構造」ととらえれば、「物質的基盤」は決してマジックワードではない。労働市場の経済資源の配分が家庭の性別分業を規定し、また家庭でのケア責任の配分が労働市場の男女の位置を規定する。

さらにマルクス主義フェミニズムによれば、「経済資源」の配分は、家庭の権力関係をも規定している。「妻は夫に経済的に依存しているので、両者の関係において夫のほうがより大きな権力を有する」（Sokoloff［1980＝1988:226］）。すなわち、女性は物質的制約により家庭のケア労働者や低賃金労働者を選択させられており、さらに家庭でも労働市場でも男性の権力に従属している二重の意味で「構造的犠牲者」として位置づけられている。

ただし二元論は変動の可能性についても明確にしている。ウォルビーは、女性が「よりよい条件の職業をもつことで、家庭内の分業をめぐる妻の夫にたいする交渉力は高まる」(Walby [1990:83]) とする。またハートマンは、家庭内の夫と妻の利益の対立について強調し、現代の妻たちは搾取されていることに気づき始めており、少なくともたくさんの子どもを育てることを拒否している (Hartmann [1981:390]) とする。ここでは、「虚偽意識」から目覚めた女性の交渉や抵抗の可能性が示唆されている。

4　家父長制概念への批判
――性別分業再生産における男性と女性の実践

さてではこのハートマンら家父長制論は、どのような批判を受けてきたのだろうか。以下ではハートマンの家父長制論に対する批判として、①権力主体としての男性行為者をめぐる論点、②性別分業再生産における女性の能動的実践をめぐる論点をとりあげる。どちらの批判においても、男性の権力行使を指す「家父長制的社会関係」という構造の自律性をハートマンは論証しえていないと指摘されている。(7)

エージェンシーとしての男性

第一の批判とは、ハートマンの家父長制的社会関係の概念における「家父長制＝男性権力構造」論への批判である。この批判によれば、男性の権力（家父長制）とは、資本制と同じ水準での「構造」とはいえない。エイミー・ワートンは「構造とエージェンシー structure and agency」という論文で以下のように述べる。性別職域分離に関するハートマンの分析は「資本制の構造的分析に、ジェンダー化した行為者と意識（gendered actor's agency and consciousness）を強調する家父長制概念を補完することによって成り立っている」（Wharton［1991：375］）。このワートンの指摘は、ハートマンの議論において家父長制は経済構造の副産物にすぎないとするジョーン・スコットの批判とも通底する。スコットによれば、ハートマンの議論では「経済的因果論が優位に立ち、家父長制はいつも生産関係の関数として発達したり、変化したりしている」（Scott［1999＝2004：87］）。つまり、公私の分離と分業というマクロな構造の変化をもたらしたのは資本制で、家父長制とはこうした物質的構造の変化に男性が対応する過程として説明されている。こうした傾向は、たとえばハートマンの以下のような説明からも明らかである。

資本主義的な産業の組織化は、家庭の仕事を消滅させ、男性の支配の領域の相対的重要性を増大させ、女性の従属を増大させた。しかし、男性支配がすでに確立されており、資本主義の発展がとる形態と方向に影響を与えたことを憶えておくことも重要だ。（Hartmann［1976：152］）

以上、男性の権力行使を意味する家父長制概念は、資本制と家父長制は同じレベルの「構造」概念になっていないというハートマンへの批判は妥当であろう。男性も「資本制という構造的制約のなかにおかれた行為者」であり、性別分業を再生産しているのは、男性の権力（家父長制）ではなく、資本制という構造的制約のもとでの男性の実践である。これらの批判では、男女の関係を家父長制という普遍的な権力構造として位置づけることの限界と、「実践過程」に照準することの重要性が示唆されている。

家庭のケア労働者になる女性の利益――階級とジェンダーをめぐる論争

ハートマンの家父長制論に対する二つめの批判は、性別分業再生産における女性の実践に関するものであり、「女性は構造によって性別分業を強いられている」とする「物質構造決定論」へのより明確な批判である。ハートマンが「家父長制的社会関係」を発見したとする近代の性別分業の成立過程をめぐっては、歴史家を巻き込んだ論争へと発展した。最も有名なものが、マルクス主義の立場に立つジェーン・ハンフリーズによるハートマン批判である（Humphries［1977; 1981］）。

ハートマンは、家族賃金を「女性を支配したい」という男性主体の利害に適うものだったととらえた。それに対しハンフリーズは、労働者階級において「男は賃労働、女は家庭のケア労働に専念する」という家族賃金の観念は、中産階級の家族構造の理想化や生活水準の向上の達成といった観点から、男性にも女性にも支持されていたと分析する。ハンフリーズによれば、女性の就労によって家庭における男性の権威が脅かされたというハートマンのテーゼは、歴史的事実として間違っている。当時の鉱山では家族労働団として雇用慣行があり、男性労働者にとって妻や娘の就労は家族の収入を最大化するものであり、女性の就労は重要であった。それでも彼らが家族賃金要求を掲げたのは、「男性＝稼ぎ手」という理想の家族像のイメージが形成されていたからである（Humphries［1981］）。以上の分析から、ハンフリーズは家族賃金は、「よりよい生活を闘いとろうとした労働者階級の男女にとっての、歴史的に制約されたなかでの、実現が困難な目標」（Humphries［1981: 4］）であったと述べる。

男性労働組合が女性を排除してきた過程については数多くの実証的知見があり、ハンフリーズの批判をもって、歴史上労働市場における男性による女性の排除がなかったと結論づけることはできない。また「階級的利益」だけを強調し、階級のなかでの男女の利益の違いを明確にしないハンフリーズの議論も同様の限界をもっている。しかし、ハートマンが性別分業をめぐる女性の経験や主観的意味を軽視しているのは確かである。

一方で、ハートマンとハンフリーズ、両者の限界を指摘しているのがジェーン・ルイスである（Lewis [1985; 1986]）。ルイスは本書でいう「資源」と「言説」、二つの構造との関係から女性の実践を解釈することで、両者の限界を以下のように指摘している。

第一に男性稼ぎ手家族モデルは労働者階級の男女に共有された理想であったが、その背景には、女性労働者がその理想を受け入れざるをえない資源配分構造があった。ルイスによれば女性の家庭でのケア責任は、彼女たちの組織化の能力を現実的に制限していたし、多くの女性は彼女たちの家庭での負担のために、彼女たちの賃労働が補助的なもので、職場における地位が男性よりも劣ることを受け入れていた（Lewis [1985: 111]）。つまり「女性の居場所＝家庭」という言説の受容はハンフリーズがいうほどに、「自由な選択」によるものではなかった。

第二にルイスが強調するのは、イデオロギーという支配的言説と女性性の価値をめぐる論点である。ルイスは、男性稼ぎ手モデルの普及過程における国家や中産階級が推奨したイデオロギーの役割を以下のように指摘する。中産階級は慈善活動などをとおし、男性は賃労働者として働き、女性は家庭管理と育児に専念するという自分たちの家族モデルを、労働者階級に普及させようとした(8)。また国家も二十世紀初頭から、女性の母親役割を推奨しながら労働者家族に介入した（Lewis［1986：99-101］）。よって労働者階級の女性たちにとって、ブルジョア家族のイデオロギーを受け入れて家庭の責任を負うことは、自らを価値づけることにもなった。

以上の「家父長制」をめぐる論争は、マルクス主義フェミニズムの家父長制論の限界を二つの点で明らかにする。第一に性別分業再生産の「物質構造決定論」について。「主婦業を選択するのは労働市場の賃金格差のためである」というハートマンのテーゼは、女性の動機を「稼ぎ手を得る」という物質的動機に還元するものであった。一方「女性の居場所＝家庭」という言説のもとでは、女性はそのような言説を再生産することで「女性として承認される」といういわば「言説的利益」を獲得できる。このような言説的利益は彼女たちが労働市場においては獲得できなかったものである。だからこそ、女性たちは自らを価値づける「女性の居場所＝家庭」とする言説を、肯定的に受容した。その意味で女性の言説構造上の位置を無視し、「女性の地位は文化的な価値の選択ではなく、女性をとりまく物質的な制限の結果」であるとする、物質構造決定論はいきづまる。ここに、女性の「言説構造」に対する女性の受容的解釈実践をへて性別分業を再生産する女性のエージェンシーがみえてくる。

ただしこのことは、女性の実践を規定している構造を「言説」に還元できることを意味するわけではない。ルイスは女性の解釈実践の背景にある資源配分構造を以下のように説明する。家庭のケア労働と賃労働の両立不可能性という物質的状況が、「女性の居場所は家庭である」という言説を女性に受け入れさせた。つまり、「家庭のケア責任を女性が担っている」また「女性の賃金が男性の賃金よりも低い」という資源配分構造のもとで、「女性の居場所は家庭である」という言説は受容されたといえる。

第二に、マルクス主義フェミニズムの「女性犠牲者モデル」について。家族賃金をめぐる論争が露わにしたのは、資本家の利益に対立する「労働者階級の利益」（ハンフリーズ）、もしくは女性の利益に対立する「男性の利益」（ハートマン）概念の限界である。ハートマンは「女性」「男性」というカテゴリーを前提にしたうえで、それらのカテゴリーの客観的利益を同定し、行為の意味（男性は利益を追求し、女性は不利益を被った）を見出そうとする。その意味で、「その場面において使用されているのかどうかわからない性別カテゴリーを予め研究に導入する」（江原［2001：14］）「カテゴリー還元的説明」をおこなっている。しかし行為者はジェンダー、階級、人種などの複合的な構造的位置におり、「女」や「男」の普遍的で一枚岩的な利益にもとづいて行為しているわけではない。つまり労働市場における地位や、人種、階級によって女性間の利益は多様でありうる。十九世紀のアメリカの黒人女性の経験を分析したパトリシア・コリンズは、黒人女性が家庭に入ることを望むのは「劣悪な労働市場から撤退したかった」からだと指摘する（Collins［1991＝1993：64］）(9)。「労働市場からの撤退」としての主婦業の選択という意味づけは、人種や階級の問題だけでなく、劣悪な労働条件にある女性の経験として重要な意味をもつ。男性の権力や労働市場の資源配分構造によって、女性がケア労働を強いられているとする「女性犠牲者モデル」は、女性自身による行為の意味づけを無視したところにしか成り立たない。

5　家父長制から「ジェンダー」へ
――労働市場の性別職域分離

ここまで、家庭と労働市場の性別分業は、女性にとって強いられた選択であるとする家父長制をめぐる批判を考察してきた。マルクス主義フェミニズムは、家父長制には「物質的基盤」があり、男性の権力と物質的構造によって女性がケア労働を強いられていることを論証しようとしてきた。デルフィは、家庭と労働市場の女性の劣位を家内制生産様式という「家庭の物質的構造」によって説明した。一方、ハートマンらは、家庭だけでなく、労働市場にも男女の権力関係と非対称な資源配分構造があるために、家庭でも労働市場でも性別分業が再生産されるとする。しかしこの家父長制論も、男性も歴史から超越した権力主体ではないという点や、「ジェンダー」をめぐる言説」と女性の実践によって、家庭の性別分業が再生産されているという点から批判されてきた。

では以上の「言説」や女性の「実践」という論点からの家父長制論への批判は、労働市場の性別職域分離の再生産についてはどのような意義をもつだろうか。ここでは性別職域分離をめぐって、「言説」に照準する論者が、マルクス主義フェミニズムの家父長制論に対しどのような変更を迫っているのか考察してみたい。

労働市場の性別職域分離とイデオロギー

まず、マルクス主義フェミニズムの家父長制論の権力観に対する批判をとりあげよう。『今日の女性の抑圧』の著者ミッシェル・バレットは、明確に「家父長制」概念に批判的立場をとった論者の一人である。従来のマルクス主義フェミニズムから距離をとるために、バレットが採用したのがアルチュセールのイデオロギー理論である。バレットいわく、「女性の抑圧と生産様式の特徴の関係は何か、という問いは、ポストアルチュセールの言説の理論によって、時代遅れのものとなった」(Barrett [1980:97])。バレットはアルチュセールの理論に依拠して、イデオロギーを物質的基盤の機械的な反映ではなく、物質的基盤から独立した自律的な実践としてとらえる立場をとる (Barrett [1980])。

バレットが関心を示すのも、ハートマン同様、女性を家庭のケア労働者として位置づけた家族賃金観念の歴史的成立過程である。しかし、ハートマンが男性の「権力行為」をとおして、資本制以前の男性支配が資本制に引き継がれたとするのに対し、バレットは、資本制以前のジェンダー・イデオロギーが、資本制のなかでもひきつがれ資本制下の生産関係に具体化されたとする (Barrett [1980:170])。バレットによれば、資本制以前にすでに女性がケア責任をもつという家庭の構造があったが、資本家や男性労働組合は、誰が子どものケアに責任をもつのかという問題を、男性の利益になるジェンダー・イデオロギーに即して解決した。その結果成立したのが、男性が稼ぎ手となり女性は家庭責任をもつという近代の性別分業である。

バレットはこうしたイデオロギー、すなわち「言説」への注目によって、家庭の性別分業だけでなくケアワークという「女性職」の構築についても説明する。バレットによれば、ケアワークが「女性職」

として生成されたのは、労働市場のジェンダー・イデオロギーのためである（Barrett［1980：157］）。この労働市場の「言説」をめぐる論点は、マルクス主義フェミニズムの家父長制論が問うてこなかった、なぜケアワークが「女性職」になるのか、という問いに対して一定の解答を提示するものといえる。

このようにバレットは性別分業の再生産過程を、家父長制概念を用いることなく、「言説」の作用によって説明するが、労働市場の男女間の権力関係を否定するわけでない。バレットは、男性に有利なイデオロギーが再生産された与件として、男性の労働組合をとおした交渉力の強さと、女性労働者がすでに家庭でケア責任を担っていたといった要因（資源配分構造による言説の再生産）をあげているし、「何を熟練とみなすか」をめぐる闘争においても、女性労働者は交渉において弱い位置におり、自分たちの労働が「熟練労働」であることを承認させることができなかったとする（Barrett［1980：166］）。その点でバレットの議論は、男性の権力の存在を否定するものではなく、「権力」を、「実践」における「交渉力の違い」として再定義したものといえる。

労働市場の性別職域分離と雇用者の言説実践

また性別職域分離の分析において、家父長制論の「物質制約説」に対する批判を展開したものとして、ベロニカ・ビーチィの議論がある。ビーチィも、マルクス主義フェミニズム論者として性別職域分離の分析をおこなってきたが、「女性雇用の何がそんなに特殊なのか」（Beechey［1983］）という論文において、かつての立場から転向したことを明確にしている。ビーチィはこの論考で、フェミニストの労働市場の実証分析に共通する理論的前提に批判を加える。その前提とは第一に、「労働市場の女性の劣位は、家族のなかの女性の地位によって決定されている」というテーゼである（Beechey［1983＝1993：179］）[10]。「女性の家庭における責任の重さ」が彼女たちの労働市場における地位の低さを強化するとするハートマンの物質制約説もこの前提に含まれる。ビーチィによれば、この理論的前提は、職場の生産過程それ自体の内部でジェンダー・イデオロギーをとおして性別分離が生み出されることを見逃してきた。

ビーチィが批判するフェミニストの第二の理論的前提は、固定的で一枚岩的な「女性の労働意識」によって女性の働き方を解釈する枠組である（Beechey［1983＝1993：157-174］）。ビーチィによればフェミニストは、家庭でケア責任を負っている女性労働者は「家族重視傾向」をもっているとして「女性的アイデンティティ」なるものを実体化してきた。しかしビーチィは以下の理由から「女性の意識」や「アイデンティティ」を実体化する枠組は修正されるべきだとする。第一に、女性の意識は、婚姻関係にあるか独身か、子どもがいないか、幼児の世話をしているかなどライフ・サイクルによっても変わるので、女性を一枚岩的な主体としてとらえることはできない。第二に、男性労働者と同様、女性労働者の意識の形成は、「家庭」と「職場」の双方から影響を受けている。この証左としてビーチィは、アンナ・ポラートの研究で示されている、性差別的な職場における女性工場労働者の「断片的で矛盾した意識」について言及する[11]（Beechey［1983＝1993：155-156］）。ポラートの分析によれば、女性工場労働者は、性支配的な労働の場における自分たちの場所を強く意識しており、彼女たちは目に見えてぶらぶらしているのに彼女たちより二倍の稼ぎがある男性の機械工を見て怒ったし、彼女らを馬鹿にする男性を軽蔑した。しかし彼女たちは、ポール・ウィリス（Willis［1977＝1996］）の研究において男性労働者が肉体労働を男性的自己顕示の文化に変形させることができるのと対照的に、女性の労働を価値の低い労働とみなす男性労働者の「女性についての面白くないイメージを受け入れ」「ロマンスに逃げ込み……結婚という人生を期待した」（Beechey［1983＝1993：156］）。このようにビーチィは、社会化過程におけるジェンダーの主体化や家庭のケア責任によって、女性が男性と異なる意識をもつのではなく、女性労働の価値を低く評価する性差別的な職場の構造にも、女性の意識は影響を受けていると分析する。

では、家庭のケア責任が女性の働き方を決定しているのではなく、女性の労働意識がはじめから低いのではないとしたら、なぜ労働市場における女性の劣位＝性別職域分離は起こるのだろうか。ビーチィが注目するのは、雇用主と労働組合員の「女性に適した労働」をめぐるイデオロギーにもとづく言説実践である。ビーチィによれば、雇用主は男性を雇用するときには完全な「家族賃金」を稼ぐ必要があるとみなし、女性を雇用するときにはパートタイム雇用の形態をとる。また雇用主は女性の労働は熟練とみなさない。同様に男性中心の労働組合は、男性労働者は家族賃金を支払われるべきだという考えを採用し、雇用主と労働組合の慣行を生み出した（Beechey［1983＝1993：193-220］）。

このような視点によって、ビーチィはケアワークが女性職である理由についても明快に説明する。ビーチィによれば、ケアワークの女性職化は雇用者のジェンダーをめぐる言説実践（ジェンダーの構築）をとおして生成されている。イギリスにおいては、公共部門における家事労働や介護は、ほとんどがパートタイム労働であり非専門職とされてきたが、それは経営者がこれらの職務が家庭での女性の無償労働に似ているために、妻や母親を家事や介護労働で働く理想的な労働者ととらえているからだ。そして非常に多くの家事的労働がパートタイムであるのも、それが女性の仕事だからである（Beechey［1983＝1993：198］）。

このように性別職域分離の再生産は、家庭における女性のケア責任という「物質制約説」や「一枚岩的な女性の意識」によって説明することはできず、「雇用者」や「男性労働者」のジェンダーをめぐる実践に目を向けるべきだとするビーチィの指摘はもっともである。女性に低賃金労働を割り当てる労働市場の構造そのものは、女性がつくりだしたものではなく、女性にとって（雇用者によって作り出された）所与の構造である。そして女性労働を低く評価する言説のなかで、女性たちは結婚し家庭に入ることを期待するようになっていく。これは女性の意識を形成する労働市場の「言説構造」の重要性を指摘するものである。ただしビーチィも、既婚女性は未婚女性よりもパートタイムで働く傾向が強いとも指摘しており（Beechey [1983＝1993：201]）、「家庭のケア責任」が、女性が「職場における劣位を受け入れる」（受容的解釈実践）構造的条件となっていることは否定していない。その意味で、性別職域分離は、労働市場の男性や雇用者の実践によってだけでなく、家庭の性別分業に規定された女性の実践によっても再生産されている。

6　性別分業を選択する女性の利益
——世帯単位の合理的選択

ここまでマルクス主義フェミニズムの家父長制論をめぐる論争を考察してきた。本節ではここまでの議論をふまえて、性別分業の再生産における女性の能動的実践＝エージェンシーと、実践を規定している構造について整理、検討する。

家父長制をめぐる論争の意味——構造決定論から男女の「実践」へ

まず本章で検討した家父長制概念をめぐる論争点を確認しよう。資本制に対し、家父長制を独立した構造として位置づける二元論者は、家父長制を「物質的構造」と「男性権力構造」として把握した。デルフィは家父長制の「物質的基盤」を、家内制生産様式という資本制と同様の生産様式ととらえ、そこには経済資源と権限の配分格差があるととらえた。またハートマンらは、家父長制を公私にわたる男性の権力行使としてとらえ、その「物質的基盤（労働力の支配）」を、家庭と労働市場の資源の配分に求めた。この議論によれば、女性が家庭のケア労働者になるのは、労働市場の男女賃金格差のためであり、また女性の家庭のケア責任が、労働市場の女性の劣位を再生産している（物質制約説）。よって性別分業は女性にとって、家父長制的権力によって支えられている物質的構造によって「強いられた選択」とされる。しかしこの議論をめぐっては、男性も資本制という構造的制約のもとで実践する行為者であるという点や、「女性の居場所＝家庭」という「言説」を女性も受け入れてきた（受容的解釈実践）という批判によって、その限界が指摘されてきた。

一方、性別職域分離をめぐってバレットやビーチィは、マルクス主義フェミニズムの物質制約説を批判し、男性や雇用者のジェンダーをめぐる言説実践に注目する。これらの論者によれば、男女間の交渉力や権限の格差のもとでの言説実践の結果、非熟練労働やパートタイム労働、ケアワークが「女性の労働」として構築されている。そして、女性の労働を低く評価する言説構造のなかで、女性は家庭に入ることを望むようになっていく。このようにマルクス主義フェミニズムの家父長制概念は、資源配分構造からのみ女性の選択を理解しており、言説構造とそこから得る女性の「言説的利益」を見落としているという点から批判されてきた。以上の家父長制をめぐる論争からは、一定の「資源配分構造」と「言説構造」のもとでは、女性にとって性別分業を選択することが合理的な選択となりうる、ということがみえてくる。ではどのような構造的条件のもとで、女性は合理的な選択として性別分業を選択するのであろうか。家庭の性別分業、労働市場の性別職域分離、それぞれ分けて確認してみよう。

家庭の性別分業再生産における女性のエージェンシー

まず、なぜ女性は家庭に入るのかという点について。「女性の居場所＝家庭」ととらえ、女性を男性と同等に評価しない労働市場の言説構造のもとでは、女性は家庭の主婦になることで「女性」として承認されるという「言説的利益」を得ることができる。また男女賃金格差という資源配分構造のもとでは、独身で生計を立てていくよりも稼ぎ手男性を得ることのほうが女性にとって経済的な安定につながる。よって労働市場に残るより、「女性の居場所」である家庭に入ることが、女性にとって物質的、言説的に有利な選択となる。結婚して家庭に入ることは、女性の労働を低く評価する性差別的な労働市場から撤退するという「抵抗実践」という意味ももつ[12]。稼ぎ手男性とともに生きていくことを前提とすれば、「仕事をつづけたくない」ことも、家庭に入ることを選択する理由になる。

また家庭において育児、介護等のケアニーズが生じ、仕事との両立が困難である場合には、賃金が低い女性が労働市場から撤退するのが「世帯単位」では経済合理的である。さらに「女性の居場所＝家庭」という言説のもとでは、女性は家庭生活や子育てをとおして自己実現できる可能性を（少なくとも男性よりは）高く見積もることができる。このように「女性の居場所＝家庭」とする言説と、男女賃金格差、ケアの私事化という資源配分構造のもとでは、労働市場に残るより家庭に入ることが女性にとって合理的な選択となる。ただし家庭に入ることが合理的な選択であるのは、女性が稼ぎ手男性と共に生きることを前提に「世帯」のなかで自己の利益を考えているからであり、この合理的選択は、夫との離婚や死別によって不合理な選択に転ずる。

一方で労働市場における女性の地位が多様化し、また女性らしさをめぐる言説が多様化すれば、女性の選択も多様になる。労働市場で低い評価と低賃金しか得られない女性と比べて、高い評価と賃金を得ている女性が家庭に入ることによって得る利益は少ないといえる。ただしケアのニーズが女性の選択に与える影響は大きい。たとえ女性が高い賃金を得ることができ、職場で自己実現できるようになったとしても、家庭でケアのニーズが生じたときには、男性と異なり家庭においても自己実現できるとみなされている女性の側が、家庭に入るという選択をする。こうした選択は、永続的に男性とカップルでいることを前提にしている女性にとっては、（その時点では）合理的な選択であるようにみえる。

性別職域分離の再生産における女性のエージェンシー

次に性別職域分離の再生産における女性の実践と構造についてまとめてみよう。上述したように、女性の労働を低く評価し、低賃金労働を割り当てる性別職域分離は、雇用者や男性の実践によって生成されている。すなわち女性にとって、こうしたジェンダー構造は、所与の構造的与件である。しかし、家庭の性別分業構造と、その構造的与件のもとでの女性の能動的実践も、性別職域分離を再生産する要因のひとつである。女性が家庭でケア責任を負っている場合には、フルタイム労働に比べ、パートタイム労働は都合のよい働き方となる。また稼ぎ手男性と継続的に暮らしている限り、たとえ、低賃金労働であっても家計を補助するという点においては利益を得ることができる。このような条件のもとでは、パートタイム労働や低賃金労働は女性にとって「不利益」な選択とはならない。

ただしそれは彼女たちが、男性稼ぎ手とケアニーズの存在を与件にした「世帯単位」(13)での合理的選択をおこなっている場合に限る。低賃金労働は「個人」という単位では合理的な選択ではありえない。実際に生活賃金や経済的自立を求めている女性にとって、低賃金労働は「強いられた選択」でしかない。

ジェンダー秩序論の限界――資源配分構造と言説の受容

最後にマルクス主義フェミニズムの物質構造決定論の批判的検討をおこなった本章の考察が、性別分業の再生産を「男は活動の主体、女は他者の活動を手助けする存在」という「ジェンダー規則」や「ジェンダー・ハビトゥス」という構造に求めた江原の「言説構造還元論」に対し、どのような含意を持つのか確認しよう。

本章の考察は、言説構造還元論に以下の点で見直しを迫る。実践それ自体が「ジェンダー規則」によって構造化されているわけではない。行為者は所与の構造的位置において自らに有利な言説を選びとる、もしくは自明なものとして受容している。しかしどのような言説が受容されるかは行為者が置かれた資源配分構造上の位置と無関係ではない（男性が女性より多くの経済資源を所有するという資源配分構造のもとでは、女性は「経済的自立」や「活動の主体」より、「女性の居場所＝家庭」という言説を受容するだろう）。

その意味で、資源配分構造は、性別分業をめぐる言説の再生産に影響を与えている。よって、言説構造を（資源配分構造から独立に）実践を構造化する構造として位置づける「言説構造還元論」は適切ではない。

残された課題

以上本章では、マルクス主義フェミニズムの物質構造決定論をめぐる論争をつてに、性別分業再生産における女性のエージェンシーを明らかにしてきた。しかし女性のエージェンシーめぐって、以上の考察ではまだ明らかにされていない論点が残っている。

言説に対する批判的解釈実践

本章では、性別分業再生産における女性のエージェンシーを明らかにしたが、エージェンシーによる「変動実践」については考察していない。変動実践の契機となるのは、「ケア＝女性の責任」という「言説」に対する行為者の「批判的解釈実践」である。第三章では、女性はケアの価値を内面化し、ケア労働を自発的に選択しているとする「主体選択論」と、それに対する批判を検討しながら、「ケア＝女性の責任」という言説に対する女性の「批判的解釈実践」を明らかにすることを試みる。

家庭における権力関係と交渉実践

次に、「批判的解釈実践」を契機としておこなわれる「交渉実践」についても考察する必要がある。

この「交渉実践」をめぐる分析は、家庭内の「権力関係」をめぐる議論と切り離すことができない。江原は、「ジェンダー規則」や「ジェンダー・ハビトゥス」にもとづく実践には権力関係が埋め込まれているとして、「言説＝権力論」を提示している。それに対しマルクス主義フェミニズムの家父長制論は、経済資源をもつ男性が家庭において権力をもつとする「経済資源＝権力論」をとる。はたして家庭内の権力を規定する要因とはいかなるものなのか、またどのような条件で女性は交渉実践をとおして、家庭内のケア労働配分を変更させることができるのか。第四章では、ケア労働の配分をめぐる交渉実践の研究の検討をとおして、資源配分構造と言説構造がどのように家庭内の実践を規定しているのか考察する。

ケアワークにおけるジェンダー構造の変動

本章では、労働市場から家庭に入る女性の実践に照準したが、生涯をとおして女性の居場所は家庭でありつづけるわけではない。子育て後、労働市場におけるケアワーカーとなった女性の実践について、第五章で考察する。

注

（1）瀬地山は、マルクス主義フェミニズムの家父長制概念には、①歴史・空間通貫的に用いうる「分析概念」としての家父長制と、②歴史、空間に特定された実体を表す「記述概念」が混在している（瀬地山［1996:38］）とし、瀬地山自身は、「分析概念」を用いて東アジア国家の比較分析をおこない、歴史、空間的に特定された家父長制のあり方（記述概念）を提示している。

（2）デルフィの翻訳者井上たか子は、デルフィは「女性抑圧が資本制より古くからあり、資本制とは別のシステム、すなわち家父長制に起因すると考えている。この意味で彼女はラディカル・フェミニストである」（Delphy [1981＝1984:312]）としている。しかしデルフィは自らを唯物論フェミニスト materialist feminist と呼んでいるし、訳者のいう意味ではマルクス主義フェミニズムの二元論はすべてラディカル・フェミニストになってしまう。本書ではデルフィが唯物論の立場をとりマルクス主義理論を発展させている点で、マルクス主義フェミニズムの潮流に位置づける。

(3)日本では大沢真理がこのデルフィの議論に依拠している。大沢は、家事労働は「搾取」ではなく、単に「不払い」であるとする中川スミ（中川 [1993]）に対し、家事労働とは「夫による妻の『労働そのものないしその成果という資源の横領』」（大沢 [1993b:245]）であり、家事労働をタダにするのは「それをおこなう者の『従属的家族員』としての『身分』であり、『家族長』との『関係』である」（大沢 [1993b:249]）という「搾取説」を唱えている。一方で大沢は社会政策の専門家として、「この世のなかでは生涯をつうじて自分自身の労働のみによって自分の欲求を満たしきれる人間――完全自給自足者は、存在しない」（大沢 [1993b:245]）とし、「必要を充足する資源を供給」するのは社会政策の問題領域であるとしている。この大沢の後半の主張にもとづけば、家事労働は夫による「搾取」や「横領」ではなく、単にケア労働を私事化した社会システムのために「不払い」であるのだとする中川の分析にいきつくはずである。

(4)厳密にはデルフィはこの家父長制について、「物質的基盤」ではなく「経済的基盤」（Delphy [1984＝1996:5]）をもつものと表現している。

(5)ここでの私の批判の要点は、再生産労働と生産労働は、労働の内容において区別しうるものではない、ということだ。再生産労働の概念は近年再びその重要性が指摘されるようになっている。足立眞理子によれば、国連開発計画（ＵＮＤＰ）は再生産労働 reproductive labor を「生産的労働力を維持するために必要とされる労働であり、そのなかにはいわゆる家事労働、高齢者・成人・若者へのケア、子どもの社会化、家族紐帯の維持のための労働と、さらに広くコミュニティ活動、地域のボランタリーな活動が含まれている」（足立［2007：159-160］）と定義している。確かに「再生産労働」概念は、女性がやっている活動を「労働」として定義し分析するためには有効であるが、あくまで資本主義社会で「女性がやっておりかつ市場において周辺化された労働」という歴史的な意味で使われているのであって、本質的に労働の内容によって定義されているわけではない。

（6）もちろん、ケア労働は、資本制社会においてケア労働を与える側において「負の資源」となるのであって、ケア労働を受ける側からみれば「サービス」という「資源」と呼べる。

（7）二元論への批判としてこの他に、家父長制的資本制の概念を用いる「一元論」からの批判がある。アイリス・ヤングは、現代資本制における家父長制的社会関係が家族領域に限定されるわけではなく、職場や家庭外の領域の制度にも存在するのであれば、家父長制的社会関係を資本制の社会関係からどのような原則によって分離できるのか理解しがたいとする。そしてヤングは、「家父長制と資本制が「二つではなく、一つのシステムに属すると認めるほうが納得いく」（Young［1981＝1991：86］）として、「資本制的家父長制」の「統一理論」（上野［1990：111］）の立場をとる。資本制下の女性の抑圧を「資本制そのものの性差別性」として説明する立場は、日本では上述の森田や伊田広行によって引き継がれている（伊田［1994］；森田［1997］）。また「世界システム論」を展開しているミースやヴェールホフは、先進国の主婦の労働も資本主義の国際分業のもとに包摂されているとして、「統一論」の立場をとる（Mies［1986＝1997］；Mies, Bennholdt-Thomsen and Werlhof［1988＝1995］）。しかし「統一論」の視点では、ハートマンやソコロフが説明しようとした労働市場の性別分離と、家庭の性別分業の再生産関係を十分に説明することができない。上述したように、ハートマンは、家父長制の物質的基盤（労働力の支配）として、労働市場だけでなく、家庭のケア資源の配分構造をもあげていた。家父長制概念にこだわった二元論者は、①家庭は労働市場から自律した実践の場であり、そしてそこには少なくとも平等ではない男女関係＝権力関係が存在すること、そして、②家庭での女性のケア負担が、労働市場の女性の劣位（男性のように働くことができない状態）を再生産していることを説明しようとしたのである。ソコロフによれば「家庭がいかに市場における女性の経験に影響を与えているかをみるだけで重大な意味をもつ」（Sokoloff［1980＝1987：198］）。

（8）これに関連する分析として、家父長制に対する「主体側の対応」に注目した瀬地山の議論がある（瀬地山［1996］）。瀬地山によれば、ヴィクトリア期（一八三七〜一九〇一）には、女性は男性に従属する存在であり、女性の居場所は家庭であるとする福音主義が中産階級に浸透し、また「上流階級の理想の女性像」は「労働しないこと」とする理想がステイタス・シンボルとして幅広い影響力をもつことになった（瀬地山［1996：90］）。

（9）コリンズによれば、十九世紀のアメリカの黒人女性は、白人家庭における野良仕事や女中奉公という搾取的労働を免れるために、家庭の家事労働者になることを切望しており、家庭に入ることは「社会に対する抵抗の行為」であった。ただし、当時女中奉公として雇われる女性に比べ黒人男性の仕事は限られており、稼ぎが十分ではなかったため、ほとんどの黒人女性にとってそのような選択は不可能であったと指摘する（Collins［1991＝1993：64］）。

（10）こうした前提は「家庭内性別分業決定論」とも呼ばれている（木本［2003b］）。労働市場における女性の劣位は、家内制生産様式における女性の地位にその基盤があるとするデルフィの立場もこの「家庭内性別分業決定論」に該当する。日本では、こうした前提は「女性の労働力化（賃労働化）」には、男子と違った特殊な社会経済的条件がある」（竹中［1989：168］）とする竹中恵美子のような統一論者や、「女が『二流の生産者』になるのは、女性が『再生産者 reproducer』であるからこそではなかったか」（上野［1990：73-74］）とする上野のような二元論者にもみられる。木本喜美子は、日本において「家族内性別分業決定論」への反省が遅れた理由として、大企業を中心とする手厚い企業福祉と年功賃金による物質的基盤に支えられている近代家族モデルがヘゲモニーを持ち続け「女性＝主婦」という一般化を許したという文脈を指摘している（木本［2003b:8］）。
(11)アンナ・ポラート（Pollert, Anna, 1982, *Girls, Wives, Factory Lives*, London.）を参照。
(12)日本の農家における「ジェンダー間分業」をめぐっても、「男性経営主の一方的押しつけでなく……女性も含めて農民一人ひとりが受容し選択していった」（木本・深澤編［2000:113］）ことが指摘されている。一九七〇年代以降の農作業の機械化にともない、女性が補助労働力化する「従属的労働関係」が形成された際、農家の女性たちは「つまらない」「単純な」農作業に甘んじるより、専業主婦になることや、低賃金でも仲間との楽しい時間を過ごすことのできる工業労働に従事することを望むようになった（木本・深澤編［2000:110-113］）。
(13)ここでいう「世帯単位」は、「シングル単位」の社会構想を提示する伊田広行（伊田［1998］）の「家族単位」の概念とは異なる。伊田は「家族単位」を「カップル単位」と互換可能なものとして用いているが、本書の「世帯単位」は、子どもや高齢者など「ケアのニーズ」を含んだ世帯単位による女性の選択を説明するもので、単に男女という「カップル単位」の選択を問題にしているわけではない。

第三章　言説に対する批判的解釈実践

――なぜ女性はケア責任を重視するのか

本章の課題

前章では、「物質構造決定論」をめぐる論争の検討をとおして、性別分業再生産における女性のエージェンシーについて考察してきた。一定の構造的条件のもとでは、性別分業を選択することで女性が得られる利益があり、そうした利益を求める女性の実践によって、性別分業は再生産されている。しかし以上の検討は、女性が永続的に性別分業から利益を得、性別分業の再生産を望みつづけていることを示しているわけではない。つまり、女性が家庭のケア責任の配分を問題化し、性別分業を変動させていく可能性について考える必要がある。本章では性別分業に対する「変動実践」の契機として、「ケア＝女性の責任」という言説と、それに対する女性の「批判的解釈実践」に照準してみたい。

ここでとりあげるのは、女性は内面化した価値にもとづいて性別分業を選択しているとする精神分析や倫理学の「主体選択論」をめぐる論争である。「主体選択論」にもとづけば、女性は「ケアの価値」

を内面化しており、「ケア＝女性の責任」という言説を批判的に解釈することはなくケア労働を引き受けている。一方でこの「主体選択論」に対してフェミニストは、女性を一枚岩的主体としてとらえる「文化本質主義」に立っているという点や、女性が経験するケア労働の負担について論じていないという点から批判を投げかけてきた。本章ではこれら「主体選択論」をめぐる論争を追いながら、「ケア＝女性の責任」という言説をめぐる女性の解釈実践のあり方を考察する。

1節ではまず、「主体選択論」の代表的な研究として、ナンシー・チョドロウの母親業の再生産論の枠組について検討する。つづいて2節では、女性は他者への思いやり（care）の価値を内面化しているとするキャロル・ギリガンの実証研究をとりあげ、3節でギリガンの研究に対するフェミニストの批判からギリガンの研究の問題点を検討する。4節では母親を「ケアの価値に動機づけられた主体」としてとらえるケア倫理学の諸理論をとりあげ、5節で女性のケアの経験や負担をめぐる研究の知見から、ケア倫理学の議論の問題点を検討する。

1　無意識におけるケアの価値
――チョドロウの母親業の再生産論

無意識において内面化された価値

性別分業の再生産を、女性の価値によって説明している研究のなかで、もっとも影響力をもっているのが、キャロル・ギリガンの「ケアの倫理」をめぐる議論である。女性は男性と異なりケアの価値を重視しているとして、女性の道徳発達理論を提示したギリガンの議論は、「ケアの道徳的価値」と「女性性」をめぐる議論の火付け役となった。近年日本でもケアをめぐる言説の増大とともに、共感、配慮と結びつく「ケアの倫理」への注目は高まっている（川本［1995］；森村［2003］）。そのギリガンが実証研究の仮説として用いているのが、精神分析理論に依拠し、核家族における母娘関係がジェンダーにもとづいた人格の形成を規定しているとしたナンシー・チョドロウの理論である（Chodorow［1978＝1981］）。精神分析という解釈枠組には、その経験的妥当性から批判も多い。しかしチョドロウの研究は、後につづく実証研究の仮説を提供した理論として重要な位置を占めている。よって、まずここではチョドロウの議論の枠組を検討してみたい。

チョドロウの研究の目的は、核家族における母親による子育てが、男性＝賃労働者、女性＝母親業という性別分業に適合的な主体をつくりあげており、この主体の選択をとおして世代間の性別分業が再生産されていることを論証することである。日本語版への序において、チョドロウは自らの基本的な立場を以下のように確認している。

> 私はおんなは母親たるべき能力と欲求の両者を発達させるという私論を繰り返したい。これはフェミニストの立場、つまりおんなは母親たるべき強制されるという、流布している立場からは対照的に区別されるものである……おんなによる母親業へのおんなとおとこの投与と、女がそこから得る、真の人間的な報酬の両者への理解なしには、現代のおんな（おとこ）を理解しえないし、女権拡張運動《フェミニズム》への抵抗をも理解しえない。（Chodorow［1978＝1981：iii－iv］）

チョドロウは明記していないが、「女性は母親業を強制される」という主張として想定されているのは、前章でみてきたマルクス主義フェミニズムの議論であろう。チョドロウによれば、デルフィやハートマンが述べるように母親業は「強制」ではなく、ジェンダー化された主体の選択である。ただし強制を否定するからといって、彼女が反フェミニスト的立場にあるわけではない。チョドロウの研究の出発点となっているのは、性支配に対する以下のような認識である。女性は労働市場において差別待遇をうけており、家族のなかでも不平等な状態に置かれており、女性に対する暴力行為も減ってはいない。チョドロウによればこのような現状においてフェミニズムの課題とは、なぜ「広範な歴史的変化にもかかわらず、性的不均衡と不平等が根強く残存するのか」を「性差別や家父長制制度、あるいは男性主権など型どおりの一般論をこえて」分析することである。チョドロウはそのメカニズムを「社会の構造から誘発された心理的過程」(Chodorow［1978 = 1981 : 8］) に求める。

一方でチョドロウは、この構造から生み出された母親業をとおして女性は「真の人間的な報酬」(Chodorow［1978 = 1981 : iii］) を得ているとも主張する。「女性はケア労働から人間的報酬を得ている」という本章で扱う議論のなかにくり返し出てくるテーゼが、チョドロウの議論にも見出されることを確認しておこう。

ではどうしてジェンダー化された主体の構築が、無意識のレベルで起きるといえるのか。チョドロウの議論を具体的にみてみよう。チョドロウは女性が母親業を自発的に選択する理由を説明したものとして「生物学的決定論」と「役割取得による社会化理論」をあげ、両者の間違いを以下のように指摘する。

まず女性が子どもを産み、授乳するという生物学的事実から女性の「母親願望」を説明する前者は、社会構成物であるものを自然の所産と考えている点で間違っている（Chodorow［1978＝1981：237］）。また、後者の「役割取得」による社会化理論の説明は二つの点で問題を抱えている。第一に役割取得の理論は、イデオロギーの変化やフェミニズムによる変化にもかかわらず女性が伝統的な役割観を支持する理由を説明できない。第二に、役割取得の理論は方法論的に「不適当にも個人の意図に頼っている」（Chodorow［1978＝1981：310］）。つまり「教育者の意志であったり……母親のようでありたいと願う女の子の意志や、おんなを支配するおとこの意志」（Chodorow［1978＝1981：51］）といった個人の意志に還元するものである。しかしチョドロウによれば、親業の社会関係の社会的再生産は個人の意志にまで還元しうるものではない。このようにチョドロウは従来の社会化理論の不十分さを指摘し、「制度的・構造的メカニズムに依存する社会化理論を展開」しようとすれば「精神分析的社会学」にいきつくと述べる（Chodorow［1978＝1981：52–56］）。

私の述べる能力とか指向はパーソナリティに組み込まれねばならない。すなわち、行動上獲得されるものではない。おんなの母親たる能力とそこから充足を得る能力は強力に内面化され、心理的に強制されて、女性の精神構造へと発達的に組み込まれる。（Chodorow［1978＝1981：58］）

このようにチョドロウは、精神分析の枠組に依拠して、母親業の再生産のメカニズムを、「意志」と区別される「無意識」のレベルで「動機づけられた主体」に求める。ただしチョドロウの精神分析理論が扱う無意識の構造は、普遍的なものではなく、核家族と強い母子のきずなに特徴づけられる西欧の産業資本主義社会における特殊歴史的なものである（Chodorow［1978＝1981：80］）。

では無意識におけるジェンダーの主体化は、具体的にどのようにおこるのか。チョドロウは、自己と対象との相互関係に焦点をあてる対象関係論の枠組を用いて、フロイトのエディプス・コンプレックス論を以下のように読みかえる。フロイトによれば、男児は母親に愛着を抱きながらも、父親に同一化して自我を形成する。さらに父親から去勢されるのではないかという不安から近親相姦欲望を抑制し、超自我を形成する。一方で母親に愛着を抱きながらもペニスがないことに気づく女児にはエディプス・コンプレックス解消の動力が備わっておらず、よって女性の超自我形成は不完全なものになる。これに対してチョドロウは、エディプス・コンプレックスの主な重要性は、フロイトが述べるように「男根羨望」や「去勢」への恐怖に動機づけられる性のアイデンティティの発達ではなく、「男女で異なる『関係可能性』の形態が構成されること」（Chodorow［1978＝1981：254］）にあるとする。対象関係理論にもとづけば、母親がほとんど独占的に幼児の面倒をみている社会では、幼児の自己意識は母親との関係のなかで発達するため、幼児は父親を独立した人間と認めるのに対し、母親とは一体であると認識している。しかし母親は、息子より同性である娘に対して強く「一次的同一化」をおこなうため、女児にとって母親との関係はいつまでも重要でありつづけ、その結果、女児は他者の欲求や感情を自分自身のものとして経験するようになる。一方、母親は息子を男性である対立者として位置づけるため、男児は前エディプス期にとどまることができず、きっぱりした個体化を達成する。こうした人格の形成により、女性は母親業に適した「能力」をもち、また母子だけの共生的な関係を再創造したいと望む。これと対照的に男児は「親たる能力」をもたずに成長する（Chodorow［1978＝1981：304-316］）。

　以上の説明は、女性が賃労働しながらも家庭でケア責任を引き受けることや、社会的経済的条件が変化しても女性が母親になりたがる理由を説明するのには有効であろう。また育児だけでなく家庭の介護責任を女性が引き受ける理由も説明しうるものである。チョドロウの議論によれば女性は無意識レベルでケアの価値を内面化しているため「ケア＝女性の責任」という言説を批判的にとらえたり、性別分業を変動させることはない。よって性別分業を解消するための解決策は、「一次的な親業」を「男女が分担すること」で、子どもの社会化過程を変更させることに求められる（Chodorow［1978＝1981：321］）。つまり、社会の変革には次世代の再生産を待たなければならないということになる。

「無意識」か「言説実践」か

　このチョドロウの理論の成功は、第一にジェンダーの主体化の要因を母子関係において築かれる「無意識」に還元できるか、第二にジェンダーの主体化と母親業の再生産の因果関係の説明が妥当であるかどうかにかかっている。

　第一の無意識還元論は、経験的にはかなり論証するのが困難な命題である。そして以下のような批判に対して無意識還元論の正しさを証明することは難しい。たとえばジョーン・スコットは性別分業の再生産をめぐって、社会における「性差に関する知」である「ジェンダー」を問わず、女が母親業をするという核家族の形態だけに還元して説明できるだろうか、とチョドロウに疑問を投げかける。

> 核家族以外のところで育ったり、夫と妻が親業を平等に分担している家庭内で育ったりした場合でも、子供たちがこうした結びつきや評価を身につけるように思われることを、どうやって説明できるだろうか……社会がジェンダーを表象するやり方に注意を払わずに、社会関係の規則を明確化するためにジェンダーを用いたり、体験の意味を構築したりできようとは私には考えられない。（Scott［1999＝2004：93-94］）

このようにスコットは、無意識以外の多くのジェンダーの社会化の過程、たとえば家庭、学校での教育、または母性や女性の役割をめぐる言説実践がなければ、性別分業は再生産されない、と指摘する。実際にチョドロウも、幼少期の社会化過程におけるジェンダーに関する「言説」の作用を無視してはいない。このことはチョドロウが人格の形成を「役割取得」によって理解するタルコット・パーソンズ（Parsons［1951］）の議論を盛んに引用していることからも明らかである。たとえばチョドロウは、思春期の女の子は、女であるための社会的・心理的な全問題に直面するため、母親への結びつきと同一化を強化するとか、女の子は、「男の子が父親やおとこ《ママ》に同一化するばあいにくらべると、より直接的かつただちに母親および母親の家族内の役割への同一化を開始できる」とする（Chodorow［1978＝1981：207-265］）。先の無意識をめぐる理論によれば、ジェンダーの同一化はすべて母子関係にもとづく無意識のレベルで起こるはずである。しかしもし、人格の形成に「役割取得」の作用があるのだとしたら、同性として母と娘の一体化があったからといって、すべての娘が同じジェンダーの社会化を達成するわけではない。娘が同一化している母親が、職業をもつことを盛んに娘に期待すれば、娘は母親業に関心を示さない大人になるかもしれない。(1) 娘が母親からどのような生き方を学ぶかは、個々の母親の労働に対する考え方によって変わってくるはずだ。

またチョドロウは、男児の母親蔑視を性器の違いに求めるフロイトを批判して、男児が女児を蔑視するのは、彼の父親が、「おとこは何かをもっているが、おんなは何物ももたない」という信念を息子にくり返し聞かせたからだ、と述べる（Chodorow［1978＝1981：277］）。ここでも母親の一次的親業とは独立した社会の「性差別的言説」が、男女の人格をつくることをチョドロウは認めている。(2) このようにチョドロウの理論は、無意識レベルでジェンダー化された主体が構築されていることを一貫して論証しているわけではない。

次に、チョドロウのジェンダーの主体化と母親業の再生産の因果関係の説明であるが、これも論争含みのテーゼによってなりたっている。

第一に、親業に「関係能力」が必要であり、それは女性特有の能力であるというテーゼである。しかしはたして、これは女性特有の能力なのだろうか。父子家庭の父親は関係能力をもたないために子育てに失敗する、もしくは子育てを放棄するのだろうか。

第二に、関係能力をもっているため女性は母親業につき、一方関係能力を持っていないために男性は疎外された「公的世界」の労働に参入するという因果関係の説明である（Chodorow［1978＝1981：313］）。はたして男性は子育ての能力がないことに自失し、賃労働の世界に入るとでもいうのだろうか。因果関係は逆で、女性は家庭に、男性は労働市場に参入した結果、事後的に労働市場や家庭で要求される規則に適応しているのではないだろうか。結局のところチョドロウも、女性の母親業の選択が性差別的な経済構造によってうみだされていることを認めている。

男女の所得上の不平等のゆえに、個々の家族内の母親でなく父親が主たる賃金労働者であるほうがより合理的で、かつ必須にさえなっている。だから、父親ではなく母親が主たる責任をもって、子どもと家庭を引き受ける。(Chodorow [1978 = 1981 : 53])

このようにチョドロウの無意識におけるジェンダーの主体化の説明、そして母親業の再生産の説明は、論証されていないテーゼによって成り立っている。しかしチョドロウの理論はギリガンの女性の道徳をめぐる研究における仮説として用いられたことで、その影響力を確固たるものにした。ギリガンは、チョドロウの議論に依拠して「少年と少女が異なる能力」をもっていることを、実証することを試みたのである。以下ではギリガンの実証研究の内容と、ギリガンに向けられた批判についてとりあげる。

2 女性の発達とケアの価値
——ギリガンの「ケアの倫理」

ギリガンが「ケアの倫理」(3)を、その代表作『もうひとつの声』において発表したのは一九八二年である。そのインパクトは非常に大きく、全米で一九八九年までに三六万部売れ(Faludi [1991 : 330-331])、責任や思いやりを重視する「ケアの倫理」は、女性の読者にとって「自分の経験とどこまでも響き合う」（Greeno and Maccoby［1993:197］）ものとして受けいれられたといわれている。また学問の世界においても、心理学、政治哲学、道徳哲学、社会学、看護学など幅広い領域で受容され幅広い影響力をもった。日本でもギリガンの著作が発表されてから二十年以上をへても「ケアの倫理」と称する著作が出版されており、倫理学や哲学にも幅広く受け入れられている（川本［1995］；森村［2000］）。

なぜギリガンの研究が一般の女性からこのような評価を受けたのか。それ自体重要な論点である。しかし学問の領域におけるケアの倫理の影響を理解するうえで重要なことは、ギリガンの研究が「道徳発達理論」という枠組においておこなわれたことである。ギリガンは、従来の道徳発達理論の「権利」道徳と対置される「もうひとつ」の倫理として女性の道徳理論を提示した。このような規範的主張を含んでいたことが、ギリガンの研究が反響を呼んだ要因と考えられる。ただし、ここでは規範的主張としての意義ではなく、女性の道徳をめぐる「実証研究」という点からギリガンの研究に注目したい。

この研究でのギリガンの目的はフロイト、エリック・エリクソンの系譜に連なるローレンス・コールバーグ（Kohlberg［1971］）の道徳発達理論の男性中心性を暴くことにある。(4) フロイトは、女性は「男性に比べてそれほど正義感を示さず……判断に際しては好悪の感情に支配されやすい」（Gilligan［1982＝1986:7］）としたが、こうした女性への低い評価はコールバーグの道徳発達理論にも通底している。ギリガンによれば、コールバーグが道徳的判断の発達の六段階説を導きだした研究のサンプルは八四人の男児であり、そこには女児が存在しない。よって、彼の示した六段階の発達図式に女性をあてはめると、女性の道徳的判断は第六段階のうちの第三段階でとまってしまう。なぜなら、伝統的に女性の善さとされてきた「他人の要求を思いやり、感じとるという特徴」が、従来の道徳発達理論では低い段階に位置づけられているからである。こうした問題意識からギリガンは、中絶の決断を迫られた女性たちや女子大学生に対する聞き取り調査をおこない、そのデータから女性特有の道徳を見出したのである(5)。

さて上述したように、この研究でギリガンが用いた仮説が、チョドロウの理論である。ギリガンはチョドロウをひいてこう述べる。「人格形成において変わることのない核をなす性のアイデンティティは……わずかな例外を除いて、男女いずれの場合も三歳になる頃までには取り返しのつかないほど堅固に確立されている」(Gilligan [1982＝1986:5])。ギリガンによればチョドロウは、「少女は早くもこの時期から少年にはないやり方で、自己という概念に埋めこまれている〝共感〟の基盤を備えている」ことを説明している。ただしギリガンは、女性のケアの価値の内面化過程をめぐっては、チョドロウのように核家族の母子関係で形成される無意識の影響よりも、「社会的な状況を背景として発生してくる」男女それぞれへの社会的期待や、「社会的な地位や権力」(Gilligan [1982＝1986:xiii])の影響を重視している。ギリガンによれば「傷つきやすさ」という女性の感受性は、この世の中でなにかをするためには力が足りないということ、その結果生ずる無力さから生まれてくるものであり、女性たちは「自分たちが、男性によってつくられ強いられた世論や判断に服従しているのだ」(Gilligan [1982＝1986:116])と思っている。その意味でギリガンのいう女性の道徳は、発達過程において女性が直面するジェンダーをめぐる言説や男女の権力関係を与件にしたものであり、母子関係以外の社会化過程において形成されるものといえる。

さて、ではギリガンのいう「ケアの倫理」とはいかなるものなのか、その内容をみてみよう。ギリガンの発見は第一に、男女のアイデンティティの違いをめぐるものである。ギリガンによれば、男性が他者との分離を求めるのに対し、女性は他者との結びつきを重視しており、「他人が必要とすることを感じたり、他人の世話をする責任を引き受けたりすることによって……他人の声に注意を向け、自分の判断に他人の視点を含みこんで」(Gilligan [1982＝1986：22]) いる。この女性の倫理は、男性の正義の道徳と対照的なものとして位置づけられる。

男性は正義としての道徳概念の発達を、平等と相互関係の論理に結びつけているのにたいして、女性たちは自分たちの道徳的思考の発達を、責任と人間関係を理解することにおける変化に結びつけている。このように、ケアの倫理 an ethics of care の背後にある論理は、正義のアプローチにおける形式的な論理的公平さと対照的な、人間関係の心理的論理である。(Gilligan [1982：73])

ギリガンの第二の発見は、このアイデンティティにもとづく女性の道徳発達過程をめぐるものである。コールバーグが道徳の発達を、個人的／社会的／普遍的見解へと道徳的見解が変化していく過程として説明したのと同様に、ギリガンは、葛藤やその解消をへて一貫した人格にいたるまでの女性の発達過程を以下のように説明する。

まず道徳発達の第一段階（前慣習的・個人的見解）で女性が思いやるのは、「自己の生存」である。これはコールバーグ理論における「自分自身の必要を満たす」(Kohlberg [1971＝1987：171]) 初期の道徳判断と一致するが、ギリガンは、男性と異なり女性が自己の生存に思いやるのは、女性の生存が脅かされているからだと解釈する（Gilligan［1982＝1986：197］）。

次に「市民が共有する規範と期待にそって行われる」道徳発達の第二段階（慣習的・社会的見解）では男女の道徳は明確に異なってくる。ギリガンによればこの段階で「伝統的な女性の声」である「責任」の概念が登場し、女性は自己主張は人を傷つけるために、潜在的に不道徳であると考える（Gilligan［1982＝1986：139-144］）。しかし次第に、伝統的な女性の美徳である思いやりと自己犠牲の混同に気づくようになり、「押さえられていた主体的な判断をする」ようになる。

そして最後に「誰も傷つけられるべきではない」という普遍的道徳命法に到達し（後慣習的・普遍的見解）、他者にたいして責任を負うことと、自分自身の要求に配慮することの両方を考慮するようになる（Gilligan［1982＝1986：168］）。この段階で思いやりは、「慣習的な解決から解き放たれた主体的な選択の倫理」（Gilligan［1982＝1986：159-160］）へと統合される。

以上のギリガンの女性のケアの倫理をめぐる分析が正しいのであれば、女性は内面化した価値によって母親業を選択するとしたチョドロウの「主体選択論」は実証的に裏付けられたことになる。しかし、ギリガンの「妊娠中絶の決定に関する研究」には、妊娠しても母親となることを拒否する女性たちが登場しており、これらは女性が母親となりたがっているとするチョドロウの理論を反証する事例とも解釈できる。はたして、ギリガンの研究は男性と異なる女性の道徳を論証しえているのだろうか。

ギリガンの分析の妥当性を考えるうえで重要な点は、ギリガンの研究が、男性中心的な道徳理論を相対化するという意図のもとにおこなわれていることだ。江原はギリガンの研究を、女性の経験を表現する言葉を求める「フェミニズムの立場からの知識批判」（江原［2000a：128］）、すなわち男性中心的な知を相対化する「対抗言説」として位置づけている。しかしこのギリガンの「対抗言説」に対する、フェミニズムやジェンダー研究者の評価はまっぷたつに分かれた。ギリガンの「女性性」を本質化する分析手法や政治的効果について批判する議論がある一方、「ケアの倫理」を女性の経験として肯定的に受容しその意義を検討しようと試みる研究もうみだされた。前者は、ケアの倫理という女性の声など存在しないと主張し、後者はケアの倫理を、「母親の倫理」として再定義する。次節ではまず、ギリガンの研究に向けられた批判を検討してみよう。

3　「ケアの倫理」への批判
――女性の声の多様性と排除された声

ギリガンの分析に対する批判は、二つのタイプに分かれる。ひとつはギリガンの議論の「政治的効果」に関するものであり、もうひとつはギリガンの分析の実証的な手続きに関するものである。第一の政治的効果に対する批判とは、ギリガンの議論は「世話 caring は〝自然に〟女性がおこなうものである」とする生物学的本質主義に限りなく近い（Lewis [2001:71]）、またケアの倫理は「女性の従属を正当化する」（Puka [1993:2215]）論理であるというものである。しかし科学的な研究に対し、政治的効果を批判するだけでは十分ではない。問題はギリガンの研究が、実証的な根拠をもつかどうかである。以下ではギリガンの研究の実証的な手続きに対する批判を、①女性間の声の多様性をめぐる解釈をめぐるもの、②ひとりの女性の声の矛盾や多様性の解釈をめぐるもの、の二つに分けてとりあげる。

ギリガンへの批判①女性間の多様性をいかに解釈するか

はたしてギリガンのいうとおり「女性特有の声」は存在するのか。「女性の声」をめぐる批判の第一は、ギリガンのサンプルの代表性をめぐるものである。ジョーン・スコットによればギリガンは、「二〇世紀後半のアメリカの学童から得た少数のサンプルにもとづく推論によって、全女性について語ろうとした」（Scott［1999＝2004：98］）。またキャロル・スタックはアメリカの黒人の道徳ジレンマの解決法には男女差がみられず、コールバーグのモデルにもギリガンのモデルにも当てはまらないとして、「ケアの倫理」はアメリカの白人中産階級の女性の道徳にすぎないと指摘する（Stack［1993：110］）。確かにギリガンのいう女性の声はアメリカの白人女性の声にすぎず、女性の声はより多様でありうる、という批判をギリガンは免れることはできない。

しかしギリガンの研究へのより重要な批判は、ギリガンの被調査者の女性にみられる「多様な声」を、道徳発達段階の違いととらえるギリガンの解釈枠組をめぐるものである。上述したようにギリガンは女性の発達を、自己の生存に配慮する第一段階から、他者への責任を重視する第二段階へ、そして自己と他者の責任を重視し「誰も傷つけられるべきではない」という普遍的道徳命法にいたる第三段階へと移行していくものとした。これに対しリンダ・ニコルソンは、ギリガンが記述している女性の判断の違いは道徳発達の段階ではなく、歴史や階級などさまざまな変数によって説明されるべきで、それぞれの判断の違いは、ジェンダー規範も含めた異なる歴史的条件に対する「適応」としてとらえるべきだとする（Nicholson［1993：98］）。ニコルソンによれば、ギリガンが第一段階の女性の道徳的反応として記述するものは、「生存」への考慮をまず優先するような個人主義的な西欧の人間の生にとっては適切な反応であり、第二段階の反応は、白人の中産階級の女子が、「女性」になる社会化過程における反応、そして第三段階は西欧社会で専門職についている女性の典型を示している（Nicholson［1993:100］）。このニコルソンの批判によれば、ギリガンが発達段階の違いとして説明している女性の声の違いは、女性の地位や価値の多様性として解釈できる。

またビル・プカは、ギリガンが示すデータを検証したうえで、ギリガンのデータでは、すべての女性がケアの倫理の第三段階に到達するわけではないし、第一段階の判断が発達の初期にみられるという証拠は示されていないとして、道徳の発達段階を実証したとするギリガンに疑問を投げかける（Puka［1993:218］）。確かにプカが述べるようにギリガンの分析では、十九歳の女性が第二段階への移行に成功したのに対し、二十代後半の女性が「自己中心性と責任との葛藤に悩み」第二段階への移行に失敗している（Gilligan［1982＝1986:133-136］）。もちろん失敗例があることは重要な論点ではないが、問題は何人中何人の女性がケアの倫理の第三段階に到達したのかなど、ケアの倫理が段階的に発達することを証明する根拠を示していないことだ。

さてギリガンのデータにおける女性の声の多様性は、ケアの倫理の発達段階を証明するものではない、という批判は妥当なのだろうか。「妊娠中絶の決定に関する研究」におけるギリガンの解釈をみてみよう。「やむなく中絶に追い込まれた」「他に方法がなかった」という女性の言葉を、ギリガンは道徳発達上の「低迷」を表すものと解釈している。ある女性は、子どもを産むことに対し夫や恋人の頑強な反対にあったことで、「自分たちの心くばりなんか弱点にすぎないと解釈し、夫（恋人）の立場、すなわち力」（Gilligan［1982＝1986：220］）と考えているが、ギリガンによればこの女性は「ニヒリズム」に陥っており、道徳発達の過程で後退している。他方ギリガンは、少女が望まない妊娠をボーイフレンドや妊娠や性について教えてくれない母親のせいではなく、「自分のせいだ」と認識することや、また赤ん坊の将来のこと考え生命を奪ってはいけないという規範を問い直し責任をもって中絶を選択することは、道徳的思考の発達や成長であるとする（Gilligan［1982＝1986：195–209］）。

しかし、女性が自らの中絶を「やむをえない中絶」と意味づけることを、道徳的に未熟として位置づけるギリガンの分析には問題があろう。これでは、誰からも配慮されない状況や権力関係におかれていて、相手を信頼できなくなった人間は、すべて道徳的に退行していることになってしまう。妊娠した原因、中絶する理由、中絶に対する他者の評価や態度などによって、女性の中絶に関する意味づけや解釈は違ってくるのは当然であるが、これは個人の道徳的発達の問題とはいえない。

一方でギリガンは、「大学生に関する調査」においては、女性間の多様性をもたらした女性をめぐる言説と女性の価値観の変化という構造的与件について、言葉少なではあるが言及している。ここでギリガンは、参政権運動にはじまる女性運動の歴史について触れ、現代社会では女性の道徳的葛藤と選択において「権利」という概念が非常に力を発揮するようになったとして、言説の変化を認めている。その結果、現代の女性たち（一九七〇年代の女子大学生）の道徳的葛藤場面には「他人にたいする思いやりと配慮」だけでなく、「利己的な判断」が表れるようになったと述べる（Gilligan［1982＝1986：123］）。実際に、ギリガンが道徳的発達の最高の段階（第三段階）の事例としてとりあげるのは、「自己犠牲の倫理」と「権利の概念」とが正面からぶつかりあうことになった学歴の高い女性たちの判断である（Gilligan

[1982 = 1986 : 234])。ギリガンはこうした若い女性の道徳判断を、「決定する権利をもつ一個人であるとは思ったこと」が一度もないとする離婚経験のある中年の女性の道徳判断と、対照的なものと位置づけている。

決定権（を持つの）はいつも父であり、夫であり、または男性の牧師に代表された教会であったように思います……彼らはわたしにたいして、すべきこと、すべきでないことを指示してきたのです。
（GIlligan [1982 = 1986 : 117]）[括弧内引用者]

ギリガンによれば、この女性は決定にともなう責任から逃げてしまっており、まるで小さな子どもように依存的である（GIlligan [1982 = 1986 : 118]）。ギリガンはこの中年女性の依存的な判断が、道徳発達のどの段階に位置づけられるのか示していないが、道徳的に成熟した第三段階ではないことは確かである。中年女性とその娘世代の女性たちの声の違いは、道徳発達の違いではなく、女性の社会的地位をめぐる歴史的条件の違いと解釈するのが妥当であろう。献身と自己犠牲という女性らしさの言説から解放された若い女性たちは、母親の世代の女性とは異なる言説に依拠しているという事実は、家庭における母娘関係——チョドロウが述べるように幼少期の母親との同一化の延長としての母親の役割への同一化——以外の要素が、女性のアイデンティティの形成に大きな影響力をもっていることを示している。いずれにせよジェンダーをめぐる「支配的言説」の変化によって、「女性の声」は変わってくることはギリガンも認めている。だとすれば、ギリガンが「発達段階の違い」と説明する女性の声の多様性は、男女の権力関係、女性への権利概念の浸透などの「言説（の変化）」、また労働市場における女性の地位や「資源配分構造」など、さまざまな変数によって説明される必要がある。

ギリガンへの批判②ひとりの女性の「多様な声」をいかに解釈するか

次にギリガンのデータでは、ひとりの女性も多様な声で語っているのではないか、という批判をとりあげよう。これらの批判では、道徳発達理論ではなく「女性は責任を重視している」という女性のアイデンティティをめぐる分析に対して疑義が投げかけられている。リンダ・カーバーはギリガンの調査対象者が女性だけであり、かつ中絶に関する調査であることに疑念を向けている（Kerber［1993］）。ギリガンは責任の対立が女性特有の道徳ジレンマだとするが、カーバーによれば、女性は妊娠と同時に母役割と結びつけられ、胎児への責任や、中絶を決定することの責任を感じなければならない位置にいるのであり、「中絶の決定にあたって責任やケアという問題が登場してくることは何ら驚くべきことではない」（Kerber［1993：103］）。そしてカーバーは、たとえば徴兵の拒否の決定のプロセスにかんして男性の声を調査したなら、ギリガンの調査の女性と同じように、男性も自分が世話している人間や家族への責任を語るのではないだろうかと指摘する。(6) ここで登場した新しい論点は、ライフ・サイクルのなかで、責任を重要視せざるをえない時期にある女性を、聞き取り調査の対象にしたという問題である。つまり、同じ女性に、ライフ・サイクルの異なる時点で聞き取りをおこなったなら、異なる言葉や道徳を語る可能性があるのではないか。

またマリリン・フリードマンは、ジェンダーによる「道徳労働の分業 division of moral labor」

（Friedman［1995:64］）という概念を提示して、ギリガンの分析を批判している。道徳労働の分業とは、社会秩序を守り、規制したり、公的制度を管理するのは男性であり、他者との関係を維持するのは女性であるという分業のことをさすが、フリードマンによれば、この道徳の分業は、女性ならこのような道徳的関心を示すはずである、という社会の期待によって維持されている。たとえば、男性が赤ん坊の泣き声に反応しなくとも、他者の悲しみに共感を示さなくともそれは受け入れられるが、女性が同様にふるまうと、利己的な無関心として認識される（Friedman［1995:64］）。フリードマンによれば、ギリガンの被調査者の声は、女性がコミットしている道徳を表しているのではなく、ジェンダー化された「道徳の分業」における「望ましさ」に従って語られた言説であると考えられる。

ギリガンの議論に登場する女性の声と同じような「競争や達成の価値を重視しないのは女性の声」を、まったく異なる視点から解釈している論者がいる。アーヴィング・ゴフマンによればアメリカの女子大生たちは、理想化された自己を呈示しパフォーマンスを成功させるために、男友だちが彼女たちがすでに知っていることを説明するのを黙って聞いていることや、自分たちより能力の劣る男友だちに数学の能力を隠す演技をしている（Goffman［1959＝1974:44］）。ゴフマンの説明にもとづけば、女性たちの語りは、「演じられる」社会的アイデンティティである。つまり、高学歴の女性たちは知的達成や競争と異なる価値にコミットしているわけではなく、知的達成が「女性にはふさわしくない」と思っているといえる。ここから、ギリガンの聞き取り調査自体が孕む根本的な問題がみえてくる。日常の実践において、「ジェンダー」に従って発話しなければならないのと同様、社会調査においても被調査者の男性は男性として、女性は女性として発話することが期待されている。(7) 聞き取り調査において、自分の経験を説明する言説が被調査者の社会的カテゴリーによって異なるとき、研究者は何を聞き取ったことになるのか。被調査者の「経験」の違いなのか、「経験を語る言説」の違いなのだろうか。この両者を識別することは非常に困難であり、ギリガンの研究だけでなく聞き取り調査一般が抱える問題である。

こうした自己の「経験」と経験を語る「言説」との距離について、社会学の物語論は雄弁に説明している。浅野智彦によれば「語られる物語」とは「生きられた経験」のなかから意味をもちうるものを取捨選択した物語であり、他者から受け入れられやすい「ドミナント・ストーリー」となるが、その物語の構築と同時に物語に場所を与えられない多くの経験が沈黙の中にとり残される（浅野［2001:97］）。物語のなかでどの経験が重要な経験として選択されるか、またその経験にどのような意味を付与するかは、利用可能な「言説資源」や聞き手との関係によって変わってくる。そのため物語は「複数のヴァージョン」をもつ（浅野［2005:89］）。このように「語ること」は取り残され、抑圧される経験を伴う制約から逃れることはできないという物語論の知見にもとづけば、調査者と被調査者の関係でうまれる語りが、このような物語の性質から自由だとはいえないことは明らかである。もちろん語りの場は、セルフヘルプグループの実践にみられるように、自己の経験に新たな意味づけをしていく場にもなりうるし、女性が抑圧の経験を発見する場になりうる。また、利用可能な言説資源によっても物語は変わってくる。ギリガンの被調査者の若い女性たちが、「権利」の概念によって自己の要求に従うことの重要性を語りはじめたことはその証左といえる。

いずれにせよ、自己の経験を語るために利用できる言説が「社会的カテゴリー」（女）によって制約されているとき、語られた言説の違いから「女性的アイデンティティ」を聞き取ることはトートロジーに等しい。ギリガンの研究は、女性が女性らしい倫理を表明しているのか、女性らしい声で語る「言説実践」をおこなっているのか、両者を区別することに成功していない。

聞き取り調査における解釈実践の政治性

さて聞きとり調査において女性が語った言説から、女性の道徳を導き出すギリガンの分析の問題点を指摘してきた。しかしはたして、問題は語る側の「ジェンダー化された語り」だけにあるのだろうか。相互行為における「物語」と「アイデンティティ」の構築は、経験を語る側だけでなく、聞き取る側によってもおこなわれるのではないだろうか。フリードマンによればギリガンの観察のもっともらしさは、人びとのジェンダーに関する期待をギリガンが言語化したことにある。つまり「男性が語った道徳問題はなんであれ正義と権利の問題としてカテゴライズし、女性が語る道徳的関心は、ケアと個人的な関係としてカテゴライズ」(Friedman［1995:65］)する、という日常生活においておこなわれているジェンダーにもとづく「解釈実践」を、聞き取り調査をとおしてギリガン自身もおこなったのではないか。フリードマンは「現実は文化的な神話によって解釈される」として以下のように述べる。

現実が神話やシンボルと異なる場合、女性や男性が期待された性質と合致しない場合にも、神話やシンボルは維持されるかもしれない。なぜなら、知覚は選択的であり、不一致は条件的な例外や異常、逸脱に還元されるからである。(Friedman［1995:65］)

ギリガンは「女性はこのように語るはずだ」という思いこみによって、女性の言葉を選択的に認知し理解しているとするフリードマンの批判は、ギリガンの研究の問題を見事に指摘している。たとえば、親の要求を優先して遠くの大学院への進学をあきらめた女子大学生の決定をギリガンは以下のように解釈する。彼女は自分より両親のほうが傷つきやすいと思ったため、責任という問題が権利の問題に優先して、「自分のわがままを抑えて」ジレンマを解決した（Gilligan［1982＝1986：252］）。しかしギリガンのテクストをよく読んでみると、この大学生はこうも述べているのである。自分をひきとめる両親の態度は、利己的なものも含んでおり、彼らは「わたしに会う権利がある」が、ときにそれは権利の乱用である（GIlligan［1982＝1986：249］）。この女性は、他者の要求への配慮も自己の要求も重要だとして多様な声で語り、また「女性＝他者を思いやるべき」という規範が、自己の人生を制約することに対して抵抗も示している。このようにギリガンが調査した女性たちは、「女性らしい道徳」に従って語っているわけではなく、女性らしさの言説から逸脱したり抵抗したりする言説実践もおこなっている。だからときにギリガンは、女性の思考のなかには「正義」と「ケアの倫理」という二つのイメージがたびたび表れてくるものであり、この「本質的に相違する見方は、たがいに緊張関係にある」（GIlligan［1982＝1986：109］）と述べるのである。

フェミニスト・エスノグラフィーの方法論として、こうした「二つの声」を聞き分ける必要性を春日キスヨは以下のように指摘する（春日［1995：192–193］）。それは、一方で女性が支配的な男性中心社会の期待にあうような形で自らの生活や活動、関心などの解釈を行う側面と、他方で「現実の女性自身の固有の生活体験にもとづいて自らの視点から解釈する」という女性の「二つの次元」を見出すことである。(8) 春日が指摘するように、ギリガンの被調査者の声には「支配的な社会にあわせた声」と、「それによってかき消されがちな固有の体験に根ざす声」が存在する。「一枚岩的な女性の声」を聞き取ったギリガンの調査は、この二つの声をききわけ、二つの声のからみの中で女性の生活世界を記述する、という分析手法とはほど遠いものであったことは確かである。ギリガンは、自らが依拠するジェンダーをめぐる言説に従って、「女性の声」を聞き取ることで、ひとりの女性や男性のなかの「矛盾した声」「多様な声」を無視してしまう。スコットは、歴史家が何を経験とみなすかは自明のことではなく、常に政治的なものであるとして、「歴史家も意味の生産者 meaning maker」であると述べる（Scott［1992：37］)。その意味でギリガンが発見した「女性の経験」も、研究者による意味の生産に他ならない。これは、江原が憂んでいた一枚岩的な「女の視点」「女の経験」があるかのように主張し性別秩序を再生産する本質主義的実践といえる（江原［1995：10］)。

ギリガンの研究における「主観性の実体化」と「カテゴリー還元的説明」

以上みてきたように、ギリガンの実証研究はチョドロウの仮説を実証的に裏付けたものとはいえない。第一に、女性特有のケアの「道徳発達理論」について。まずギリガンのいう「女性の声」とは、白人の中産階級女性の声にすぎないというサンプルの代表性の問題がある。第二にギリガンが調査した女性たちの声は多様であり、そうした女性間の多様性は道徳発達段階の違いではなく、教育レベル、社会的位置、世代といった変数によって説明できる。被調査者が語る言説をめぐる解釈には、その言説をうみだしている構造に関する説得力のある説明が必要とされるが、ギリガンの研究では言説の背景にある構造の説明がない。その点でギリガンは「行為の意味はその行為を遂行する主体に属する」とみなす「主観性の実体化」をおこなっているといえる。

次に、女性は他者へのケア責任を重視しているとする女性のアイデンティティの理論について。第一にギリガンの分析からは、男性と女性の声の違いとは、男女の道徳の違いなのか、それとも女性（男性）にふさわしい道徳を語っている男女の語りの違いなのかを判断することができない。第二に、責任だけでなく権利も主張する女性の矛盾した声は、「女性＝他者に配慮する存在」という言説への抵抗の表れとも解釈できる。ギリガンの被調査者の女性たちは、女性らしさをめぐる支配的言説に従うことと、支配的な言説から距離をとることのあいだで揺れ動く矛盾した声で語っていると解釈できる。後でみるように、ギリガンのケアの倫理を受容したジョーン・トロントのような論者でさえも、「ギリガンは、経験的にケアの倫理に誰がコミットしているかについての信頼のおける説明を提示していない」（Tronto [1993:84]）と結論づけている(9)。

一方ギリガンは「批判への応答」論文で、「ギリガンのデータの解釈は恣意的である」という批判に対しこのように応えている。

> 多くの心理学的研究と同様、私の仕事は、私の観察の文脈と性質によって限界を有しており、私の解釈的な枠組みを反映したものになっている。理論から独立したデータはないし、視点なしには観察はできない。データそのものは何も語っていない。データは何もいわないが、人びとによって解釈されている。（Gilligan [(1986) 1993:210]）

しかしその後に書かれた論文における一節をみると、ギリガンに十分にその批判の声が届いたとは思えない。

男性は攻撃的で、女性は慈愛に富むという固定観念は、どれほど事実を歪め、どれほど限界のあるものだとしても、ある程度経験的な妥当性がある。刑務所の人口を占めるのが圧倒的に男性であり、また、幼い子どもの世話をする女性がこれほど多いという事実は、道徳理論に無関係だと言って無視できるものではない……共感や道徳的推論に性差がないとしたら、道徳的振る舞いと不道徳な振る舞いには、なぜ性差があるのだろうか。（Gilligan and Wiggins［1987：279］）(10)

この一節からも、ギリガンが女性が他者を世話したり、また暴力をふるう確率が男性より低いという現象から、「女性の道徳」に関するイメージを構築していることがよくわかる。刑務所の人口に占める割合が男性のほうが高いという理由から、女性が男性より道徳的であるとするこの推論が正しいのであれば、アメリカの白人は黒人よりも道徳的だということになってしまう。なぜならアメリカの黒人人口のなかで刑務所に入る者の割合は、白人に比べて高いからである（Kuhse［1997＝2000：134］）。

このように、ケア責任を重視する「女性の道徳」があるとするギリガンの分析には多くの問題がある。女性はケアの価値を内面化しているというギリガンの主張に、実証的な根拠を見出すことはできない。

4　母親の経験とケアの価値
――ケア倫理学における女性の価値

　ここまでみてきたようにギリガンの実証研究はその分析の妥当性に対する激しい批判を招いた一方で、倫理学などの領域における女性研究者には肯定的に受容され、ケアの価値の評価を求めるケア倫理学care ethicsと呼ばれる一連の研究をもたらした(11)。ケア倫理学は、「ケアの倫理」を「ケア労働をする母親の倫理」として再定義する。これらの議論によれば、ケア責任を担う母親たちは「ケアの価値に動機づけられた主体」であり、「ケア＝女性の責任」という言説を肯定的に受容していることになる。はたしてこれらの議論は、ケア労働を担う女性の解釈実践の説明として有効なのだろうか。本節でケア倫理学の枠組を明らかにし、次節でケア倫理学の議論の妥当性について検討してみたい。

　ケア倫理学の論者は共通して、近代の公私の領域区分を重要視し、公的領域と区別されるものとして私的領域（家庭）の女性の経験に照準する。ギリガンのケアの倫理をめぐる争点をまとめた、『正義対ケア』（Held［1995］）という論文集を編纂しているヴァージニア・ヘルドは、母親でありケアの与え手であるという女性の役割は人間関係に根ざした倫理を形づくるとし、この女性の倫理を公的領域の男性の規範や基準とはまったく異なる規範として位置づける。またアネット・ベイアーは、私的領域の母親の実践は、公的世界や労働市場の個人主義や利己主義的人間像を前提にした男性の経験とは区別されるものであり、前者に固有の道徳的経験があると述べる（Baier［1995:53］）。このようにケア倫理学の論者は、私的領域のケアの倫理を公的領域にまで拡大していく必要性と、母親の経験を論じる新たな道徳的概念の構築を求める。その主要概念となるのが「思いやり」や「世話」を意味する「ケアリング caring」である。

「ケアリング」の理論家として最も有名なのが、その名も『ケアリング』と題する著作のあるネル・ノディングスである（Noddings［1984＝1997］）。ノディングスによれば、従来の道徳理論は正当化や公正や正義といった「父の言葉」で理論化されてきたものであり、そこでは「母の声は、聴かれなかった」。ノディングスは「母の声」として以下のような一節を記す。

わたしは、わが子……を見て、わたしたち各人が規定されている根本的な関係を認識するとき、しばしばひとつの深い、押さえきれない喜びを経験することがある。これは、私たちの倫理の基礎を形成している、かかわりあいの認識であって、……ケアするひととしてのわたしたちを支えるような、倫理的な理想への自らの関与の仕方を高めるのである。（Noddings［1984＝1997：19］）

こうした母が子に抱くとされる「感覚」を、「道徳的概念」に変換するのがノディングスの目的である。ノディングスによれば、「ケアリング」の本質とは、「他の人の実相（reality）を理解し、できるだけ入念にそのひとが感じるままを感じとること」（Noddings［1984＝1997：25］）にある。母親とは「敏感で、受容的で、責任ある主体」であり、選択を行うために自分自身をできるだけ具体的な状況において、個人的な責任をひきうけることによって、道徳的な問題の解決を計る（Noddings［1984＝1997：13］）。ノディングスは、こうした女性の文脈依存的判断を、従来の道徳理論の「普遍化可能な道徳的判断」（Xという諸条件のもとで、あなたがAという行いを要求されるならば、十分によく似た諸条件のもとで、わたしもまた、Aという行いを要求される）と対置する（Noddings［1984＝1997：8］）。こうした女性の判断を示すものとして、ノディングスはギリガンの以下の一文を引用している。

女性は、自分自身を人間関係の脈絡で定義するだけでなく、ケアする能力によって判断する。……女性の位置は、養育者とか、介護者とか、内助者とかの立場にあったし、人間関係の網の目の紡ぎ手でありながら、かえって、これにすがって生きてきたのである。（Gilligan［1979：440］）

またサラ・ルディックは、「ケアリング」という概念は用いていないが、西欧哲学における理性のオルタナティブな概念として、「母親の思考 maternal thinking」（Ruddick［1995：214］）を提示する。ルディックによれば、西欧哲学の理性とケアには、以下のような違いがある。たとえば従来の道徳理論は、他者のニーズの理解は自己のニーズへの理解からおこなうものととらえてきたが、ケアでは特定の個人に対する固有な知識にもとづいて他者のニーズを把握する必要がある（Ruddick［1995：357-358］）。ただしルディックは、「母親は〝自然に〟愛するものだという幻想」や「母親の応答はあらかじめそなわっているもの」（Ruddick［1995：16］）という考え方に依拠しないとする。ルディックのいう「母親の思考」とは社会における「母親への期待」によってもたらされたものである。

私の用語法では母親とは、母親の仕事として要求されていることに応える人のことを指す……「要求」とは、母親業をおこなう者に課された要求のことである。子どもは自分の成長と生存のために要求する。加えて母親が属する社会集団は……彼女が子どもを社会的に適切だとみなすやり方で育てることを要求する。保護、成長、社会的受容性の三つの要求が母親業を構成する。（Ruddick［1995：17］）

また、「ケアリング」を女性に帰せられた「社会的義務」であると明確に指摘したうえで、その道徳的価値を論じる論者もいる。ジョーン・トロントは、母親の「ケアリング」とは社会的な文脈でつくられた義務であり、それは労働であるとしたうえで、その実践に固有の道徳的価値について論じている（Tronto［1993；1995］）。トロントによれば、「ケアリング」とは他者の固有な、具体的、肉体的、精神的、知的、感情的ニーズに応えることであり、それは「倫理的実践 ethical practice」を含む労働である。その倫理的実践の内実とは、①他者のニーズについて学び、注意をはらうという「気づき attentiveness」、②ケアの与え手が自分の権威を制限したり自己の自律性を担保すること、③ケアの受け手の「個別性」に対応した判断などに求められる（Tronto［1995：105-110］）。

このようにケア倫理学の諸理論は、ギリガンの「ケアの倫理」を母親の経験を語る言説として再定義する。力点は論者によってさまざまであるが、概して彼女たちはケア労働には、他の社会活動にはない道徳的価値があり、女性はケアをとおして道徳的な報酬を得ていると論じる。この議論にもとづけば、ケアをしている女性は「ケアの価値に動機づけられた主体」であり、「ケア＝女性の責任」という言説を批判的に解釈することはない。しかし、子どものニーズとは単に母親に話を聞いてもらうことだけにあるのではなく、実際に育つための世話を受けること——食事を与えること、身支度、看病することと——にある。その意味で、他者のニーズに責任をもつという実践には「ケア労働」が必然的に伴うのであり、母親の経験を、道徳的価値や態度の問題からのみとらえるのは不適切である。そしてケア倫理学の論者が「道徳的実践」と呼ぶケアの相手への気づきや、個別性への対応は、ケア労働者の「疲労」の要因とも指摘されてきたものである[12]。はたしてケア倫理学の議論は、ケア労働者である女性の経験を論じたものとして適切なのだろうか。

そしてケア倫理学の議論からは、性別分業の再生産をめぐって、以下の三つのテーゼが導かれる。

①女性は道徳的責任からケアを引き受けている。つまり、女性は男性に強いられてケア労働をしているわけでなく、ケアの受け手との関係から生じる道徳的責任からケアを引き受けている[13]。

②女性はケア労働から、道徳的、人間的報酬を得ており、この報酬のために女性は自発的にケア労働を引き受けている。これは、女が母親業から「真の人間的な報酬」（Chodorow［1978＝1981：iii］）を得ているとするチョドロウの議論にも通底している。

③母親を経験した女性は介護や、家庭の外のケアワークで必要とされる「ケア能力」をもっている。このテーゼは、近年盛んな「ケア論」においてもくり返されている。三好春樹によれば、介護とは「母が子に関わる」ような関係であり、女性介護職は「最後の母」として、「科学にならない母性や、トランスに近い感情の世界で老人に関わる」（三好［2005：74］）。また山田昌弘は、ケアには「思いやり」「やさしさ」という感情状態が必要とされており、それは「従来女性が身につけるべきとされる性格」（山田［2003：157］）であるとする。これらの議論は、女性がケアワーカーになることはケアの受け手にとっ

ても望ましいと主張し、家庭でも労働市場でも女性がケア労働をおこなう性別分業を合理的なものととらえる。

このようにケア倫理学の議論にもとづけば、女性はケアの価値に動機づけられて自発的に性別分業を再生産していることになる。また家庭で育児や介護を経験した女性が労働市場の介護労働やボランティアのケアに従事するのは、彼女たちが高い「ケア能力」をもっているからということになる。この議論からはケア労働に従事している女性が「ケア＝女性の責任」という言説を批判的にとらえ、性別分業を変動させる可能性を見出すことはできない。しかしはたして性別分業の再生産を女性の道徳的価値やケア能力に求めることは適切なのだろうか。次節では、女性のケア労働の経験に関する研究をもとに、この三つのテーゼの妥当性を検証していきたい。

5　ケア責任を構成する構造的条件
――資源配分と他者の言説実践

道徳的責任からケアを引き受けているのか

まず、第一の「母親は道徳的責任からケアを引き受けている」というテーゼについて考えてみよう。ここで「道徳的」という言葉に特別な意味はない。ケアにおける責任とは、他者の生命にかかわる責任であり、それはケアすることのできる位置にいる行為者には「道徳的責任」と解釈されてしまう。問題は、どのような構造的条件が女性のケア責任を構成しているかである。

まず第一に、ケア責任を構成する資源配分構造について考えてみよう。女性の責任を構成する要因をめぐって、ケア倫理学が重視しているのは、受け手のニーズの存在である。これは、ニーズをもっている人と対面した際の人間の普遍的な反応として位置づけられている。たとえば、ひとりで道を歩いていて川でおぼれている人を発見したときに、彼／女を助ける義務が生じるのと同じように、家庭においてもケアの受け手のニーズの存在が、家族構成員の責任を生じさせる。これは確かであろう。しかしここには、ニーズを発見した行為者が自分で手を差しのべる以外に、入手可能なケア資源がないという構造がある。ケア労働者が何を要求されるかは、「依存者の能力と家族の外の資源とサービス供給によって決定される」（Graham［1983:26］）のであり、家庭外のケアサービスが利用可能であれば、ニーズの発見者がケアを提供する責任を負う必要はなくなる。

また、家庭における男性のケア労働も、重要な「ケア資源」である。ではなぜ家庭において男性ではなく、女性がケア責任を負うのだろうか。女性のケア責任を構成する要因として、労働市場における男女間の地位や経済資源の配分も無視することはできない。介護者をめぐる実証研究をおこなってきたクレア・アンガーソンによれば、女性はパートタイムや低賃金労働に従事しているため、家族の誰かを家で介護することが必要になった場合に、ケア責任が自分にあると考える傾向がある（Ungerson［1987＝1999:103］）。またアンガーソンは、子育て後の女性が介護を引き受けることで「何もしていない」ことを正当化し、有給の仕事に代わる正当な選択肢として介護を選択するとも指摘する。つまり、男性に比べて女性の賃金が低く、労働市場との結びつきが弱いため、女性は、家庭のケア責任を自分の責任として引き受ける。これは育児でも同じであろう。その意味で女性のケア責任の感覚は、ケア資源の配分だけでなく、労働市場の経済資源の配分構造にも規定されている。

女性のケア責任を構成する第二の要因として、女性にケア責任を求める「他者の言説実践」があげられる。ケアとジェンダーをめぐる実証研究は、女性のケア責任が、女性に責任を求める相互行為過程のなかで維持され強化されることを指摘してきた。たとえば要田洋江は、障がい児の母の責任感が、「子どもの障がいは母親の責任である」という医療関係者や親戚が示す態度によってつくられていくと指摘する（要田［1999］）(14)。もちろん障がい児の母の責任の感覚には、単に愛情をもって世話をおこなうことだけでなく、「障がい児という子ども」を産んだことの責任も含まれる。しかし、障がい児のケースは母親への帰責が極端なかたちで出ただけであり、障がいをもっていなくとも子どもが病弱だったり、学校に適応できなかった場合の母親の責任も同様に、医師や教師、また親族の言説実践によって構成される。ケア責任の担い手は「適切なケアをおこなっているかどうか」をめぐって、常に他者からの評価にさらされているのであり、そのような他者の態度をとおして女性は「思いやりのある母」としてふるまうことを迫られている(15)。

また春日キスヨは父子家庭の父親に対する聞き取り調査において、「女親こそ親である」ととらえ、父子家庭の男親を、親役割から免責しようとする「言説」について指摘している（春日［1989］）。春日によれば、自分で子どもを育てようとする父子家庭の父に対し行政職員や相談機関の職員が決まって述べるのは、父親には育児は無理であり、再婚するか、親、きょうだい（姉妹）という手で女手を得るか、それとも養護施設の保母に預けてはどうかという言葉である。女親に対しては「夜働いたら子どもがかわいそう」と親子の絆を保つことが期待される一方、男親に対しては、「子どもを施設に預けて頑張れ」

と、父子を分離させる方向で語られる（春日［1989:24］）。この分析は、女性にはケア責任を求め、男性にはケア責任を求めない社会の言説実践が、男女間に異なるケア責任を配分していることを明らかにしている。

さらに、ケア責任を構成する「他者の言説実践」には、ケアの受け手の言説も含まれる。とくに介護をめぐっては「親の期待」が、娘や嫁のケア責任を構成する大きな要因となっている。クレア・アンガーソンは、介護者たちに介護を引き受けた動機についてたずねると、愛情とか罪悪感、母へのかつての世話への感謝など個人的な感情に関する要因をあげると指摘し、介護者たちは一見して介護を行うことをあえて「選んだ」ようにみえると述べる（Ungerson［1983＝1987］）[16]。その点でアンガーソンの調査における介護者の声は、ギリガンの研究に登場する「女性の声」と非常に類似している。しかしアンガーソンは、自らのケア責任は「内発的なもの」ではなく、「親または義理の親本人から発生している」と述べる女性の言葉を紹介している。アンガーソンによれば、ある娘介護者は「母はそれを私に期待しています。母のところに行かないと、うしろめたさを感じます」と述べ、他の嫁介護者は「義母は私がここにいて、ただ自分の世話だけしてほしいと思っています」（Ungerson［1983＝1987:117］）と述べていた。これらの介護者は、彼女たちの責任は「内面化された価値」でも、「家族の義務についての一般的な観念」から生じたものではなく、親や姑との「具体的な関係」から生じていると自己申告している。そして、母親との感情的なつながりが介護を困難にすることを実感している娘は、母の要求を、母親が育った時代の支配的イデオロギーという観点から説明し、「自分の子どもには自分の介護をさせたくない」（Ungerson［1983＝1987:148–160］）と述べている。こうした女性の言説には「ケア＝女性の責任」という言説に対する、女性の「批判的解釈実践」をみてとることができる。

またアンガーソンは、介護者の責任は社会的介護サービスの「量」だけでなく「質」にも規定されると指摘する。介護者たちは「私は、叔母がワークハウス(17)で亡くなったことを覚えています。そのようなところで死ぬくらいなら自殺したいと思っています」とか、「義母が公的な老人ホームに入所するということは、ぞっとすることだと思いました」と述べている（Ungerson［1983＝1987：122–123］）。実際に利用可能なサービスがあっても、ケアサービスの質を信頼することができなければ、家庭の女性のケア責任は増大する。

このようにケア責任の感覚は、ケアニーズの存在から自動的に構成されるものではなく、ケアサービス資源の配分や労働市場の経済資源の配分構造、女性にケア責任を求める他者の言説実践によって構成されているといえる。

しかしこの議論に対する反論として、「男性よりも女性のほうがケア責任を重視する」ことを指摘する研究もある。たとえば、老夫婦の介護をめぐる研究においてバイラ・ミラーは、男女のケアのやり方の違いを以下のように指摘する（Miller［1990］）。妻介護者は夫のニーズにずっと配慮しており、ケアを十分に提供することができないことにプレッシャーを感じ、ケア提供を感情的に難しいものと経験している。一方で夫介護者はケアを公的領域の活動と明確に区別することなく職業の延長としてとらえる傾向があり、ケア責任から感情的に距離をとることができる。さらにミラーは、妻介護者は、夫を要求が多くニーズをもつ存在であると受け止めているのに対し「夫介護者は、妻を受動的で要求のない存在とみなしている」（Miller［1990：95］）とも指摘する。

さて、男性よりも女性が責任を重視しているという指摘は、責任の感覚をめぐる男女の違いを示唆するものであろうか。ミラーの分析では、長年の夫婦関係における夫と妻の役割が、介護の関係においても維持されつづけていることは明らかにされているが、他の関係において女性が同様の責任をもちつづけるかどうかは定かではない。また妻が夫のニーズを考慮するのは、夫の要求が多いからであり、夫が妻のニーズを考慮しないのは、夫が妻の要求を受け止めてくれないため、結果として妻が「要求しなくなった」ためとも解釈できる。女性は、女性にケア責任を求める周囲の他者の言説や、女性であれば要求に応えてくれるはずだというケアの受け手の要求によって、ニーズを重視せざるをえない位置にいる。このような関係のなかで女性の責任感は「ハビトゥス」として身体化されていることも確かであろう。しかしこのハビトゥスは人格に内在した固定的、持続的なものではなく、他者（夫）の要求や期待が変われば変わっていくものと考えられる。

女性はケア労働から「人間的報酬」を得ているか

次にケア労働をとおして女性は、「人間的報酬」を得ている、というケア倫理学のテーゼについて考えてみよう。このテーゼを反証するものとして即座に思い浮かぶのは、育児ノイローゼや育児放棄、介護放棄である。これらケアにやりがいを見出せない女性は、「真の人間的報酬」に気づいていないということになるのだろうか。もしくは標準的な母親や介護者の経験からの逸脱事例なのだろうか。

しかし、女性がケア労働から得る非金銭的報酬について論じているのは、ケア倫理学だけではない。チョドロウの心理学やケア倫理学に批判的なフェミニストも、女性は「ケアリング」の関係をとおして、自己の感覚や達成感を得ていると指摘する。ヒラリー・グラハムは、「ケアリング」には、女性の夫や子どもや両親への「愛情」「感情」と、彼らとの「物質的な関係」の「二重の性質」が含まれていると して、「ケアリング」は「愛が終わったときにも続けなければならない愛の労働として経験される」(Graham［1983:13-16］)という有名なテーゼを提示している。ここでグラハムは、感情的側面だけ強調する心理学を批判する一方、ケアリングの物質的な側面だけみる社会政策の議論も、ケアリングをとおして女性が自己の感覚や達成感を得ている側面や、ケアリングの関係における象徴的な絆をみていないとして批判する(Graham［1983:17-29］)。またアベルとネルソンも、ギリガンやルディックの議論を女性の劣位を合理化するものだとして厳しく批判する一方、ケアとは人間の結びつきが織り込まれた単なる仕事や負担とは異なる実践であり、ケアを女性にとって抑圧的なものとみなすことも不適切だとする(Abel and Nelson［1990:7］)。

これらの論者も、ケア労働を「ケアリング」と呼び、そこには感情や他者との情緒的結びつきが含まれているとし、女性がケア労働から得ているやりがいや達成感という「肯定的な意味づけ」に言及する。しかし単にケアする女性の経験に物質的労働と感情の「二重の性質がある」とするだけでは、ケア労働をめぐる解釈が女性間で多様であったり、ケアにやりがいを見出せない女性がいるのかを理解することができない。まず論理的には、①ケアの受け手との情緒的関係への肯定的評価【①＋】／否定的評価【①－】、②ケア労働への肯定的評価【②＋】／否定的評価【②－】を区別し、ケア労働者の主観的経験をこれらの組み合わせとして理解すべきであろう。たとえば、ケアの受け手との情緒的結びつきが、ケア労働の負担を帳消しにすることがあるだろう(【①＋】→【②＋】)。子どもへの愛情によって、ケア労働の苦労を忘れることができたり、ケア労働に対し事後的に肯定的な意味を与えるといったケースである。その意味でケアの受け手との「情緒的関係」が、女性がケア労働を続ける理由のひとつであることは確かだ。

だが、情緒的結びつきへの満足とケア労働への満足とを混同してはならない。ケアの相手との情緒的結びつきに満足していても、ケア労働を肯定的に評価しているとは限らない（【①＋】【②－】）。子どもや親を大事に思っていても、ケア労働に不満を抱くこともある。親密な他者との関係における人間的な報酬と、ケア労働から得られる人間的報酬と混同することは、女性が経験しているケア労働の負担を直視しないことにつながる。

ではこの区別を前提にしたうえで、ケア労働に対する肯定的評価【②＋】が担保される条件について考えてみよう。ケア労働をめぐっては、労働の性質上やりがいや達成感の獲得を不可能にする要因がいくつか指摘されている。

第一に相手のニーズに応えようとしても、ニーズに応えきれないことがある。ケア労働者はケアの受け手のニーズに応えようと努力するが、「困難が予期されたとき、問題が解消しなかったときに、それを自分の責任、罪として受け入れる」（Land［1991:12］）。ケア労働者が相手へのニーズへの責任を重要視しているほど、この罪悪感は大きくなる。なぜなら他者のニーズに応えようとしても、実際に応えるには「時間と物質的な資源と知識と技術という能力が必要」（Fisher and Tronto［1990:41］）であるが、それらすべてを家庭でケア責任を引きうけている女性が持ち合わせているわけではないからだ。それにもかかわらず責任を引き受ける者は、ケア提供において生じた問題状況を「自分の失敗」として受け入れる(18)。

また受け手のニーズに応えることの難しさは、子育てか介護かでも大きな違いがあり、育児を前提にしたケア論が介護に援用されることを批判する論者もいる。ケア倫理学に批判的な立場をとるアベルとネルソンは、家庭でのケアの限界を超えている高齢者が家庭でケアをされていることを指摘し「ケアの経験は、ケア対象者のニーズによっても変わる」（Abel and Nelson［1990:11］）と述べる。

第二に、ケア労働に内在する「やってもやっても終わらない」という側面である。子どもが成長していく育児は、介護に比べて成果がみえやすいが、介護の場合は終わりがみえない。この将来予測が主観的な負担の程度を変えるとも考えられる。しかし子育てでも障がいをもった子どもの長期にわたる世話は、介護同様、終わりのみえない労働となる。フェミニストの研究は、障がい児の母親が、友人が少なかったり、賃労働に参加できないために、孤独を感じていることを指摘してきた（Oliver［1983］; Baldwin and Glendinning［1983］）。

第三に、たとえ終わりがみえない労働でも、ケアの相手の反応や感謝があればやりがいや達成感を感じることもできるが、ケア労働において相手の感謝は必ずしも保障されていない。一生懸命育てた子どもが、成長して必ずしも親に感謝してくれるとは限らない。必死で子育てをしてきた女性は、このとき情緒的関係からもケア労働からも満足を得られないという経験をする可能性がある（【①二】【②二】）。

また介護の場合、寝たきりや認知症の相手からケア労働に対する反応を読み取ることは難しい。そしてたとえ認知能力があったとしても、受け手が感謝を表明してくれるとは限らない。アンガーソンは、自分だけに攻撃的な態度をとる実の母親を介護している女性や、過去の親との関係から現在の介護関係が悪化している介護者たちの困難に言及する（Ungerson［1987＝1999］）。アンガーソンは、自分の母親を介護している女性の多くが「感情というものをすべて捨ててしまって、当面しなければならない［介護の］仕事に打ち込まない限り、介護を続けることはできないと語っていた」として、彼女たちにとって情緒的関係や結びつきから距離をとることが、介護を円滑におこなうための方法であるとする。

（娘たちが）両親の介護を行う（care for）ためには、両親のことを気遣う（care about）ことをやめたほうがずっとやりやすい。というのも、彼女たちが介護に関して何らかの感情を抱くとしたら、それは苦しさやつらさを伴うものだからである。（Ungerson［1987＝1999：142］）［かっこ内引用者］

アンガーソンはこのように情緒的結びつきも、ケア労働も肯定的に解釈することのできない女性たちの経験を説明する。ここであげられているのは、ケア労働の負担が、情緒的関係への否定的評価をもたらす【②ー】→【①ー】というパターンである。

以上のようなケア労働の性質からみて、ケア労働に従事しているすべての女性が、ケア労働の経験を肯定的に解釈できるわけではないことは確かだ。そして自己の時間や体力を犠牲にして世話している女性が、ケア労働から「人間的報酬」を得ている、とはとてもいえないだろう。これは介護だけでなく育児においても同じである。そのようなケア労働者にとってケア労働は、やりがいの得られない「疎外された労働」である。しかしケア責任を放棄したくとも、ケア責任を誰かに共有してもらいたくとも、代替的ケア資源がなければ、そのような選択は不可能である。彼女たちがケア労働を続けていることは、ケア労働から人間的報酬を得ていることを意味しない。

女性は「ケア能力」をもっているか

最後に、ケア倫理学の議論から導かれる第三のテーゼ、「女性はケア能力をもっている」について考えてみよう。このテーゼは、家庭においてケア労働をしてきた女性だからこそ、労働市場のケア労働も円滑におこなう能力をもっているとする議論を導く。このテーゼが正ければ、家庭で子育ても介護もしていない女性ケアワーカーや男性ケアワーカーには「よいケア」はできない（もしくは女性とは異なるケア能力を発揮している）ことになるが、本当だろうか。

「女性の感情、感情労働とケア能力」

女性の「ケア能力」の主張は主に、ケア労働には女性特有の感情や能力が必要とされているというテーゼによって展開されてきた。長らく女性の職業とされてきた看護学は、看護の専門性の根拠として、熱狂的に「ケアの倫理」や「ケアリング」の概念を受容してきたし、女性は「ケア能力」をもっているとする主張は、近年の介護労働の専門性論議においても展開されている。たとえば笹谷春美は、労働市場のケア労働を「愛情、思いやり、気配りなどなんらかの感情」と「仕事のスキル」の二つの側面がセットとなった特殊な人間的労働であり、これは「従来家庭や地域で女性たちがケアリングを通して発揮してきた能力」（笹谷［2001:66］）［強調引用者］であるとする。また、現場の中高年女性ヘルパーが抱いている専門職観とは、「人を思いやる」「相手の要望を理解する」「心からのケア」など「ケアリングの基本側面」（笹谷［2000:211］）である。このように笹谷は「ケアリング」という概念を用いることで、家庭でのケア労働と、労働市場のケア労働に共通して求められている感情や感情にかかわる能力について言及する。しかし、この議論にはいくつかの検討が必要である。

まず、笹谷がひとくくりに「感情」と呼ぶ「愛情」と「気配り（配慮）」の意味は大きく異なる。確かにケアワーカーには、受け手のニーズを機敏に察知することや、受け手の「生の固有性」（三井［2004］）に対する深い理解をとおしてケアを提供することが求められている。しかし、それは「愛情」によって達成できるものだろうか。春日キスヨは、個別ケアにおけるケアワーカーの経験を論じるなかで、「共感」や「受容」に求められているのは、何がわかり何がわからないかを区別し、分析する「論理的な力」や、相手に対する「信頼」と「希望」を持ち続ける力であると指摘する（春日［2003:227］）。ここでは、「感情的かかわり」とは対照的な「洞察力」や「判断力」の必要性が論じられている。

また、「ケア労働」と「感情」の関係についてより積極的に論じているものとして「感情労働」をめぐる議論があるが、この議論も、女性の「ケア能力」を根拠づけるものとはならない。感情労働概念を提示したホクシールドは、感情労働を「自分の感情を誘発したり抑圧したりしながら、相手の中に適切な精神状態を……作り出すために、自分の外見を維持」（Hochschild［1983＝2000:7］）することと定義し、感情労働を求められる労働者の負担を明らかにした。たとえばフライトアテンダントには、女性は優しく家庭的であるという規則にしたがって、怒りや攻撃性といった感情を管理することが求められているが、この労働はときに労働者の自己感情からの疎外とバーンアウトをもたらす。ケア専門職論は、こうしたホクシールドの議論を展開させ、ケアワーカーの感情労働の負担について論じてきた（Smith

[1992])。

確かに表情や声のかけ方、相手のニーズに耳を傾けることは、ケアの受け手との関係をつくるうえで重要な要素であろう。しかしこうしたケアワーカーに求められる「コミュニケーション能力」は、教師やホテル従業員、店員、駅員などさまざまな対人サービス業にも求められているもので、「家庭内のケア労働」のみとの類似性を示すものではない。一方で、ケアをめぐる感情労働の議論が明らかにしているケアワーカー固有の問題群とは、限られた時間のなかでの利用者とのやりとりのなかで、病や老いに直面したケアの受け手の要求、怒りや悲しみなどの感情に巻き込まれてしまうという困難であり、そのことによるケアワーカーの精神的負担や自己責任感である(19)。これは個人の「感情労働」スキルの有無によって解決できる問題ではなく、そのために、ケアワーカーの負担を軽減するための人員配置や職場のシステムづくりの必要性が求められている（春日［2003］）(20)。

いずれにせよ、情緒的結びつきのある家族へのケアがうまくできれば、サービス利用者への「よいケア」ができるわけではなく、家庭のケア労働を経験してきた女性の「感情」や「態度」が、労働市場のケア労働において必要な能力となるという主張に説得力はない。笹谷のいう「中高年女性ヘルパーとケアの受け手との円滑なコミュニケーション」は、家庭のケア経験ではなく、ヘルパーの経験で培ってきた彼女たちの「熟練技能」が可能にしているとも考えられる。その意味で、ケアにおける女性の能力を、「女性固有のケア能力」として評価せよとする「差異化戦略」は、女性の労働の「熟練」を正当に評価しないことにもつながる。

「ジェンダー化された評価構造と女性のケア能力資本」

しかし感情や感情労働をめぐる議論とは別に、女性の「ケア能力」について論じる議論もある。それは「ケア能力」をとおして女性は社会において居場所を獲得してきたとするものである。ヒラリー・グラハムは以下のように述べる。

「ケアリング」によって女性は社会の一員であることを受けいれられ、また社会の一員であると感じる……私的領域の母親、妻、娘、隣人、友人として、公的領域の看護婦、秘書、清掃婦、教師、社会活動家として、女性は社会に入り、居場所を獲得してきた。（Graham［1983：30］）

グラハムによれば「ケアリング」とは社会が女性に要求する役割であり、それは家庭の母親、妻、娘としてだけでなく、公的領域の看護職、介護職としても求められている。それゆえ女性は「ケアリング」という役割をとおして、他者から評価されることを選んできた。

こうした女性の実践を、ブルデューの「資本」概念と結びつけている議論もある。たとえば加藤隆雄は、「家父長制」（男性支配的社会）を、ブルデューのいう「界 champ」として定義し、女性の育児の能力や子どもに接する態度の有能さなど女性が身につける「ハビトゥス」を、男性支配的な構造における「家父長制資本」と位置づけている（加藤［1997］）。この議論によれば、家父長制的な界のなかで、女性は「ケア・ハビトゥス」を用いて生き残りをかけて闘争している。

一方で、同様にブルデュー理論に依拠するベヴァリー・スケッグスは、「ハビトゥス」概念を用いず、

「ケアリング」という態度を女性の「表現 display」として位置づけている。スケッグスによれば、労働市場においては「男性性」がより高い報酬の獲得につながるのに対し、女性が女性的な文化資本から得られる報酬は低い（Skeggs［1997：9-10］）。このような構造のもとでは、とくに経済的、文化的資本をもたない労働者階級の女性にとって「ケアリング」（思いやりのある態度）は他者からの承認を獲得するための「資本」となる。特に「性的に過剰で悪い母」とみなされている白人労働者階級の女性にとって、「ケアリング」という中産階級の規範的な女性性を演じることは「きちんとしている respectable」ようにみなされるために必要な作業である（Skeggs［1997：162］）。このようにスケッグスは、女性たちにとってケア労働に従事することは、社会的に承認されるための技術であり、自己の尊厳を回復する「象徴実践」であると分析する。

以上の議論は、「ケア能力」が、性支配的な社会においては女性の「資本」となっていることを説明するのに有効だろう。ただし、これらの議論のポイントは、女性にとってケア能力をもっているとみなされることが重要だ、という点にあり、女性が「ケア能力」を実際にもっているかにあるわけではない。ブルデューの理論にもとづけば、資本とは行為者がもつ実体ではなく「界の構造」のなかで資本とみなされているものである。そしてここでいう「界の構造」とは、女性の能力を男性の能力と異なるものとみなす「ジェンダー化された評価構造」である。たとえば、女性の能力は、男性的な決断力や判断力といった能力からではなく、「やさしさ」や「気配り」から評価される。よって女性は、このような構造のもとでは、ケアにふさわしい行為者としてふるまう。こうした評価構造と実践は、医師と看護職の分業や、女性に男性社員の補助的作業を割り当てる性別職務分離にも見出すことができよう。

さらに、女性の「ケア能力」を「ジェンダー化された評価構造」における女性の「資本」ととらえることで、「家庭から労働市場への性別分業の拡大」における女性のエージェンシーについても理解することができる。家庭でのケア経験をもつ女性にとって、「ケア能力」は、労働市場で仕事を獲得するための希少な「資本」となる。つまり女性はこの「資本」を用いて労働市場のケア労働に参入していく。

しかしその結果として「女性はケア能力をもっている」と人々が認識し、さらにこの言説が強化、再生産されてきた。看護理論における「ケアの倫理」の受容を批判的に検討しているヘルガ・クーゼは「よい看護婦は、よい母親であり、よい女性である」という隠喩は、母と看護職の実際にある類似性を発見してきただけでなく、新たな類似性を「創り出してきた」と指摘する（Kuhse［1997 = 2000：21］）。ただし第六章でみるように、ケア労働が専門労働として位置づけられれば、男性も労働市場のケア労働に参入しケア能力を発揮する。また女性の雇用機会が広がり、労働市場において「ジェンダー化された評価構造」がなくなれば、女性は「ケア能力」以外の「資本」を用いて経済的資本や社会的承認を獲得しようとするであろう。

＊　＊　＊　＊　＊

以上、母親を「ケアの価値に動機づけられた主体」ととらえるケア倫理学の議論から導かれる性別分業再生産の三つのテーゼ、①女性は道徳的責任からケアを引き受けている、②女性はケア労働から人間的報酬を得ている、③女性は「ケア能力」をもっている、についてそれぞれ検討してきた。本書の考察にもとづけば、性別分業はケアの価値に動機づけられた女性の選択によって再生産されているわけではない。第一に女性のケア責任は、①ケア資源の配分（代替的ケア資源の入手不可能性）、労働市場の資源配分（女性の労働市場との結びつきの弱さ）、②女性にケア責任を求めるケアの受け手や周囲の他者の「言説実践」によって、構成されている。第二に、ケア労働は「人間的報酬」を保障するとは限らない。ケア労働者は、ケアの受け手との情緒的関係に満足していても、ケア労働を肯定的に評価でき、そこから満足を得られるとは限らない。第三に、「ケア能力」は女性に固有な能力ではない。ただし「女性はケア能力をもっている」とみなす「ジェンダー化された評価構造」のもとでは、「ケア能力」は女性にとって希少な「資本」となる。よってこのような「資本」を用いた女性の実践によって、家庭だけでなく、労働市場の性別分業が再生産されることになる。

6　批判的解釈実践と変動の契機

「主体選択論」の限界

以上、本章では、内面化したケアの価値にもとづいて女性が性別分業を選択しているとする「主体選択論」の批判的検討をとおして、「ケア＝女性の責任」という言説に対する女性の解釈実践について考察してきた。チョドロウやギリガンの議論によれば、女性はケアの道徳的価値を内面化し、「ケア＝女性の責任」という言説を批判的に解釈することなく、ケア労働を引き受け、またケア労働から人間的報酬を得ている。しかし、「女性は無意識のレベルでケアの価値を内面化している」としたチョドロウの仮説を用いたギリガンの研究には多くの問題があった。ギリガンの調査に登場する利己的であったり利他的であったりする女性の声は、道徳発達段階の違いではなく、女性の学歴、地位、世代などの変数によって説明できる。またギリガンのデータでは、ひとりの女性も多様な声で語っており、「ケア＝女性の責任」という言説に対する抵抗や批判的解釈も示している。よって、ギリガンの研究は、女性特有の道徳の存在を裏づけるものではない。

また、ケア労働者は「ケアの道徳的価値や人間的報酬に動機づけられている」とするケア倫理学の議論も、ケア労働者の経験を論じたものとして適切ではない。ケアの道徳的責任は、ケア資源の配分や労働市場における資源配分構造、女性にケア責任を求める他者の言説実践によって構成されている。またケア労働から人間的報酬を得られるかどうかは、ケア労働の負担の大きさや相手との関係など、さまざまな条件に依存する。そしてケア労働からやりがいが得られない「疎外」の経験や、ケア労働の負担の大きさは、「ケア＝女性の責任」という言説への批判的な解釈実践の契機となっている。

ジェンダー秩序論の限界――資源配分構造による性別分業の再生産

次に本章の考察が、江原のジェンダー秩序論に対しどのような含意をもつのか確認してみよう。江原は、性別分業の再生産を、「女性＝他者の活動を手助けする存在」とする「ジェンダー規則」と「ジェンダー・ハビトゥス」という言説構造によって説明した。しかし女性のケアの経験をめぐる研究においては、女性はケア責任を引き受けながらも、「ケア＝女性の責任」という言説を問題化したり、批判的に解釈していることが示されている。その意味で、女性の解釈実践は「ジェンダー・ハビトゥス」に規定されているわけではない。また「ケア＝女性の責任」という言説を批判的に解釈していても、代替的なケア資源が入手できない限り、女性はケア責任を引き受け続ける。つまり、資源配分構造は女性の選択の物質的制約となって性別分業を再生産しているのであり、性別分業の再生産を言説構造のみによって説明することはできない。

加えて、女性が労働市場のケア労働に就くのは、「ジェンダー規則」や「ジェンダー・ハビトゥス」に従っているためである、という説明も見直される必要がある。女性を「ケア能力」から評価する「ジェンダー化された評価構造」のもとで、労働市場のケア労働に参入することは、女性にとっては、「女性」として評価されるだけでなく、「私という個人」の能力を評価するものとして意味づけられる。その意味で女性性を再演する実践とは、女性が既存の言説を利用することをとおして、自己の社会的位置の確立を試みる能動的実践として位置づけることができる。

残された課題——家庭のケア労働配分をめぐる交渉実践

本章で考察してきたように、女性がケアを引き受け続けていることは、「ケア＝女性の責任」という言説に女性が無批判に従っていることを意味しない。ケア労働から満足できない、ケア役割からの疎外という女性の経験は、社会変動にとって重要な契機となってきた。ベティ・フリーダン（Friedan［1968］）が一九五〇年代末のアメリカの主婦の空虚さを「名前のない問題」として以来、社会が女性に求める役割に同一化できない女性のいらだちや不安感はフェミニズムの分析課題であると同時に、フェミニズムの源泉であった。主婦役割や子どもとの関係だけからは「自己の存在」を証明することができないという経験をとおして、家庭内において女性は自らを男性と異なる利益をもつカテゴリーであることを認識し始める。こうした女性たちの経験が第二波フェミニズムを巻き起こした。

そして、支配的言説への違和感や疎外という経験は、フェミニズムとはかかわりをもたない女性たちの抵抗の契機ともなる。田間泰子は、個人として話そうとしているのに、「○×ちゃんのお母さん」という扱いばかりを受けるなど、表象そのものが自己感覚にそぐわないという違和感、「疎外」の経験こそが、ジェンダー秩序が可視化される契機であると指摘する（田間［2001：11-12］）。またスケッグスも、規範的な「女性らしさ」と「自己」の間で葛藤する労働者階級の女性たちの実践とは、無意識で前反省的なものではなく、批判的で注意深いものだと指摘する（Skeggs［2004：25］）。ギリガンやアンガーソンの研究に共通して登場する女性の声も、支配的な女性らしさをめぐる言説と、自分らしくあることのあいだでの葛藤を表している。これらの議論にみられるのは、カテゴリー（言説）の境界において「私は何者か」を問う反省的行為者である。このような既存の言説に対する女性の批判的な解釈実践は、現状の性別分業を変える変動志向の実践をうみだすと考えられる。こうした点から次章では、ケア労働の配分をめぐる夫婦間の交渉についての研究を参照しながら、性別分業を変動させる女性の交渉実践について考察する。

労働市場における交渉実践

労働市場の性別職域分離をめぐって、第二章ではパートタイム労働が既婚女性にとって都合のよい働き方となることを指摘した。一方で本章では、（パートタイム労働であるかどうかにかかわらず）、女性の能力を男性の能力と同等に評価しない「ジェンダー化された評価構造」のもとで、女性は「ケア能力」を自己の資本としてケアワークに参入するという点を明らかにした。以上の説明は、ボランティアなどインフォーマル・セクターのケアや、看護職や保育士などの専門化されたケア労働に、女性が参入する理由の説明ともなる。しかし次章で検討するように家庭内での交渉実践をとおして、女性が家庭における役割や位置を変更させているのだとしたら、労働市場のケア労働においても同様の交渉実践がおこなわれていると考えられる。ケア労働市場における女性の交渉実践について、第五章で検討していきたい。

注

(1)母親が自分と同じ抑圧を経験させないよう娘を社会化させるという側面を無視することはできない。コリンズやグロリア・ゲイルスは、黒人の母親は白人中心社会で将来、黒人の女として娘が直面するであろう抑圧を心配し、娘を受動的ではなく、自立的な人間に社会化させようとすると述べる(Collins［1995 : 125］; Groloria［1984 : 12］)。

(2)チョドロウは「(父親やおとこたちの失敗を無視したり、あるいは理想化さえしようとして)合理的な決定をロマンティックにする」女性の能力は、「男性への経済的依存に対する情動的なイデオロギー的反応」(Chodorow［1978 = 1981 : 298］)であるとする。同様の論理で女性の関係能力も、男性への経済的依存や女性の劣位に対する「反応」とみなすのが適切ではないだろうか。

(3)日本語翻訳版(1986)では、care は「思いやり」「心くばり」として訳されている。本書では、引用以外では「ケア」に統一する。

(4)ギリガンの分析において「道徳 moral」と「倫理 ethic」は厳密に区別されていない。本書では、道徳発達理論の説明において「道徳」の概念を使うが、それ以外では「倫理」を使う。

（5）ギリガンの研究は「大学生に関する研究調査」「妊娠中絶の決定に関する研究」「権利と責任に関する研究」、三つの調査研究からなる。ギリガンはどの面接でも「自己と道徳性についての考え方、および葛藤と選択の経験に関する質問」（Gilligan［1982＝1986：xiv］）をしたとしている。

（6）ギリガンは「権利と責任に関する研究」では、年齢、知能、学歴、社会階級が共通している合計一四四人の男女の標本を選び、九つのライフサイクルのステージに分けた分析をおこなったとしているが（Gilligan［1982＝1986：15］）、同書の記述で実際に男女の比較がなされているのは共に十一歳のエイミーとジェイクの語りだけである。

（7）女性が男性と同じように語ることができない「社会的位置」にいることを、ギリガンも気づいている。ギリガンによれば、心理学者が女性の声を聞く際に経験する困難は、女性は、他人を傷つけまいとする思いから沈黙しているだけでなく、「しゃべると彼女の声が聞き入れられなくなってしまうという恐れによって沈黙している」（Gilligan［1982＝1986：86］）ことによって生じる。このことは、『もうひとつの声』の第二章の「ハインツのジレンマ」におけるジジェクとエイミーの面接官とのやりとりのなかにより明確にみてとることができる。エイミーは「責任を回避するようなあるいは自信がないような答え方」をするが、ギリガンの記述によれば、面接官がエイミーに対し「あなたの答えがよく聞こえなかったとか、あるいは正しくなかった」と質問を繰り返している。そして、エイミーはその過程で自分に対する自信を失い自己の要求を明確にしなくなっている（GIlligan［1982＝1986：46］）。

（8）さらに春日は女性の語りのなかの三つの象徴形態に注目する技術としてキャサリン・アンダーソンとディナ・ジャックの方法論をあげている（Anderson and Jack［1991］）。象徴形態の一つめは、対象者が支配的社会の基準に照らして自己を評価的に語るときに使用する「モラル・ランゲージ」（例えば自分は失敗者だとかずるい人間だなど）、二つめは、聞き取りの途中で相手が示すいいよどみや注釈やため息など、「言葉以外の表出 metastatement」、三つめは、話の一貫性やくい違いなど「語りの論理（logic）」である。春日が指摘する言説内部の矛盾を聞き分けることは重要な手段であると考えられる。しかしこのような聞き分けは、「語り」が置かれている「構造」を解釈しなければ十分なものとはならないであろう。たとえば、調査者と被調査者の位置関係、被調査者にとって語ることのメリット、デメリットは何かといった問題と照らし合わせることは、被調査者の「ため息」や「くい違い」の意味を解釈するために不可欠だと考えられる。

（9）またローレンス・ウォーカーは一九八四年の論文において、道徳発達をめぐる既存の実証研究から一〇八のサンプルを集め検証し、道徳における男女間の優劣は統計的には証明されていないとし、道徳的傾向の相違は、むしろ教育や職業の相違によって説明できると述べている（Walker［（1984 1993］）。ただしウォーカーの分析に対しても批判がある。Diana Baumrind, 1993,“Sex differences in moral reasoning: response to Walker、s conclusion that there are none” Mary Jeanne Larrabee ed., 177-192. を参照

（10）Kuhse［1997＝2004：134］からの引用である。

（11）これら女性研究者による「母親の経験」の言語化を試みる研究は、ギリガンの著作よりも以前に書かれていたが、ギリガンが導入した「正義対ケア」という二元論によって、「ケアの倫理」はパラダイムとして確立された。

（12）春日キスヨは育児疲労の要因と介護疲労の共通性として以下の四点をあげている（春日［2001：41］）。①労働と休息の区分が明確でない二四時間の継続労働、②機械化がまったく不可能なため、たえず生理的欲求や心理的反応をキャッチし続け、神経の休まる暇がないこと、③言語的コミュニケーションをはじめとする人間的コミュニケーションがほとんど役に立たず、新しいコミュニケーションの開発に苦労しなければならないこと、④行動を予測しにくいため、気を休める暇がないこと。これらは、

ケア倫理学のいう「ケアリング」の特徴と符合する。

(13) 倫理学者、川本隆史はギリガンの"ethic of care"に「世話の倫理」という訳語をあて、「ケアと正義」という章においてこのように紹介している。「女性の道徳性がこれまで低く評されてきたのも、『世話の倫理』にこだわり続ける女性たちの声を、『正義の倫理』に照準しているコールバーグ理論の物差しを使って測定したからに過ぎない」(川本［1995:68］)［強調引用者］。

(14) 要田は、母親に罪悪感と責任感をもたらす言説として、ダウン症の子どもを産んだ母に対する助産婦の「三十過ぎて、よう子ども産んだなあ」(要田［1999:21］)という言葉や、義理の姉の「そういう子どもは母親の責任なんだから、責任をとってほしい」(要田［1999:24］)という言葉をあげている。

(15) 母親の責任感は、子どもの福祉につながるとは限らない。ケアされる立場から母親の責任感の暴力性を告発したのが「青い芝の会」の横塚晃一の『母よ、殺すな』(横塚［1975］)である。横塚は「『本来あってはならない存在』をつくり出した責任を感じ」、「障害児に関する全てを一心に引き受けようとする」(横塚［1975:16–17］)親に依存している限り、障がい者は社会と親が内面化する差別意識に従属してしまうとして、親からの解放こそが、障がい者が自己を肯定していくために不可欠であると訴える。

(16) アンガーソンの聞き取り調査はイギリスの介護者を対象としたものであるが、アンガーソンは調査対象者が十九人と少なく、またサンプルの選定基準も明確ではないことから、自らの研究の科学的根拠に対して控えめに評価している。しかしアンガーソンの分析はギリガンと異なり、介護者の言説の多様性を明示し、また介護者の言説を解釈するために必要な(介護者が置かれた)「構造」(女性のライフサイクルや労働市場における地位などの物質的条件)に関する情報を提示し、アンガーソンの解釈の妥当性を読者に示している。

(17) アンガーソン(1987＝1999)の訳注によれば「ワークハウス」とは、イギリスの救貧法にもとづいて設置されていた主要施設で、当初、貧民の雇用によりその労働力の活用をはかり、また救貧事業の出費を軽減しようという目的で設置されたが、二十世紀に入る頃には入所者の福祉的処遇の要素が強まり、ワークハウスという名前は廃止された（Ungerson［1987＝1999：200］）。

(18)また家庭のケア労働者だけでなく、看護職や介護職にとっても「過剰な責任感」がバーンアウトにつながることが指摘されている。一対一のケアの関係におけるケア労働者の困難は、家庭においてのみおこるわけではない。介護において「個別ケア」をめざすユニットケアのケアワーカーも、「母親」同様の、ケア提供と自己犠牲との葛藤を経験している（上野他［2006］）。

(19)よって、ケアワーカーが直面するこの「責任の重さ」「負担」「ストレス」が言語化され、これらが軽減されるためのシステムが整備されれば、ケア労働を「感情労働」として論じる必要もないと筆者は考えている。

(20)その意味で、感情労働を労働者の「スキル」としてとらえることには慎重になるべきであろう。田中かず子は、「女性が多い対人サービス職で要請される感情労働のスキルは、低く評価されるか、全く評価の対象になっていない」とし、ケア労働における感情労働を職務評価に組み込むべきだと指摘する（田中［2008：107］）。しかし感情労働を「スキル」としてとらえることは、利用者との関係の悪化や適切なニーズの把握の失敗など「ケアの失敗」をケアワーカーが「単独で解決すべきものだとみなすこと」（三井［2006：17］）につながり、現場のケアワーカーの不安を増幅させることになると考えられる（山根［2009］）。

第四章　家庭における交渉実践と変動

――ケア労働の配分をめぐる交渉と権力

本章の課題

ここまで、女性の性別分業再生産実践（第二章）、言説に対する女性の批判的解釈実践（第三章）について考察してきた。男女賃金格差という資源配分構造と「女性の居場所は家庭である」とする言説構造のもとでは、稼ぎ手を獲得し家庭に入ることは、女性にとって経済的、言説的に有利な選択となる。一方で、女性が家庭においてケア責任を重視する理由を、ケアの価値に動機づけられた女性の自発的選択として理解することは適切ではない。女性にケア責任を求める他者の言説実践や代替的ケア資源がない状況では、女性はケア労働に負担を感じていてもケア責任を重視せざるをえない。そしてケア労働の負担やケア役割からの疎外といった経験は、女性が「ケア＝女性の責任」という言説を批判的に解釈する契機となっている。では構造に対する女性の批判的解釈実践は、性別分業の解消にどのようにつながっていくのだろうか。またどのような構造的条件において、女性は交渉実践をとおして家庭内のケア労働の配分を変更させることができるのだろうか。本章では、行為者が相互行為をとおして状況の改善を試みる「交渉実践」による性別分業の変動について考察してみたい。

また、女性の交渉を困難にするものとしてフェミニズムが共通して指摘してきたのが、家庭内の男性の権力である。ただし権力を規定する要因をめぐっては、論者によって異なる説明がなされてきた。マルクス主義フェミニズムは、経済資源の男女間格差が家庭での男性の権力行使を可能にしているとして、権力の「経済資源＝権力論」に依拠する。一方ラディカル・フェミニズムに立つ江原は、「ジェンダー・ハビトゥス」や「ジェンダー規則」にもとづく実践に権力関係が埋め込まれているとする「言説＝権力論」を提示している。この権力をめぐる対立はどのように乗りこえることができるだろうか。本章では言説や資源配分構造が、家庭における交渉実践とそれを制約する権力関係をどのように規定しているのかを考察することで、この問いについて考えていく。

1節では本書でとりあげた権力概念の争点を整理し、2節では家庭内のケア労働の分担の交渉をめぐる諸研究において、権力がいかに概念化されてきたのかを検討する。3節では育児の配分をめぐる「交渉実践」と「権力資源」のバリエーションについて、4節では交渉実践の過程での行為者の「意識」や「価値」の変化の可能性について、それぞれ考察する。5節では介護責任をめぐる交渉実践について検討する。

1　男女間の「権力」をめぐる理論的対立
――経済資源と言説

二つの権力モデル――「経済資源＝権力論」と「言説＝権力論」

本節ではまず、本書でとりあげた権力概念をめぐる争点について論点を整理してみたい。第二章でとりあげたマルクス主義フェミニズムは、家庭内の権力は経済資源によって規定されているという「経済資源＝権力論」に立つ。この議論によれば、資本制下の家族においては、より多くの経済資源を所有している男性が権力をもっているが、一方、女性が経済資源を獲得すれば、家庭内の男女の権力関係は変動していくとされる。また性別分業とは、男女の利益対立状況（男性による搾取）であり、女性の不利益の認知（「虚偽意識」からの解放）と自己利益の追求が、交渉と性別分業の変動の契機となるととらえられている。ハートマンによれば、「現代の妻たちは搾取されていることに気づき始めており、少なくともたくさんの子どもを育てることを拒否している」（Hartmann［1981：390］）。

しかしこの権力観は、経済資源をもった男性を「自覚的な搾取者」（Barrett［1980：217］）ととらえ、「権力」を男性が利益を追求する「意図的な行為」と定義している点から批判されてきた。もちろん、マルクス主義フェミニズムの「物質的基盤」の概念は、男性の意図があろうとなかろうと、女性支配を再生産する「構造」として位置づけられている。しかしマルクス主義フェミニズムは、「男性の権力」を「意図的な行為」以外のやり方で概念化することを試みてきたわけではない。

それに対し江原の権力論は、権力を支配者の「意図」と「強制」といった個人的な要素によって把握する「個人主義的な概念化」（江原［2001：384］）の乗りこえを試みるものであった。江原によれば個人主義的権力観の問題点は、第一に意図と結果（達成）の乖離を扱うことができないこと、第二に「強制」によらない権力の問題を扱うことができないことにある。

個人主義的な権力の概念化……では、「権力行使実践」と「権力行使の達成」を区別できなくなる。「強制」は達成された時にのみ「強制」となる。……また、こうした「強制」を中核においた「権力」の定義は、集合体の水準で生じる「権限」などの「権力」の定義と、矛盾してしまう。集合体の水準における「権限」は、組織成員が「強制」を感じることなく組織成員に課された義務に忠実に行為する時、最も大きくなる。（江原［2001：384-385］）

こうした問題意識から江原は、「権力」を「強制」とは独立に概念化したギデンズやブルデューに依拠して、社会的相互行為自体に「制度的な『権力』」（江原［2001：384］）が埋め込まれていることを理論化しようとした。江原によれば「自己が目的とする事態に向けて、他者の実践を積極的契機として動員する力」であるところの権力とは、ギデンズが指摘したように、社会的実践の不可欠な要件である（江原［2001：106-107］）。つまり、「ジェンダー規則」や「ジェンダー・ハビトゥス」にもとづいて、「自発的に行われる『ジェンダー秩序』にそった社会的実践」（江原［2001：386］）には「権力」が埋め込まれている。女性は命令や強制を受けると感じることなく進んで男性の言葉を聞き、それに沿った実践を行おうとするが、その結果、女性と男性は全く異なる「他者の社会的実践を動員できる力」を持つことになる（江原［2001:388］）。この「言説的権力」は、男性の「意図」や女性の「強制されている」という主観的経験とは独立に、（たとえ本人が抑圧を感じていなくとも）客観的に同定される権力であり、とくに親密な関係にある男女間の権力関係を説明するものとして説得力をもつものといえよう。

しかし江原の理論は、「ジェンダー秩序」に対する行為者の能動的実践を担保しない「言説構造決定論」をとっている点で問題がある。つまり、「権力」が「ジェンダー・ハビトゥス」にもとづく実践に埋め込まれているのだとすれば、男女間の実践において女性は（客観的な）不利益を被っていても、主観的には「不利益」には気づくことができず、性別分業を批判したり抑圧と認知することができない。しかし前章で考察したとおり、「ケア＝女性の責任」という言説への批判的解釈は、女性が現状のケア労働の配分を変える交渉実践の契機となると考えられる。何らかの自己の「不利益」の認知は、行為者が構造を変えていくために不可欠な要素といえる。

以上、「権力」概念をめぐるフェミニズムの理論的対立について確認した。マルクス主義フェミニズムは、権力の「経済資源＝権力論」をとり、資源配分の変動による権力関係の変化の可能性を論じるが、「意図」や「強制」といった要素から権力をとらえる「個人主義的権力」観への批判を十分におこなってこなかった。また、この「個人主義的権力」を批判した江原の「言説＝権力論」は、主観的権力経験や利益対立のない状況にも権力関係を見出す点で、家庭の男女間の権力関係を論じるのに有効であるが、女性の交渉実践や変動の可能性が担保されていない。このように権力関係の規定因（経済資源 or 言説）と変動可能性をめぐって、二つの理論は異なる説明をおこなってきた。

一方、家庭内のケア分担をめぐる交渉実践に関する実証研究では、「経済資源」による権力と「言説」に内在する権力は両者とも、家庭内のケア分担を決定する要素として言及されてきた。すなわち「経済資源＝権力論」も「言説＝権力論」も、どちらも理論的に優位ではあるわけではない。次に、家庭内の交渉実践をめぐる実証研究の知見をみてみよう。

2 権力資源と権力作用の多様性

「資源」と「権力」

ケア分担をめぐる家庭内の対立や交渉が分析されるようになったのは、性別分業をめぐる規範が弱まってきたからだと考えられる。しかし家庭内の対立や権力への注目は決して新しいものではない。家庭内の交渉をめぐる研究の嚆矢といわれるロバート・ブラッドとドナルド・ウルフによる「夫婦の権力関係の資源論」が提示されたのは一九六〇年代である（Blood and Wolfe［1960］）。ブラッドとウルフによれば家庭内の労働の配分は、夫婦の収入、教育、地位などの資源によって決められており、より大きな権力資源を有するものは家庭内での労働を免れることができる。またブラッドとウルフの研究から発展した「相対的資源論」によると、資源としてあげられるさまざまな指標のなかで、収入を指標とした結果がもっとも一貫しており、夫と妻の収入の開きが小さいほど家事の配分は平等に近づくとされている（岩井・稲葉［2000：196］）[1]。これらの研究では、権力とは「資源の配分（構造）に規定された交渉力の違い」であり、女性の資源の獲得が交渉力につながることが示されている。その点で、男女の実践には

「言説的権力」が埋め込まれているとする江原流権力観は反証されている。少なくともジェンダーをめぐる「言説」は、ケア労働の配分交渉をめぐるすべての実践を規定しているわけではない。

「ジェンダー・イデオロギー」としての「権力」——権力作用の多様性

このように資源と家庭内の権力の相関関係は実証されている。しかし、この資源論の枠組では、性別分業が行為者にとって自明のものではなく、家庭内には何らかの対立と不満があることが前提とされている。ゆえに、ケア労働の配分をめぐって男女間に交渉がなく、また女性がケア分担に不利益を感じていない状況における権力の作用を説明するものではない。こうした隘路を脱すべく、行為者が自明のものとしてみなしている「ジェンダー・イデオロギー」の作用にも「権力」を見出したのが、アーフケ・コムターである（Komter [1989]）。コムターは権力を、①顕在的な対立として表れる「顕在的権力 manifest power」、②対立が表面化するのを回避させるように作用する「潜在的権力 latent power」、③不満を顕在化させないように働く「不可視権力 invisible power」に分け、③をジェンダー・イデオロギーの作用としてとらえた。この枠組では「顕在的権力」は観察可能な対立によって、「潜在的権力」は女性の不満によって同定される。一方「不可視的権力」は、対立や行為者の主観的不満ではなく、行為者の選択が研究者からみて「客観的利益」に反する行為選択であることによって「権力」として同定される。

このコムターの権力の分類を、本章でとりあげた権力をめぐる論点に照らして整理してみよう。まず①「顕在的権力」とは、「意図」や「強制」といった要素で権力を概念化する「個人主義的権力」と合致する。②の「潜在的権力」とは、AがBとの二者の関係に不満を持ちながらも対立を抑え込むときのBの権力をさすもので、たとえば夫にケア労働を頼んでも、夫が応じないであろうということを予期して妻がケア労働を引き受ける実践における権力を指す。「潜在的権力」は一方の主観によって構成される他方の「権威」を説明するものといえる。③「ジェンダー・イデオロギー」の作用である「不可視的権力」の概念によれば、女性が性別分業を自明のものとみなしているときにも権力は作用している。コムターが「不可視的権力」について述べるとき依拠するのは、スティーブン・ルークスの「三次元的権力」の概念である（Lukes［1974］）②。ルークスの三次元的権力とは、規範的、象徴的な権力であり、誰かが自分の客観的な利益に反することを強制されるたびに、権力は行使されていることを指す。これは言説（ジェンダー秩序）にもとづく実践に権力を見出す江原の権力論と符合する。たとえば女性が自分だけがケア労働を担うことに不満をもたない場合や、夫の仕事とキャリアのほうが自分の仕事より重要であると考え、妻が仕事を辞める場合にも「権力」は作用している。このようにコムターの議論は、個々のケースによって多様な権力作用があることを説明したものであり、その点で「強制」という「権力」も、言説構造（イデオロギー）に内在する権力も含む「権力の多様性」を示したものといえる。

しかしコムターの権力概念にも問題がある。第一にコムターは、権力を男性に属するものとしてとらえており、女性の「交渉力」を権力の説明に組み込んでいない。コムターは、女性も不平等なケア分担を変えるために、夫に制裁を与えたり、夫の変化を待つ、などの「戦略」をとっていると分析する（Komter［1989：203-207］）。また、実際に夫に対する交渉をとおして、納得のいく結果をもたらすことができた女性もいると指摘する（Komter［1989：199］）。それにもかかわらずコムターの議論では、「顕在的能力」も「潜在的能力」も、女性の要求を無視したり、不満を抑え込ませる男性側の権力として説明されており、権力は一方向的なものとして位置づけられている（Komter［1989：212］）。

またコムターの「不可視的権力」は、「イデオロギー」だけでなく、夫婦の収入格差などの家庭外の構造的条件によっても規定されるとも指摘される（三具［2007］）。本書にとってこの指摘は重要である。労働市場で賃金がより低い女性が家庭の労働を担うという「経済合理性」の論理や、また労働時間（フルタイム労働かパートタイム労働か）に規定される「時間資源」の配分によって、家庭内の分業のあり方が変わってくるのは、当然である。つまり、労働市場の構造は、家庭の実践を規定する構造でもある。家庭内の権力関係とケア労働の配分は、ジェンダーをめぐる「言説」「経済資源」「時間資源」の配分など複数の構造との関連から考察する必要がある。

実践の多様性――「権力」「ジェンダー」「経済合理性」

ブラッドとウルフの交渉理論は、資源が交渉力を規定していることを明らかにするが、交渉のない状況における権力を論じることはできない。一方コムターは権力作用の多様性を指摘し、「不可視的権力」の概念によって対立や不満がない状況にも権力関係を見出すが、女性の交渉力を権力論に組み込んでいない。この隘路を乗りこえるべく、「権力資源」の概念によって男性、女性、双方の「交渉力」を説明し、また実践における「ジェンダー」の作用にも照準しているのが、スウェーデンの社会学者ユーラン・アーネとクリスティーン・ロマーンの研究である（Arne and Roman［1997＝2001］）。この研究の出発点は、ケア労働の配分は「夫妻（サムボ）の一方の利益がもう一方の利益に抑えつけられた」ことによって決定されているとする権力関係への認識にある。彼女たちは「権力」を「二者関係において一方に権力資源へのアクセスがより多くあることから、自分の思いを通せる可能性をより多くもつということ」（Arne and Roman［1997 = 2001 : 24］）と定義し、権力の源となる「資源」を「経済的資源」「規範的資源」「身体的資源」に分け、それぞれの権力の作用を以下のように説明する（Arne and Roman［1997 = 2001 : 24-30］）。

①「規範的権力」（意識）
ジェンダーにもとづく支配的価値に依拠して相手の意識や考え方を変えること

②「経済的権力」（状況）
経済的資源によって相手の交渉手段や状況を変えること、相手を罰するという明白な脅し、報酬的な発言やほのめかし

③「身体的権力」（身体）
身体的な暴力（ほとんど男性の権力手段に限られている）

アーネとロマーンは、カップル間においてこれらの「権力」はコムターのいう「顕在的権力」や「潜在的権力」として作用すると述べる。一方で「主観的権力経験」のない「不可視的権力」のメカニズムに関して論じるのはかなり困難であるとし、その代わりに「経済合理性」や「ジェンダー」の概念を用いる。これらは以下のような点で、家庭内のケア労働の配分を規定している。

表4-1　アーネとロマーンによる交渉実践の多様性

構造＼実践	権力実践	非権力実践
ジェンダーをめぐる言説（ケア＝女性の責任）	規範的権力	ジェンダー
経済資源の配分（男女賃金格差）	経済的権力	経済合理性
身体的資源	身体的暴力	

性別分業の「経済合理性」を明快に説明したのが、人的資本論で有名な経済学者ゲイリー・ベッカーの議論である。ベッカーによれば性別分業とは、家庭において生産性の高いほう（妻）が、経済的に養ってくれる人（夫）を雇い、また労働市場の生産性の高いほう（夫）が家事を提供してくれる人（妻）を雇うという「経済合理的な選択」である（Becker［1974］）。アーネとロマーンは、ベッカーの議論は、労働市場の女性の低賃金が家庭内のケア労働の配分を規定していることを適切に説明していると評価する。一方で女性が家庭の労働に専念することで離婚に際して女性が被る経済的損失をみておらず、長期的合理性という点からみると、性別分業は夫と妻にとって同様に合理的な選択ではないことを説明していない点が問題であると指摘する（Arne and Roman［1997＝2001：19］）。

次に「ジェンダー」という変数の重要性を指摘したものとして、女性の家事の遂行をジェンダー・アイデンティティの確立という点から理解したサラ・フェンスタメイカー（Fenstermaker［1985］）の研究がある。アーネとロマーンによれば、この研究の意義は、女性が家事をすることでジェンダー・アイデンティティを肯定的に確認していくことや、男性がこのような仕事を嫌がることで、「女らしさ」「男らしさ」という言説＝「ジェンダー」が生産されていること明らかにしている点にある（Arne and Roman［1997＝2001：

22–23]）。

アーネとロマーンは以上の「経済合理性」「ジェンダー」を、「権力」と並んで家庭内のケア分担を規定する変数として位置づける。しかし、「経済合理性」と「ジェンダー」は、双方とも家庭内に「利益の不一致」があることを説明する枠組になっていない。アーネとロマーンは以上の認識から、家庭内に協力体制があったとしても利害の不一致があることを明らかにするために、「経済合理性」「ジェンダー」とは別に「権力」概念が必要だとする。「権力実践」と「非権力実践」を切り離し、家庭内の交渉実践の多様性を示したこの枠組は、本書の「資源配分構造」「言説構造」「実践」の概念と表4－1のように対応する。

3　交渉実践のバリエーション

——育児をめぐる交渉実践1

再生産される不平等なケア分担

アーネとロマーンは上述の分析枠組を用いて、スウェーデンで家庭内の家事の分業、育児（両親）休業取得、金銭の管理をテーマに量的調査と質的調査をおこなっている(3)。周知のとおりスウェーデンは女性の就労選好度が高く、家族福祉政策が充実した「男性稼ぎ手モデル」からもっとも脱却した国とされている。その意味でスウェーデンの先進事例は、マクロな社会政策がジェンダー関係にいかなる変化を与えるのか、その限界はどこにあるのかといった社会工学的な知見をもたらす。スウェーデンでは一九七〇年代に、夫婦別姓、保育所の整備、育児休業と親保険の整備がおこなわれ、一九九五年から夫の育児休業が義務づけられている。[4] その点で男性が育児するための「時間資源」が制度的に担保されており、育児の配分をめぐって交渉が可能な条件がある。また女性の就労率は、一九九八年で七五・五％とOECD各国のなかでもっとも高く、[5] 言説のレベルでも男女平等が理念として浸透しており、男女とも八割強が夫妻は家庭と子どもの責任を平等に分担すべきであると考えているとされる（Arne and Roman［1997＝2001：241］）。

しかしこの調査をとおしてアーネとロマーンは、男女平等が進んだスウェーデン社会においても、夫婦間の不平等なケア労働の配分がつづいていることを明らかにした。夫婦間で平等に家事を分担しているのは全体の一割強に満たず、とくに子どもがいる家庭においては圧倒的に女性の家事分担が多く、三分の二の家族で女性がすべての育児休業を取得している。また育児休業後パートタイム勤務につく女性が多く、既婚女性のフルタイム労働者は、子どもがいない女性では六七％をしめるが、幼児がいる女性では二四％に満たない。そして育児休業をもっぱら女性がとることによって、出産を機に女性の家事分担が増大し、男性がケア労働を免れる不平等な分業へと移行する。このようにスウェーデンは育児休業制度のおかげで女性が生涯を通じて就労を継続でき、女性の年齢別労働力率も台形を描いているが、いわば育児休業取得をとおした女性のM字型就労とケアの不平等な分業がおこっている。

一方で夫婦間の分業の仕方は多様化しており、そのパターンは四つに分けられる。料理・洗濯・掃除の三大家事のうち、すべてを平等に分担している「平等タイプ」（十三％）、二つは平等に分担している「準平等タイプ」（二四％）、ひとつだけ男女でシェアしている「伝統タイプ」（三六％）、男性が掃除または料理を少し貢献しているがほとんど妻がおこなう「家父長タイプ」(二七%)という分布になる。アーネとロマーンはこのケア労働の配分と、育児休業の取得をめぐる決定要因を、先の「権力」「ジェンダー」「経済合理性」の概念によって以下のように説明する。

女性の権力資源――明らかな交渉における経済的権力

まず女性の経済資源と地位が女性の交渉力をあげることが指摘されている。量的調査では、女性が高い社会的地位にある場合には、男性の社会的地位に関係なくある程度平等性が高くなること、男性の教育レベルにかかわらず、妻の教育レベルが高いと男性が最低一ヶ月の育児休業をとるのが一般的であることが示されている(Arne and Roman [1997 = 2001:47-48, 94])。

またインタビュー調査では、夫と同程度の収入を得ている妻が、夫に育児休業取得を要求し、夫がそれに従ったケースがとりあげられている。アーネとロマーンによれば、その夫は、育児は「分担するものだ」という妻の要求に対し、妻の収入は彼とほぼ同じでしかも等しく重要な仕事をしていたので「同意するしかなかった」と述べている(Arne and Roman [1997 = 2001:114-116])。アーネとロマーンは女性が育児休業を夫と分担したいとすれば、社会的・経済的地位が夫と同等な場合の方が、女性の言い分がとおりやすいと分析する。(6)

男性の権力資源――不明瞭な交渉における規範的権力

男性の権力をめぐっては以下のような分析がなされている。アーネとロマーンは、夫の育児休業の取得を望んでいたが、そのことに「彼がまったく同意していない」と気づいたので、夫の態度を尊重したとする妻の語りに夫の「規範的権力」の作用を見出す。その女性は「彼は自分がいい仕事についているという実感をもっていないとだめなんです……私は、そういう感覚を自分よりも彼がもつことの方が重要だと感じているんです。彼のために」（Arne and Roman［1997＝2001:104］）と述べている。このように女性が、男性に育児休業をとるように強制できないと感じ、無意識のうちに夫のニーズを優先させる場合、夫の「規範的権力」が作用している。これは江原のいう「ジェンダー規則」に規定された実践といえる。アーネとロマーンによれば、一般に男性は女性が子どもの面倒をよくみることをあてにしており、「もし男性が子どもの世話をする責任をとりたがらない場合、女性には選択の余地がない」（Arne and Roman［1997＝2001:246］）。ここで男性の「規範的権力」とは、ケアをしないことを正当化する交渉力のことを表している。(7)

「ジェンダー」（父性、母性をめぐる観念）――「言説」に規定された「非権力実践」

次にアーネとロマーンは、「ジェンダー」もケア労働配分を決める重要な要素であるとして、「子どもが小さい間、母親は家にいるべき」という主張に、女性の六割と男性の七割が「まったく賛成」「ほぼ賛成」と回答しているというデータをあげている（Arne and Roman［1997＝2001:94-97］）。(8)インタビュー調査では、夫婦間の話し合いをへることなく、女性が育児休業を取得することが決められたケースが、「ジェンダー」の作用として解釈されている。その例として「私は最初の一年は母乳で育てるつもりですので、私が家にいるのが最も自然であると考えています……最初はそういうものですから。生物学的にそうなっているのです」(Arne and Roman [1997 = 2001:96]) と語る女性の言葉があげられている。また、女性がフルタイムで働いている場合にも育児は自分の義務だととらえていることや、女性の「仕事志向」は男性と同じように強いにもかかわらず、男性ではなく女性が育児休業をとることは、男女の「アイデンティティ」の違いと分析される(Arne and Roman [1997 = 2001:108-109])。このように「ジェンダー」の作用は、ケア労働の配分をめぐって、「明らかな交渉」や「女性の不満」のない実践に見出されている。特にアーネとロマーンは、育児休業取得をめぐっては「ジェンダー」の作用を強調しており、女性が主に育児休業をとるのは「男性によって強制されている」からではなく「女性の内面化された規範や願望によることが大きい」(Arne and Roman [1997 = 2001:247]) と結論づけている。この分析にもとづけば、男性の育児休業を増加させるためにはまず、女性の意識や価値の変換が必要ということになる。

経済合理性——「資源配分」に規定された「非権力実践」

ケア労働配分の決定における「経済合理性」の作用は、低所得の父親は平均して最も長い育児休業を取得しており、高所得の母親は中所得の母親と比べて取得休業日数が少なくなっているというデータから、明らかにされている(Arne and Roman [1997 = 2001:110])。

またインタビュー調査でも、経済合理性は育児休業を誰がどれだけとるのかを決定する一要因になっており、男女の収入差が現状のパターンを強化しているとされる。その根拠として「彼の方が労働時間を七十五%まで減らしてパートタイムで働くとか、週に一日休みをとるということもできたでしょうね。

ただ、彼の収入の方が多いから……給料が多い方が働かないと」（Arne and Roman［1997 = 2001 : 113］）という女性の言葉が引用されている。この分析によれば、労働市場の男女賃金格差という資源配分構造は、「権力」とは異なるかたちで家庭の性別分業のあり方に影響を与えている。

「権力」と「非権力実践」の区別

以上みてきたようにアーネとロマーンは、権力資源の概念によって男女の相対的な交渉力を検討し、女性が経済資源をもつことでケア労働の配分を平等にできることを明らかにしている（女性の権力）。一方で女性が経済資源をもたない場合、経済資源や規範的資源をもつ男性にケアを引き受けさせることは難しいと指摘する（男性の権力）。また彼女たちは、権力ではなく「ジェンダー」や「経済合理性」がケア労働配分の決定因になっているケース（非権力実践）があると指摘する。

このようにアーネとロマーンは、ある男女の実践には「経済的権力」が作用し、ほかの男女の実践には「ジェンダー」が作用しているとして、権力と交渉実践のバリエーションを明らかにする。またインタビュー調査においてこのバリエーションは、被調査者が語った言葉を根拠にして区別されている。たとえば「私が家にいたかったのです」という妻の言葉は「ジェンダー」の作用、「賃金が高いほうが働かないと」という男性や女性の言葉は「経済合理性」の作用という風に。この説明にもとづけば、ある女性たちは経済資源によりケア労働の配分を平等化させ、またある女性たちは母性愛規範としての「ジェンダー」によってケアを自発的に引き受けている。

しかしアーネとロマーンの分析をよくみると、ひとつのカップルの実践においても「権力」「ジェンダー」「経済合理性」の境界は非常に曖昧である。たとえば「いいえ、僕は『子どもと家にいる』なんていうタイプではありません。子どもをすごくほしいと思ったことはありませんから」（Arne and Roman［1997＝2001：95］）という夫の言葉を、彼女たちは「ジェンダー」の作用として解釈している。しかしこの夫の言葉は「育児休業はとらない」ことを正当化する「不可視的権力」の行使であるとも読み取れる。なぜなら、この夫の主張を聞いた妻は「夫が育児休業をとるという可能性はない」のだから、「ケア責任は当然自分にある」と判断するかもしれないからだ。

また「経済合理性」と男性の「経済的権力」の境界も曖昧である。アーネとロマーンの分析には、男性の「経済合理性」の主張を「権力」として感じている女性の声がとりあげられている。

父親の育児休業についても話し合いました……でも、彼は営業マンですから、あまりにも経済的損失が大きすぎるということで納得しました。……それから、なんとなく、いいえ、私が前に言ったようなことです。彼は、休業をとりたくないというのが本音だと感じたのです。お金だけの問題ではありません。（Arne and Roman［1997＝2001：113］）

この女性の夫は、育児休業をとりたくないために「経済合理性」というロジックによって、「育児休業をとるのは妻である」という主張を正当化したとも解釈できる。そしてこの女性は、ある時点で自分がケアを引き受けることに納得したものの、事後的にその選択がもたらした「不利益」を認知しはじめたようにもみえる。

このように「男性＝育児休業をとらない」というジェンダーをめぐる言説も、性別分業を「経済合理的」にする資源配分構造も、男性の権力となりうる。(9) だとしたら「話し合い」という「明らかな交渉」のない実践における女性の自発的選択も、このような構造的条件や男性の潜在的権力によってうみだされた可能性がある。その点で、顕在的権力（対立）や潜在的権力（女性の不満）と、非権力実践（「ジェンダー」もしくは「経済合理性」）を区別するアーネとロマーンの分析は困難を抱えている。

もちろんある時点で、母性愛規範や「ケア＝女性の責任」という言説を自明視しており、また夫に育児休業をとってもらいたくないと考えている女性がいることは確かであろう。問題はアーネとロマーンが、ケア労働の配分をめぐって明らかな交渉がなく、女性に不満がないことを、「女性の内面化された規範」という「女性の自発性」として解釈している点にある。(10) この論理では、ケア労働の配分をめぐる交渉が起こるか否か（そして権力関係が生じるか否か）は、女性の「選好」次第ということになる。しかし「子どもが小さい間は母親が家にいるべき」という言説は、女性の賃金の低さという（ときに満足できない）資源配分構造や、男性の職場の雰囲気や男性の態度に対する「見えない交渉」の結果、受容されているかもしれない。女性の低賃金という経済資源の配分は、「明らかな交渉」における権力を規定するだけでなく、「言説」の自明性を担保するものとして作用している。このことは経済資源をもった女性たちが「ケア＝女性の責任」という自明視されていた言説を批判的にとらえ「明らかな交渉」を挑んでいる、という分析とも一致する。また、第二章で検討したように「稼ぎ手がいる」という条件が、「家にいたい、いるべき」という女性の意識をつくりだしているともいえる。(11) このようにアーネとロマーンの分析は、実践の多様性、また女性間の意識の多様性を明らかにしうるが、どのような構造的条件によってその意識がつくられているのかを明らかにしうるものではない。

4　交渉実践における意識と利益の変容
――育児をめぐる交渉実践2

前節では、資源配分構造や言説構造は、明らかな交渉だけではなく、見えない交渉をとおした女性の意識の形成にも影響を与えていることを考察してきた。ではいかなる構造的条件によって、交渉実践を規定する女性の意識がつくられているのか。このことをより明らかにするために、本節ではカップル間の交渉の変化の過程を分析している船橋恵子の研究をとりあげたい（船橋［2006］）。船橋は、育児をめぐるジェンダー・ポリティクスをよみとくための問いとして、①育児を通じて男女の不平等を生み出していく家族内在的なからくりは何か、②育児に係わる社会制度はジェンダー秩序とどのような関係にあるか、③マクロな社会政策とミクロな家族戦略はどのような関係にあるか、の三つをあげる（船橋［2006:2］）。このような視点から船橋は、日本、フランス、スウェーデン三ケ国の計四七カップルに対するインタビュー調査をとおして、カップル間の実践を構造とのかかわりで把握し「ジェンダー秩序の変容可能性」を分析している（船橋［2006:33］）。

ジェンダー秩序に対する動的過程

まず船橋は育児をとりまく社会の枠組を検討するために、普遍的で比較可能な「共通の指標」を見出し、各国の変化の速度の違いを共通の指標で測るという「比較社会学的変動論」を展開している。「育児の社会化」「男性ケアラー化」という指標を用いて、先の三ヶ国にアメリカを加えた四ヶ国で測定すると、スウェーデン、フランス、アメリカ、日本という順で、日本がもっとも遅れている（舩橋［2006:36-38］）。(12) 一方で舩橋は、日本、フランス、スウェーデン、三ヶ国のカップルのケア分担のパターンには共通する四つの通文化的類型が見いだせたとする。それは、ケアを夫婦で平等に担う「平等主義タイプ」、男性が稼ぎ手から降りて育児を担う「役割逆転タイプ」、賃労働と育児を女性が担う「女性の二重役割タイプ」、稼ぎ手である夫が育児にも参加する「男性の二重役割タイプ」である（舩橋［2006:74］）。アーネとロマーンや舩橋が分析する家族間のケア分担のあり方の多様化は、一九九〇年代以降の日本や先進国において共通して見出される現象だといえる。

しかしこの研究がアーネとロマーンの分析と異なるのは、舩橋は上記の類型を用いて、カップル間の実践の多様性だけでなく、時間軸でみたひとつのカップル実践の変化の過程を説明していることだ。舩橋によれば、上述の四つのタイプのどれにも、江原の「男性は活動の主体」「女性は他者の活動を手助けする存在」という「ジェンダー秩序」のベクトルが偏在する（舩橋［2006:75］）。しかし舩橋が照準するのは、江原のジェンダー秩序論のような「静的な秩序」ではなく、実践の過程で行為者が「ジェンダー秩序」のベクトルに流されたり、抗してふるまう動的な過程である。たとえば舩橋は、あるカップルについて「妻が育児休業中にインタビューしたため『女性の二重役割』タイプの色彩が強かったが、復職すれば『平等主義』タイプへと移行していく可能性を含んでいる」（舩橋［2006:157］）と分析する。こうした「タイプ間の移行可能性」をめぐる分析は、どのような構造的な要因によって女性がケア労働の配分を自明視したり、問題化したりするのかを明らかにするものと考えられる。以下で、船橋の分析を具体的にみてみよう。

女性の利益と主観的権力経験の変容

船橋は妻の交渉による「女性の二重役割」から「平等タイプ」への移行ケースとして以下のような日本の夫婦の事例をとりあげている（船橋［2006：159-161］）。

①妻はもともと「腰掛けで仕事をして子どもが産まれたらパッと会社をやめて思い切り手間暇かけて育てる」「専業主婦」志向であり、夫は、家事は妻任せで「部屋の片付けもろくにしない」状態だった。

②マンションを購入し家のローンが生じたという経済的状況の変化を機に、「腰掛け」から「長期勤続」へと労働意識が変わり、家事に偏りがあることを問題化するようになった。

③第一子出産後、妻が育児休業をとり一年間は半日勤務の形で職場復帰した。夫は「家に主婦がいると『あと少し』とずるずる残業してしまう。帰ると疲れていてあまり家事をしない」状態であった。妻は「無性に腹が立つ。でもそれをうまく伝えられない」と感じていた。

④妻のフルタイム復帰がこの状況を一変させた。「いやおうなしに」「強制的な分担」がはじまり「一人前に稼いでいるという自信」もうまれた。さらに第二子出産時には夫が育児休業をとったことで「役割逆転」を経験し、妻は「夫の仕事を神聖視」しなくなり「男性と同等の職業意識」をもつよ

うになった。

この事例では、妻は①「片働き・専業主婦志向」→②「共働き・長期勤続志向」→③「育児休業＝抱え込みと不満」→④「主婦役割呪縛からの解放」、夫は①「妻にまかせっきり」→②「妻にまかせっきり」→③第一子の誕生後「後ろめたさ」→④「役割逆転」以後「平等志向」と、意識を変化させている。妻は当初、自己の「不利益」と考えていなかった不平等なケア労働配分を、「長期勤続志向」への転換を機に、不当であり不利益ととらえるようになる。この妻は「ケア役割アイデンティティ」「稼ぎ手アイデンティティ」のどちらかを内面化しているわけではなく、構造的条件によって意識を変える「一貫性のない自己」である。すなわちこの女性の実践過程では、「女性＝他者の活動を手助けする存在」という「ジェンダー」をめぐる言説はいったん受容された後、批判的に解釈されるようになっていく。

さらに舩橋は、コムターの概念を用いてこのカップルの実践の変遷を「不可視的権力」が「顕在的権力」へと移行していく過程として分析する。

〈当初は〉「世間並み」に妻が育休をとったり「人並みに」夫は仕事にのめり込んでいた。つまり世間の常識という〈不可視的権力〉が作動して、二人は当たり前のように性別役割分業に嵌っていた。しかし相互の要請により、妻の就業意識が変わり、夫の家事意識が変わった。そして共に働き、家事・育児をシェアするという合意は生まれたが、まだ〈隠れた権力〉が作動していて、夫の仕事が妻のそれより尊重されたり、家事に対する夫の実行力が伴わなかったりした。しかしさらに夫の育児休業という「役割逆転」を経験するなかで、仕事に対する妻の意識も、家庭責任に対する夫の意識も、一段とラディカルに変化し、両方とも仕事と家庭の折り合いを本気でつけるようになった。問題が〈明らかな権力〉として見えるようになり、相互に交渉することが可能になった。（船橋［2006:166］）

この説明によれば、男性、女性のケア労働への意味づけの変化によって、夫婦間に作動する権力も変わっていく。当初「ジェンダー」が自明視されていたが、妻の側が性別分業に「不利益」を感じたことでケア労働の配分をめぐる交渉がおこなわれ、「権力」が顕在化した。この分析からは、女性の「主観的権力経験」も時間的過程のなかで変わっていくことがわかる。自ら「望ましい」と判断し選択した行為が、事後的に「不利益」な選択や権力関係によって生みだされた選択として認知される。「対立」や「不満」がなくても作動している「不可視的権力」の概念は、このような時間的過程における反省によって同定されることで、より明確に理解することができる。

さらに「タイプ間の移行可能性」を探る船橋の分析は、ケア労働配分の交渉実践をめぐって、以下の点を明らかにしている。

「ジェンダー」を自明視させる構造的条件

船橋の議論は、行為者の価値の変化を明らかにすることで、行為者が支配的なジェンダー言説を自明視したり、正当化する構造的要因を分節化している。上述の夫婦の意識の変化の過程は、それまで何が「ケア＝女性の責任」という「ジェンダー」を自明視させてきたのかを逆照射する。まず妻がフルタイムの職についていなければ、妻は家事の不平等を認識することもなかったし、夫の「妻にまかせっきり」意識は変わることはなかった。また夫の育児休業取得が可能でなければ、妻の「主婦役割呪縛」からの解放も、夫の平等意識への移行もおきなかった。そして共働きを可能にする保育という「ケア資源」も必要であった。逆にいえば、妻がパートタイム労働に就いており、夫の育児休業取得が不可能で、保育サービスが利用できなければ、この妻にとってケア責任は「仕方のないこと」であり、ケア労働配分に不満を抱くことはなかったかもしれない。そして妻がパートタイム労働に就いており、男性の育児休業が制度化されていなければ、夫はケアから免責され続けていたと考えられる。

女性の交渉力と時間資源の配分

また舩橋によれば、女性から男性への「明らかな交渉」が成功するかどうかは、女性のもつ経済資源だけに規定されているわけではない。舩橋は、妻が専業主婦であっても夫が育児に参加する「男性の二重負担」タイプになる条件として以下の項目をあげる。①夫の家事・育児技能、②夫の時間的ゆとりや職場の拘束がゆるやかで柔軟な勤務形態が可能かどうかなど「夫の職場の制約」、③「いらいらした態度」「ケンカしたり」といった妻からの交渉である（舩橋［2006:150］）。舩橋によれば、③の「ケンカ」の例にあるように、経済資源をもたない専業主婦であっても夫の意識や行為を変える交渉力をもつことができる。しかし交渉を成功させるためにより重要な要件は、②夫の職場の拘束や勤務形態であろう(13)。女性がケアを引き受けるように交渉しても、男性の職場の時間的拘束が長ければ、その交渉が成功することは難しい。ケアをめぐる交渉力は、ケンカにおいて用いられる「多様な言説」や、男性の「時間資源」にも規定されているのであり、経済資源だけに決定されているわけではない。他方、職場の労働時間を見直し、ワークライフバランスを保つ働き方を可能にすることは、女性の交渉力をあげることになる。ミクロな実践をとおしたケア労働配分の変容は、労働市場の時間資源配分にも依存している。

「ジェンダー」に対する男性の批判的解釈実践

最後に船橋のタイプ間移行の説明は、男性と女性の関係にも新たな論点を加える。船橋の分析では、妻だけでなく夫の価値も実践過程で変容し、家庭内の男女の利益対立状況がなくなっていくことが示されている。船橋は、育児休業だけでなく週末や子どもが病気のときだけでも夫がケア責任をもつ「役割逆転」の機会が、夫の意識を変えるとする。夫はいっときでもケア労働の大変さを実感することで、妻の労働の苦労を理解し、また労働市場の価値も問いなおすようになる(14)。船橋によれば、上述の「妻の二重役割」から「平等タイプ」へと移行した夫婦の夫は、以下のように述べている。

育児休業取って、あの、世の中のアンバランスが露骨にここに集約されているなっていうのを、周りの目から見ることができる。……周りはもう本当にやっぱり馬車馬のごとく働いているという状況、つまりギャップが体感できるんですよね……たとえば育児休業取ったときに、もし折り合いが悪かったら、会社辞めなきゃいけないかも知れないけれども、ま、それはもう今の社会で男性優位の中で、今までのほほんとやってきたつけが、たまたま一個まわってきても、ま、それぐらいは、別のところで何かやらなきゃいけないだろうなって、開き直りになれるとか。(船橋［2006:164］)

この男性は、ケアをしないことを前提とする労働市場の価値を相対化し、家庭でケアに従事することに満足するようになっている。このようなケースにおける交渉とは、最大限の自己利益の獲得をねらって争われる交渉 bargain ではなく、自己の利益を再定義させるような実践であるといえる。

同様の視点から多賀太は、賃労働とケア労働を「二重負担」する男性の葛藤と意識の変化として以下のようなケースを紹介している（多賀［2007］）。多賀によれば、国際線の客室乗務員である妻をもつある男性は、仕事の時間を削って育児に参加してきた。彼は当初「家族のために自分が犠牲になっている」と不満を感じ、独身で仕事に集中できる人をうらやましく思ってきたが、しかし次第に「家族を犠牲してまでして仕事で何かやり遂げようというふうには思わなく」（多賀［2007:48］）なったという。ここでも、男性が育児をとおして、仕事中心の男性的価値観を見直し、家族を犠牲にしなければ出世できない職場の構造に対し批判的な視点をもつようになるという「意識の変化」の可能性が示されている。このような男性の意識の変化は、男性がケアにかかわることへの言説が一定程度変化したことの結果ともいえる。「育児パパ」が新たな「男らしさ」の構築であったとしても、「男らしさ」の言説が多様化していくことは、ケア労働の配分を変えていく重要なきっかけとなる。多様化した言説のうち、何を選択するかは個人の選択の問題である。育児に積極的にかかわりたいという意識をもつ男性の能動的実践をとおして、性別分業が変容していく可能性もある。

このように舩橋の分析は、構造的条件の変化によって行為者のケア労働への意味づけや利益が変容していく様相とともに、女性の交渉実践を成功させる条件を明らかにしている。(15)「ケア＝女性の責任」という「言説」は、社会的に合意されているものであっても、個人に「内面化」されているとは限らない。ゆえに労働市場の資源配分（女性の経済資源や男性の時間資源）の変化によって、女性のケア労働への意味づけや利益の感覚は変容していくのである。

5 介護責任をめぐる「見えない交渉」

ここまで、育児の分担をめぐる交渉実践の研究から、構造が行為者の労働への意味づけや交渉における権力をどのように規定しているのか考察してきた。アーネとロマーンが指摘するように、「構造」は「経済的資源」（物質的資源）や「規範的資源」（言説的資源）のかたちで、交渉における権力を構造化している。しかし先述したとおり構造に規定された交渉は、男女の「明らかな交渉」をとおしてのみ、おこなわれるわけではない。「自分が家でケアをする」という女性の意志決定過程には、経済資源や時間資源との「見えない交渉」がある。ではこの「見えない交渉」という視点は、介護の引き受けをめぐっては、何を説明可能にするだろうか。

育児のために夫ではなく妻が労働市場から撤退したり、育児休業を取得するように、親族間の介護の責任をめぐる研究の多くが、「娘は息子よりも介護のために労働参加をやめる傾向がある」（Graham [1983]）こと指摘してきた。ただし介護をめぐっては、核家族における男女だけでなく、親族間においても交渉がおこなわれる。ハゼル・クレージとアラン・ウォーカーは介護をめぐる責任をめぐって、介護は男性親族ではなく女性親族の責任だと解釈する以下のような女性の言葉を引用している。「私は彼の母をケアすることを気にしていない。当然だと思っている。なぜなら私の夫はケアできないのだから。しかし彼の姉妹がケアしないことに私は苛だつ」（Quresi and Walker［1989:133］）。こうしたことからクレージとウォーカーは、女性には養う家族がいないため女性のほうが仕事を辞めることが男性よりも容易であるという認識が、親族のあいだに共有されていると指摘する（Quresi and Walker［1989:135］）。介護においてもケア労働に従事することの「機会費用」(16)の男女間格差が「ケア＝女性の責任」という「言説」を再生産しており、家族を養う「稼ぎ手」である男性は交渉の舞台にさえあがることなくケアを免れている。前章で論じたように、女性の労働市場における低い地位は、イデオロギーと相まって女性に介護を選択させる物質的条件である（Ungerson［1987＝1999:102］）。つまり女性は非正規労働や低賃金労働に従事しているため、家族の誰かを家で介護することが必要になった場合に、男性よりも女性が介護者になる可能性が高くなる。その意味で、「主観的権力経験」のない「不可視的権力」は、労働市場の資源配分構造をとおしても作動している。

もちろん複数の親族間で交渉がおこなわれる介護の場合、女性だからといって必ずしも交渉の敗者となるわけではない。育児と異なり介護をめぐる交渉相手は夫や男兄弟だけではなく、姉妹、もしくは小姑でもあり、女性のあいだでも「ケアをしないこと」を正当化しうる行為者がいる。アンガーソンは、介護者となった人の周りには介護を引き受けない親族がいたことに触れ、介護者はそれらの親族が「いいえ」という正当な理由があるとみなし、自分が介護者になることを自発的に引き受けているとする（Ungerson［1983＝1987:175］）。この見えない交渉における勝敗の要因についてアンガーソンは、「『いいえ』と言う親族関係の義務を避けようとする戦いにおいて敗れた者が最終的に介護者となったのであり、

い切った人びとは、単に家族ネットワークのなかでより強い力をもっていた」（Ungerson［1983＝1987：176］）のではないかと分析する。その点で介護責任の交渉は、親の家との近接性や独身であることなどさまざまな要因に規定されている。それでも独身の男性より独身の女性、男性親族よりも女性親族に責任が期待され、女性のなかでケアをしないことを正当化する言説資源をもたない人が介護責任を引き受ける傾向があることは確かであろう。

労働市場での経済資源がケアの引き受けをめぐる交渉力となることは、男女間の関係だけに限られるわけではない。日本の近年の調査では、男性であったとしても正規雇用から主介護者となる人より、非正規雇用から主介護者となる人のほうが多くなっている(17)。男性の雇用の不安定化がすすめば、男女にかかわらず「労働市場において劣位」にある行為者が、労働市場から撤退し家庭のケア責任を担うことになるだろう。ケア責任を家庭に委ねる資源配分構造が変わらない限り、子どもや高齢者という「必然的依存」を抱え込むケア労働者は、自らも経済的自立を達成できない「二次的な依存」（Fineman［1995］）状況のもとに置かれつづける(18)。

6　交渉実践による性別分業の変動と構造的限界

以上、家庭内の交渉実践とそれを制約する権力関係について、夫婦間のケアの交渉をめぐる研究の考察をとおして明らかにしてきた。ここでは権力をめぐる「経済資源＝権力論」と「言説＝権力論」、両者の限界を指摘しながら本章の考察をまとめてみたい。

表4－2　ケア労働の配分をめぐる実践の多様性

構造＼実践	権力実践	（非権力実践）
ジェンダーをめぐる言説（ケア＝女性の責任）	言説（規範）的権力	ジェンダー
経済資源の配分（男女賃金格差）	経済的権力	経済合理性
身体的資源	身体的暴力	

交渉を制約する男女間の権力をめぐって、マルクス主義フェミニズムの「経済資源＝権力論」に立ち、江原は、権力は実践に埋め込まれているという「言説＝権力論」を提示した。一方で本章の考察にもとづけば、「経済資源」と「言説」はどちらもケア労働の配分をめぐる権力関係と実践を規定しているのであり、どちらか一方によってのみ説明することはできない。

男性の権力は、「経済資源」「言説」の両方によって支えられている。確かに「経済資源＝権力論」が論じるように、経済資源を女性より多くもつ男性は「経済的権力」によって家庭内のケア労働の分担を免れているが、一方で「ジェンダー」をめぐる「言説」も、男性がケアをしないことを正当化する点で、男性の「言説（規範）的権力」を規定している(19)。

そして「経済資源」や「言説」は、「明らかな交渉」や「対立」のない実践（経済合理性／ジェンダー）をも規定しているが、アーネとロマーンのようにこれらの実践に「権力」が介在していないといえるかをめぐっては、慎重な検討が必要である。男性の経済資源や、男性の態度に対する「見えない交渉」をとおして、女性があらかじめ「明らかな交渉」を断念している場合には、「権力実践」と「非権力実践」の境界は非常に曖昧である。少なくとも「明らかな交渉」や「主観的権力経験」が不在であることをもって、ケアの引き受けを「女性の自発性」の論理で解釈することは適切ではない。船橋が明らかにしているように、ある時点で自明視された「ジェンダー」は、構造的条件の変化によって批判的に解釈されうるし、ケア責任をめぐる女性の「利益／不利益」の感覚も不変ではない。

次に、女性の交渉力という点からみたときにも、「経済資源＝権力論」「言説＝権力論」はそれぞれ以下のような点で限界をもっている。

まず、女性の交渉力は経済資源だけに規定されているわけではなく、男性のケアできる時間の有無にも依存している。短時間勤務やフレックスタイム制などが職場で制度化されており、男性がケアを分担するための時間と、またその分の所得が保障されていれば、経済資源をもたない女性であっても、交渉をとおして男性にケアを引き受けさせることができる可能性がある。その点で、女性の交渉力を、女性の経済資源のみから説明する「経済資源＝権力論」は適切ではない。

一方で、経済資源をもった女性は交渉力を高めているという点で、「あらゆる男女の実践には言説的権力が埋め込まれている」とする「言説＝権力論」も適切ではない。また、「言説＝権力論」は、「言説」によって、権力関係が変わっていく可能性があることを明らかにしていない。男女の間の「交渉実践」において「ケア＝女性の責任」という一枚岩的な言説ではなく、「男女平等」や「男性の育児責任」など「多様な言説」を利用することができれば、言説をとおして女性は既存の権力関係を変えていくことができる。

経済資源が実践を規定しているか、言説が規定しているか、それとも経済資源と言説が相互に結びついて実践を規定しているのかは、それぞれのケースごとに異なるだろう。ただし、男性だけが経済資源をもち、ケアするための時間資源をもたず「ケア＝女性の責任」という一枚岩的な言説が実践を支配しているとき、女性が交渉力をもてないことは確かである。逆に、構造間の矛盾や言説の多様性は変動の契機となる。たとえば「ケア＝女性の責任」という言説が支配的であっても、女性が経済資源をもつという資源配分構造上の変化が起きれば、性別分業は変動するだろう。また「男女平等」や「育児するパパ」という言説の多様化は、「ケア＝女性の責任」という言説を相対化させる。その点で多様な言説を生み出していくことも性別分業を変動させる重要な実践といえる。いずれにせよ女性の交渉実践が、男性のケア労働を増やす契機となっている。交渉の成否が構造に制約されていたとしても、こうした「能動的実践」の集積によって社会が変動していくことは確かである。

ジェンダー秩序論の限界――女性の交渉実践と男性の「価値の変容」

次に本章で考察した変動志向の交渉実践の意味を、江原のジェンダー秩序論における「実践」概念との対比から明らかにしよう。

第一に、本章の交渉実践をめぐる分析は、女性は行為を実現させるために必ずしも「ジェンダー規則」に従う必要がないことを示している。つまり女性は「母性愛」の言説に従わないふるまいや発話をおこなっても、他者にその実践が無視されるわけではないし、「抵抗」という行為の意味を理解してもらえないわけではない。経済資源をもつ女性は「労働市場においても家庭においても私とあなたは対等」という「男女平等言説」による交渉をおこなうことができるし、経済資源をもたない専業主婦の女性であっても、週末に外に遊びにでかけて育児や家事を放棄すれば、「育児に対する不満の表れや抵抗」と夫に理解させることができる。男女間のすべての実践が一枚岩的な「ジェンダー規則」に貫かれているわけでない。一見自明なこのテーゼを強調することは、ジェンダーをめぐる社会変動の可能性を論じるために重要である。

第二に「ジェンダー・ハビトゥス」もまた変容可能だと考えられる。本章で考察したとおり行為者は「見えない交渉」をとおして、ケア労働を意味づけ、自己の利益を定義している。つまりある条件のもとでは、女性は性別分業に不利益を感じず「ケア＝女性の責任」という言説を自明視し性別分業を選択している。しかし自明視されていた「ケア＝女性の責任」という言説は、事後的に反省的に問いなおされうる。よって一枚岩的なジェンダー・ハビトゥスに規定された「実践」のとらえ方は有効ではない。これは、育児にかかわることで仕事や家庭生活に対する意識を変容させる男性の実践にもあてはまる。

第三に、ジェンダー秩序という「言説構造」は、「資源配分構造」から完全に独立した構造として実践を構造化しているとする言説構造還元論は適切ではない。本章の考察によれば資源配分構造は、行為者のケア労働への意味づけや交渉力を規定し、性別分業の再生産、変動に影響を与えている。

残された課題

ここまでみてきたように性別分業の再生産を説明する枠組として、「物質構造決定論」も「主体選択論」も、またハビトゥスやジェンダー規則によって実践が構造化されているとする「ジェンダー秩序」論も有効ではない。経済資源やケア資源の配分構造、ジェンダーをめぐる評価構造のもとでの男女の能動的実践によって性別分業は再生産されている。一方で、「ケア＝女性の責任」という言説に対する「批判的解釈実践」や、経済資源を用いた女性の「交渉実践」は性別分業の変動の契機となる。さらに交渉実践は男女の利益対立を乗りこえて、男性の意識、価値そのものを変えていく可能性をもっている。

しかし女性の変動実践は、家庭のなかでしか達成できないわけではない。たとえば障がい児を育てる母親が母親同士のネットワークをつくることは、家庭のケア負担を共有化していくための実践であるし、地域での育児支援事業やサークルへの父親の参加を促進することは、労働中心的な男性の価値を変えていく契機ともなるだろう。また地域で育児や介護を提供するＮＰＯなどの組織をつくっていくことも、家庭の女性の位置を変化させる実践といえる。これらの活動は、ケアを「私事」から「社会化」することで、ケアをめぐる言説とそれを担う女性の社会的位置を変容させる実践といえる。そこで次章では、女性の実践をとおしたケアの社会化の事例として、福祉ワーカーズ・コレクティブの実践をとりあげる。ここでは女性ケアワーカーの交渉実践が、ケア労働市場におけるジェンダー構造をどのように変えるものなのか、変動の可能性について考察する。

また本章でみたように、男性の価値や意識も固定的なものではなく、その意味で男性も性別分業を変動させる交渉実践の担い手となりうる。そこで第六章では、女性職に参入した男性ヘルパーの交渉実践をとりあげ、労働市場内部での「ジェンダーをめぐる言説」の変動や、性別職域分離の再編過程について考察することにする。これらの分析は、女性、男性の実践による労働市場のジェンダー構造の変動可能性を明らかにするものである。

一方でここまでの考察からは、行為者の性別分業に対する解釈実践や相互行為における交渉実践は、構造的制約のもとに置かれており、それゆえ社会変動が制約されていることが明らかになった。この点を踏まえれば、労働市場においても行為者の実践による変動を制約している構造的要因があると考えられる。終章では、こうした変動を制約する「構造」を明らかにし、ケアをめぐる「性別分業の拡大・再編」という現象に対し、求められている課題や方策を提示することを試みる。

注

（1）近年の日本の調査では、相対的資源論のいう「夫婦の総収入に対する妻の収入比」よりも、妻の地位、職業階層の上昇（高学歴、専門職）が平等なケア労働の配分を規定していると指摘されている（稲葉・岩井［2000］; 岩間［2008］）。相対的資源論が支持されないのは、夫が低収入で妻の家計貢献度が高いブルーカラーの家庭で、ケア分担が平等化していないためと推測される。少なくとも、女性の階層が高い場合には、女性側の交渉力が高くなり、男性の家事参加を増加させていることは証明されている。

（2）ルークスは「紛争」によって権力を同定する行動主義的な権力（一次元的権力）も、政治的争点における潜在的争点の存在を冷遇された人の主観的な不満に求める二次元的権力も、行動主義の枠組にとどまるものとして批判し、社会的諸力や制度上の慣行の操作をとおして潜在的争点が政治から排除されるメカニズムとして三次元的権力の概念を提示している（Lukes［1974］）。

（3）両調査とも一九九五年におこなわれている。量的調査はスウェーデン全土の二五歳から六〇歳までの、有子、無子の非婚の同棲カップルあるいは結婚している男女を対象にしたもので、一二八一世帯のカップルを代表する人びと（男女約半分ずつ）の回答が含まれる。インタビュー調査は、子どものいない若いカップル、幼児のいるカップル、離婚した母親、父親、合計六六人へのインタビューであり、学歴も所得も多様とされる。アーネとロマーンは「潜在的権力」が見いだせるように、質問紙調査では男性用と女性用の調査票を用い、女性用には「夫は自分の家事分担責任を拒否する」や「私は自分がほとんどの家事をすることを自分の義務と感じている」などの質問、男性には「妻（サムボ）が家事をもっとするようにうるさく言う」という質問を設けている。またインタビュー調査では、夫妻にそれぞれ別個のインタビューを行っている（Arne and Roman［1997＝2001：34-38］）。

（4）スウェーデンでは早くから「男性ケアラー化」をすすめる政策が展開されてきた。一九七四年に母親保険が両親保険となり、一九七六年に育児休業にあたる両親休暇法が制定された。しかし六歳未満の子どものいる親の両親保険取得日数をみると、一九八〇年代から一九九〇年代にかけては全く増加しておらず、全取得分の九五％から九七％は女性がとっていた（Arne and Roman［1997＝2001：128］）。一九九五年からは一ヶ月の「父親の月」制度が導入され、父親自身が育児休業をとらない場合、その一ヶ月分は両親保険が支給されなくなった。二〇〇二年からは育児休業が両親あわせて四八〇日に拡大され、それぞれの親に固定される日数が六〇日に増やされている。二〇〇一年の休暇日数ベースの男性取得者の割合は十三・八％となっている（佐藤・武石［2004：137］）。

（5）OECD, Employment Outlook, 1990; 1999.

（6）アーネとロマーンは、「経済資源」は「相手を罰するという明白な脅し」や「報酬的な発言やほのめかし」によって権力となるとしているが（Arne and Roman［1997＝2001：31］）、家庭内の権力について論じるとき、脅しというサンクションは不可欠な要件ではない。これは、経済資源をもつ女性の交渉力の場合にはより明らかである。夫と同等の賃金を稼いでいる妻の「報酬的な発言やほのめかし」は、経済的には自立して暮らせる夫に対する脅しにはならない。同等の賃金を稼ぐ妻が夫を説得しうるのは、夫が「ケアしないこと」を正当化する言説をもっていないからである。

（7）夫の身体的権力については、ケア分担に関する分析ではなく、離婚を経験した女性のインタビューデータで言及されている（Arne and Roman［1997＝2001：213-4］）。

（8）アーネとロマーンは、「最も自由な時間がある人が多くの家事をする」という「時間資源仮説」は証明されなかったとする。家庭での男性の貢献は女性の賃金労働時間の変化とはあまり関係なく、家事分担にはある種の（時間を基礎とした）合理性があるが、「使える時間」はここでは唯一の決定要因とはいえないとして、家事の分担の決定因となっているのは「ジェンダー規範」であるとする（Arne and Roman［1997＝2001：57-61］）。その証拠として、フルタイムで働いていても家事の全責任を引き受ける女性が多く、彼女たちの多くが「家事をするのは私の義務だ」として答えていることをあげている。

（9）もちろん、男性の経済資源をすべて「権力」に結びつけるのも適切ではない。アーネとロマーンは、男女賃金格差によって決定された性別分業を「経済合理的」ととらえながらも、その決定に不満をもつ女性について以下のように説明している。彼女が不満を抱いているのは、夫の貢献が少ないことではなく、労働市場の賃金格差であり彼女の収入が夫より数千クローナ少ないという状況である。そのため、彼がパートタイムと育児、彼女がフルタイムという役割交代が経済的に考えられなくなっており、ケア労働の配分は「夫妻ではどうにもできない構造的な限界」によって決定されているとアーネとロマーンは指摘する（Arne and Roman［1997＝2001：188］）。

（10）上述したようにアーネとロマーンは、ベッカーの合理的選択論について、女性の「短期的合理性」が、離婚などによって長期的には不利益になるという点から批判していた。この批判からは「長期的不利益」となる選択を「自発的に選択させる」構造を把握しようという意図がよみとれるが、こうした時間的経過のなかでの実践の分析は、アーネとロマーンの議論にはでてこない。

（11）たとえば、三歳児神話が強いといわれる日本の調査でも、「母親の仕事のために三歳以下の子どもを保育園に入れるのはかわいそうだ」という意見に対し、配偶者のいる女性は六六・五％が賛成したが、配偶者なしの女性は三七・九％しか賛成していない（「女性のライフスタイルに関する意識調査」）（江原［2000b：41］）。こうした神話の再生産は、不快な認知状態の矛盾を避けるために自分の価値を行動に合わせようとする「認知的不協和」の概念によって明快に説明されている（松田［2005］）。たとえば「母親が仕事をもつと、小学校へあがる前の子どもによくない影響を与える」という規範は、就労していない女性にとっては自分の選択・行動を肯定するものに、就労している女性にとっては自分の選択・行動を否定するものになる。よって当初はこの規範意識を否定していた者も、自分が育児をするようになるときに専業主婦となれば、認知的不協和を修正してこの神話を肯定するようになる。

(12)日本で育児の社会化も男性のケアラー化も進んでいない理由として舩橋は、女性を家族ケアに結びつける強固な規範が残っており、男性の働き方にもゆとりがないことをあげている。またスウェーデンは一九七〇年代から、フランスは一九八〇年代から共働きが増え、その基礎の上に過去二十～三十年の間に育児の社会化と男性のケアラー化が進められてきたのに対し、日本では一九七〇年代に片働きが増え、一九八〇年代には専業主婦の保護政策を打ち出され、育児の社会化という段階に到達していないことをあげている（舩橋［2006：236］）。

(13)木脇奈智子も育児を平等に分業している事例に共通する条件として、①夫が夕方に帰宅できる仕事であること、②妻の年収が夫と同等であるか、多いことをあげ（木脇［2007：22］）、「土日出勤」が美学のような職場に勤めている限り男性のケアの引き受けは進まないと指摘する。

(14)庭野晃子（庭野［2007］）も同様に、男性が子どもの世話役割へ至る契機として「子どもと二人きりの時間をもつこと」が重要であること、また世話役割をしていく過程で男性が性別役割分業意識がよりリベラルなものに変容していくことを、育児参加する男性への聞き取り調査から明らかにしている。

(15)ただし、ここでみる変動を過大評価してはならない。舩橋の調査は、育児をよく分担している「先進的なカップル」に限られており、カップルへの同時インタビューの形式をとっていることから、夫が妻の要求を無視したケースについては出てきていない。また多賀が注目するような「二つの役割に葛藤する父親」も少数の先進的なケースであると考えられる。

(16)機会費用とは、ある経済活動（選択）に対して、選択されなかった選択肢のうちで最善の価値のことである。家庭で家事をすることの機会費用は、その期間賃労働に従事していたら得られる賃金から算出される。

(17)労働政策研究・研修機構の調査(2006)によれば、非正規雇用から主介護者となる人が五七・一%であるのに対し、正規雇用から主な介護者となった人は二三・四%と大きな開きがある。

(18)マーサ・ファインマンは、人間が生まれ、育ち、老いていく過程で避けられない依存を「必然的な依存」と呼び、その依存的存在をかかえてケアを負担することで生じるケア労働者の状況を「二次的な依存」と呼んでいる(Fineman [1995])。

(19)もちろん夫の経済資源がもたらす権力を過少評価することはできない。児童養育費研究では、養育費の拡大による家計危機は夫への貨幣配分はそのままに妻への配分を圧迫するかたちで回避されていること、一方妻の収入が夫の収入を上回ると、夫婦間および家族メンバー間の配分率が平等化する傾向があることが実証されている(室住 [2004:75])。またドメスティック・バイオレンスなどの身体的暴力も、妻の夫に対する経済的依存と結びついている。夫=稼ぎ手、妻=ケア責任という性別分業が、結果として男女間の不平等をもたらしていることは確かである。

第五章　女性ケアワーカーの交渉実践

家庭から労働市場への性別分業の拡大・再編メカニズムを明らかにするという課題に対し、ここまで「家庭のケア労働」をめぐる性別分業の再生産・変動過程に照準してきた。つづいて本章と第六章では「労働市場のケア労働」を担う女性、男性の実践とジェンダー構造の再生産・変動について、日本の介護労働市場を対象に考察していく。

日本では二〇〇〇年の介護保険制度の施行によって、ケアのうち介護の社会化が前進したが、その結果、労働市場においても女性がケア労働を担う構造が生みだされた。介護の賃労働化と専門性の付与によって施設を中心に男性介護職の数も増えたが、いまだ介護職の八割は女性である。また介護職のなかでも特に低賃金で非正規雇用が多いホームヘルプ労働では九割以上を女性が占めている。介護の社会化をへても、これまで家庭のなかでおこなわれてきた介護労働や家事労働（ホームヘルプ）は女性の仕事とみなす言説が再生産されているといえる。ここではこうしたケア労働の女性職化や賃金格差を伴った性別職域分離を「ケア労働市場のジェンダー構造」ととらえ、この構造の再生産や変動過程を行為者のエージェンシーから明らかにすることを試みる。本章では主婦の活動として始められた福祉ワーカーズコレクティブのメンバーの交渉実践について、第六章では女性職に参入した男性ヘルパーの交渉実践について、筆者がかかわったインタビュー調査のデータを用いて検討していく。前章で検討したように、行為者は利用可能な資源を用いることで自己の要求を実現したり、自己に対する他者の解釈実践を変容させたりしている。同様にケア労働市場の女性の実践にも、自分たちのジェンダー化された位置を変更させる交渉実践を見出すことができると考えられる。彼／女らは、どのように自分たちの社会的位置を変えようとしているのか、またその実践はケア労働のジェンダー構造にどのような効果を与えているのだろうか。これらの過程を明らかにすることによって、性別分業が以前と同じように再生産されるのでも、完全に解体されるのでもなく、「再編」されていく様相を明らかにすることができると考えられる。以上の考察をとおして終章では、家庭から労働市場への「性別分業の拡大・再編」に対して求められている解決策を明らかにすることを試みる。

1節では、ケア労働のジェンダー構造の再生産メカニズムについて、性別分業と介護労働市場の特徴を踏まえながら考察する。2節では介護労働市場におけるワーカーズコレクティブの位置について、3節ではワーカーズコレクティブの交渉実践について分析する。4節ではそれらの交渉実践がジェンダー構造に与える効果について考察する。

1　ケア労働市場のジェンダー構造の再生産メカニズム

家庭と労働市場の性別分業再生産

まずこれまでの考察をふり返りながら、家庭の性別分業がケア労働市場のジェンダー構造にどのような影響を与えているのかを検討してみよう。

「性別分業の拡大・再編」のメカニズムを把握するという目的のもと本書が検討したのが、性別分業をめぐる二つの理論的対立である。これらはケア労働市場のジェンダー構造の再生産をそれぞれ以下のように説明する。マルクス主義フェミニズムの「物質構造決定論」にもとづけば、女性は家父長制によってケア労働という低賃金労働に就くことを強いられている。他方、精神分析や倫理学の理論が依拠する「主体選択論」にもとづけば、若年層の女性が看護師や介護などのケア労働を選択するのも、家庭の子育てを終えた女性がボランティアや有償のケア労働に従事するのも、女性がケアの価値を内面化しているためとされる。また物質構造決定論（構造の物象化）と主体選択論（主観性の実体化）の両者の乗りこえをはかった江原のジェンダー秩序論は、家庭であれ労働市場であれ女性がケア労働をするのは、「女性は他者の活動を手助けする存在」とするジェンダー秩序によって、実践が構造化されているためと説明する。しかし本書の検討にもとづけば、ケア労働市場のジェンダー構造は、家庭の性別分業構造や労働市場のジェンダー化された評価構造、それらの構造のもとでの女性のエージェンシーによって再生産されている。

①家庭の性別分業における資源配分構造
女性は稼ぎ手男性がいる、またケアのニーズがあるといった「世帯単位」で自分の利益を考え、パートタイム労働や家計補助的働きを選択する。→女性の低賃金労働の再生産

②女性のケア能力をめぐる言説
女性は「ケア能力」を、社会的評価や雇用機会を得るための「資本」と解釈し、ケア労働に参入する。特に家庭でケアを担ってきた女性にとって、ケア能力は特に希少な資本となる。→女性の実践による女性職の生成・ケア労働市場の形成

このように家庭の性別分業が再生産している資源配分や言説は、女性の実践を介して「ケア労働＝低賃金＝女性労働」というケア労働市場のジェンダー構造を再生産している。本章でとりあげるワーカーズコレクティブのメンバーは、「有償ボランティア」として、地域に有用な仕事を提供するという「社会的価値」や自分たちの「やりがい」を求めて活動してきた。つまり、①家庭のケア責任と両立する働き方と家計補助的賃金で、②ケア能力を資本として利用してきた事例といえる。これはワーカーズコレクティブだけでなく、多くのホームヘルパーとして働く女性たちの実践にもあてはまることだろう。一方で次章でとりあげる男性ヘルパーは、パートタイム労働や家計補助的働きを望む既婚女性と異なり、職業としての確立を目指してホームヘルプ労働に参入している。また家庭での「家事」も含むホームへ

ルプ労働に参入した男性ヘルパーは、「ケア＝女性の能力」という言説を解体しなければ仕事を獲得することができない。その点で男性ヘルパーは、①資源配分構造上の位置からみても、②言説構造上の位置からみても、不合理な選択を選択しているといえる。

つぎに、これらのケアワーカーが置かれている介護労働市場のジェンダー構造について、介護保険制度以前と以後にわけて考察してみたい。

介護保険制度以前の介護労働市場――非専門労働・主婦労働力依存

日本において介護保険制度が介護労働の社会化を大きく前進させたことは確かだが、それ以前に家庭外の介護サービスが存在しなかったわけではない。行政側が利用するサービスを決定する「措置制度」のなかに介護は位置づけられてきたが、その介護サービスは賃労働と無償労働の間の「半ペイドワーク」[1]として女性たちによって担われてきた。日本政府は八〇年代の「日本型福祉社会」と九〇年代前半の「参加型福祉社会」のスローガンのもと、家族と住民参加のボランティアセクターにケア責任を委ねることで、増加するはずの介護費用の支出を抑制してきたのである。[2]「住民」の名のもとに既婚女性を活用する戦略は、ホームヘルプ労働に関する政策に顕著にみてとることができる。

日本におけるホームヘルプ労働の誕生は、一九五六年長野県の「家庭養護婦派遣事業」といわれているが、この事業は「主婦が病気や出産で家庭内のことができない場合に、主婦に代わって家事の手伝いを行う家政婦を派遣してほしい」という県民の要望にもとづくものであったとされる（笹谷［2000：178］）。この時期にいくつかの自治体で同様の試みがおこなわれたことで国の制度化が促され、一九六二年に

「老人家庭奉仕員制度」が法制化された[3]。この時代からホームヘルプ労働政策では、家庭の主婦のケア能力の活用という言説が用いられてきた（②女性のケア能力をめぐる言説）。一九六二年の『厚生白書』では、家庭奉仕員の業務は「被服の洗たく、補修、掃除、炊事、身の回りの世話、話し相手になること」であり、「中年層の婦人に適することから、中年婦人に就業の機会を与えるという副次的効果」をもつと指摘されている。さらに、「貧困階層の、しかも老衰の著しい老人が大半であるため、家庭奉仕員の業務は容易なものではなく、むしろ文字通り奉仕的な気持が必要」とされ、報酬は月一万二〇〇〇円程度とされる（厚生省［1963］）。このように主婦の代行である「老人家庭奉仕員」は、中高年女性の社会奉仕活動として位置づけられたことで、「お金のために働いているのではない」というプライドを担い手にもたせることを可能にした（笹谷［2000：179］）。この「家政婦でも専門職でもない人助け」という言説は、近年までヘルパーとして働く既婚女性たちの言説的動機づけとなってきたと考えられる。

このようにホームヘルプ労働は「奉仕」という位置づけではじまったものではあるが、七〇年代には自治体の社会福祉協議会においては常勤雇用が主流となった。しかし、八〇年代には量の拡大とともに公的セクターでも非常勤雇用への転換がすすむ。さらに「住民参加型福祉」のスローガンのもと、住民による草の根の組織や「行政によって組織化された有償ボランティア団体」（森川［1998：403］）も登場し、パート型ヘルパー、ボランティアヘルパーが増加する。参加型福祉の担い手のほとんどは中高年の主婦であったと指摘される[4]。

このような「介護＝半ペイドワーク＝既婚女性」という言説を支えてきたのが、夫＝稼ぎ手、妻＝ケア労働者という性別分業と、妻の経済的依存にもとづく「強固な男性稼ぎ手構造」（大沢［2004］；田端

[2004]）である（①家庭の性別分業における資源配分構造）。一九六〇年代後半からはじまった専業主婦化は一九七五年にピークを迎えた。また所得税の配偶者控除や第三号被保険者制度は、既婚女性に一〇三万円、一三〇万円以内で働くことを正当化させてきた。これらの制度は女性の労働力率がすでに増加しはじめていた一九八〇年代に制度化されたものであり、日本において「男性の稼ぎ手化」と「女性のパート労働化・主婦化」が政策によって誘導されてきたといえる(5)。

この「介護＝半ペイドワーク＝既婚女性」という「言説」は、ホームヘルプ労働の専門性を否定、もしくは曖昧にするという戦略によって維持されてきた。一九七九年の全国社会福祉協議会の『在宅福祉サービスの戦略』には、「在宅ケア・サービスにつらなる各種のサービス」は、「地域住民あるいはボランティアを含め、必ずしも専門的教育および技術を要するものではない」と記されている（全国社会福祉協議会［1979:53］; 笹谷［2000:181］）。また一九八六年厚生省の高齢者対策企画推進本部は、介護サービススタッフの確保として「子育て終了後の主婦」をまず主たるターゲットにおき、次いで「退職して家庭にいる保健婦、看護婦等の活用、ボランティアグループの育成等」をあげたとされる（笹谷［2000］）。一九八九年の「ゴールドプラン」では、二〇〇〇年までにヘルパーを十万人に増やすという数値目標がたてられたが、その担い手として中高年女性が想定されていたことはいうまでもない。

一方、一九八〇年代後半から資格の制度化も進められた。一九八七年に国家資格である介護福祉士資格が創設され、施設介護職員の量的確保と、専門性の確保がはかられた。このころから介護福祉士資格は「身体介護の専門職」として位置づけられ、ホームヘルプ労働においても「介護型」と「家事型」の区別が設けられ、家事と区別される身体介護の専門性が評価されるようになっている。また一九九〇年にはホームヘルパー一、二、三級の研修プログラムが策定された。このように、ホームヘルプ労働をめぐっては家庭における主婦の「ケア能力」を労働市場で活かすという戦略で労働力を確保し、施設介護には「専門職」として若い男性、女性労働者を雇用する。一九九〇年代にすでに「施設＝専門労働、在宅＝非専門労働」という階層構造がつくられていたといえる。正確な数字は把握できないが、介護保険制度以前にホームヘルパーとして働く男性は非常に限られており、ボランティアとして参加する定年退職後の男性がごく僅かいたにすぎない。

介護保険制度以後の介護労働市場

では介護保険制度は、こうした専門性の階層構造、主婦労働力の活用という介護労働市場の構造にどのような影響を与えたのだろうか。

まず第一の変化としては、労働市場の拡大と、それに伴う職業としての認知の促進があげられる。介護保険制度では、民間営利企業、NPOもサービス提供主体として定められた。訪問介護事業所数は二〇〇〇年から二〇〇五年のあいだに一万から二万に倍増、ホームヘルパーの数も十四万人から三八万人に増加している。(6) 大手民間企業も参入し、テレビコマーシャルで若いホームヘルパーの姿が映し出されたことも記憶に新しい。こうした労働市場の拡大によってヘルパーが「職業」として広く社会に認知され、ホームヘルプ労働から「ボランティア」という意味は払拭された。またホームヘルパー以外の介護職員の数も二〇〇〇年の三六万人から、二〇〇五年には七〇万人に増加している。(7) 福祉専門学校の新設も相次ぎ、介護は若者の就職先の選択肢のひとつとして認知されるようになった。

変化の第二は介護労働への一定の「専門性」の付与である。介護保険制度の下では、ホームヘルプ従事者には、介護福祉士、ヘルパー一級、二級などの資格が求められることになった。また施設では介護職の資格要件はないが、介護福祉士資格保持者は、施設従事者で四割、ホームヘルプ従事者で二割と、より高い資格をもっている労働者が施設介護を選択している。(8) こうした専門性の付与によって、介護職内に、「介護福祉士＞ヘルパー一級＞ヘルパー二級」という資格の階層分化が生じることになった。

一方で介護保険制度以後も、ホームヘルパーは、職業分類上は施設などで働く「介護職員」とは区別され、家政婦と同じ「家庭生活支援サービス」に含まれている。その意味でホームヘルプ労働への専門性の付与は限定的であり、介護職のなかでも最も専門性が低いものとして位置づけられている。さらにホームヘルプ労働では、介護保険スタート時、身体介護時給四〇二〇円と家事一五三〇円と報酬単価の差が設けられ、家事はもっとも「安い労働」として位置づけられた。家事（生活援助）にかんしては二〇〇三年の改正で二〇八〇円に改訂されたが、それでも身体介護との報酬格差は維持されたままである。このように介護保険制度は、介護労働に専門性を付与すると同時に専門性の階層構造を明確にした。

最後に介護労働者の労働条件をみてみよう。介護保険制度が、「半ペイドワーク」だった介護を「賃労働化」したことは確かである。以下でみるように、二〇〇〇年を機にワーカーズコレクティブの報酬も大幅に増加している。しかし労働市場全体の水準と比較すれば、介護は低賃金労働のままである。福祉施設介護職の平均月給は二二万円、求人の平均賃金は施設で十六、七万といわれている。(9) 二〇〇六年にはワーキングプア層とも呼べる年収二百万円以下の労働者が一二〇〇万人に達したといわれているが、このなかには介護労働者も多く含まれると考えられる。

介護労働市場のジェンダー構造——施設/在宅介護の二分化と専門性の階層化

では介護保険制度以後の労働市場の拡大、専門性の階層構造、労働条件は、介護労働市場にどのようなジェンダー構造をうみだしたのだろうか。介護労働安定センターの調査によれば、施設介護職員のうちの男性の割合は二〇%を超えた一方で、ホームヘルプの分野では男性の割合は六%にとどまっている。(10)その意味で「介護労働市場の拡大」は、介護労働の「女性職」としての位置づけを変えるものではない。また施設正社員の平均年齢は、男性施で三二・六歳、女性は三八・一歳に対し、女性ホームヘルパーの平均年齢は五一歳と、ホームヘルプ労働はいまだ中高年女性の仕事でありつづけている。そして全体的に低賃金である介護労働市場にも、男女賃金格差が存在する。一ヶ月の平均賃金は、男性施設正社員の二二万に対し、女性施設正社員は二〇万、男性非正社員十四万に対し女性非正社員十一万である。いずれも女性のほうが勤続年数が長い。また序章で述べたようにホームヘルパーのうち八割以上を占める登録ヘルパーの平均賃金は、八万円と介護労働のなかでももっとも低賃金となっている。(11)

また専門性の低さは労働者の権限の低さにもつながっている。特に利用者宅に直行直帰する登録ヘルパーに関しては、疾病の有無、利用者の年齢・要介護度も知らされず「決められたことだけやればいい」という社員教育のもとで働かされていると指摘される(櫻井[2004; 2005])。また研修不足や、事業所の説明不足からおきた失敗を現場のヘルパーが個人の責任として抱え込むこともあり、登録ヘルパーは「責任は負わされるが権限はもてない」という状況に置かれている。

それでも登録ヘルパーという働き方は、子育て等家庭のケア責任を担う女性にとって都合のよいものとして選択されている。介護労働安定センターの調査によれば、登録ヘルパーのうち「常勤として働きたい」とする人は一割から二割にとどまる。(12) 一方、登録ヘルパーとして働く理由として「自分の都合の良い日や時間に働ける」と回答した人は七割に達し、子育て期にある三〇歳以上四〇歳未満のヘルパーでは七五%と、他の世代と比べて最も高い。登録ヘルパーという雇用形態は、家庭でのケア責任との両立を可能にするものとして既婚女性に選択されている。低い賃金も税や社会保険の扶養の範囲内で働く女性にとっては問題化されることはない。ホームヘルプ事業所での聞き取り調査では、年収を抑えるための年度末の就業調整が、ヘルパーの労働力不足の一因になっているという声をしばしば聞く。もちろん介護の現場では、既婚女性だけでなく、生活のための賃金を稼がなくてはならない母子家庭やシングルの女性も働いているが、彼女たちは既婚女性労働力と同じ待遇のもとで働いている。それでも低賃金のケア労働に女性が入っていく背景には、労働市場全体の賃金格差や女性の雇用機会の少なさがある。その点で介護労働力の女性職化は、マクロな労働市場全体のジェンダー構造によって下支えされているといえる。

以上みてきたように、ケアの社会化によって生成された介護労働市場における専門性や賃金の格差は、男性＝稼ぎ手、女性＝ケア責任という家庭の性別分業構造のもとで再生産されている。そして施設と在宅介護の賃金格差、専門性の分化のもとで「既婚女性＝低賃金、非正規、非専門労働」というジェンダー構造が再生産されている。

しかしミクロな実践過程に注目するならば、必ずしもジェンダー構造が再生産されているとは限らない。次節でみるワーカーズコレクティブの女性ケアワーカーは、「専門性」を追求し自律的な労働の場を獲得するための交渉実践をおこなっている。また第六章でとりあげる男性ヘルパーたちは、賃金と仕事を獲得するために「ケア=女性の能力」という「言説」に挑戦している。以下ではこれらケアワーカーの交渉実践と、ケア労働市場のジェンダー構造の変容について考察していきたい。

2　介護労働市場におけるワーカーズコレクティブの位置

本節では、ワーカーズコレクティブの交渉実践について検討する。以下ではまず先行研究をもとにワーカーズコレクティブの構造的位置を明らかにし、つづいてインタビュー調査のデータをもとに二つのワーカーズコレクティブメンバーの交渉実践について検討する。

ワーカーズコレクティブの資源配分構造、言説構造上の位置

まず、家庭の性別分業や介護労働市場におけるワーカーズコレクティブの物質的、言説的位置づけと、ワーカーズコレクティブの交渉実践の特徴について検討しよう。

ワーカーズコレクティブは、一九八〇年代初頭に生協運動のリーダーの主導のもと神奈川ではじまり、その後東京、千葉、兵庫、九州などで、地域に住む生協組合員を中心に事業を展開してきた非営利協同事業である。(13)「雇う・雇われる関係ではなく、働くもの自身が出資して、それぞれが事業主として対等に働く」「自主運営・自主管理」の理念のもと、メンバーが出資、労働、経営のすべてにかかわり責任をもつ運営を追求してきた。また、生協運動の延長において、食や生活の安全、自然保護など近代社会

におけるオルタナティブな価値を追求する運動として展開されてきた。

当初ワーカーズコレクティブの活動は、仕出しや食材店舗における活動であったが、一九九〇年代初頭から「参加型福祉」の担い手として家事、育児、介護サービスを提供する福祉ワーカーズコレクティブが登場した。家庭での子育てを終えた女性たちが、「自分がいずれ利用できる、利用したいサービス提供」を理念に、ホームヘルプやデイサービスといった在宅介護を低価格で提供してきた。これは社会的に有用でありながら評価されてこなかった家事、育児、介護といったアンペイドワークの社会的評価を求める運動としても位置づけられてきた。その意味でワーカーズコレクティブとは、家庭のケア負担を共有化していくためのシステムを構築する能動的な実践でもある(14)。

しかしワーカーズコレクティブは「理念」の力によってのみ、拡大、継続してきたわけではない。主婦の活動としてのワーカーズコレクティブが拡がった背景にはそれを可能にするマクロな物質的、言説的構造があった。物質的条件としては、八〇年代に稼ぎ手に経済的に依存しかつ「時間資源」をもつ主婦が大量に存在したことである。また九〇年代には生協運動だけでなく、「住民参加型福祉」の言説が「地域の主婦のボランティア」を推奨した。子育て中、子育て後の主婦にとって、育児、介護という活動は「自分にでもでき」かつ、「他者から評価される」社会活動として認知された。

このような公的領域のケア労働への女性の参加は、江原の理論にもとづけば、「女性＝他者の活動を手助けする存在」という「ジェンダー規則」と「ジェンダー・ハビトゥス」に従った実践であり、ジェンダー秩序を再生産するものとして解釈されるだろう。しかし女性たちのワーカーズコレクティブへの参加のきっかけをめぐる理由づけをみると、「ケア役割」へのコミットメントは重要な役割をはたしていない。長らくワーカーズコレクティブメンバーの意識調査をおこなってきた天野正子は、主婦にとってワーカーズコレクティブは社会とのつながりをもつ機会であり、「自分のやることが評価される」自己実現の場であることが大きな理由であったとして、以下のようなメンバーの言葉を紹介している。

タダの主婦のまま、おばあちゃんになってしまうのがこわかった……（ワーカーズコレクティブでは）とにかく自分の名前でいろいろ活動ができるもの。やることが評価される。家庭のなかでは、何をやってもあたりまえ、ちっとも評価されない。（天野［1988：388］）［括弧内引用者］

このようにワーカーズコレクティブの活動は女性たちにとって、主婦が家庭のケア役割から部分的に脱却し、自己の能力が評価される場を獲得するための実践であった(15)。特に中心メンバーは、夫や子どものケアを犠牲にして活動に打ち込んでおり、家族との交渉をとおして家庭の性別分業も変更させてきた。一方ワーカーズコレクティブの活動からメンバーが得られる経済資源は、稼ぎ手への経済的依存という主婦の位置を変えるものではなかった。介護保険制度以前、一般メンバーは時給六〇〇〜七〇〇円の低報酬で働き、また代表など中心メンバーは、自らのシャドウワークによって財源不足をカバーしてきた（上野［2002a］）(16)。

ではワーカーズコレクティブのメンバーは、どのような「言説」によって自らの活動を意味づけてきたのだろうか。ひとつは「主婦でもできる」という言説である。自分の家では「タダ」のケア労働が、空いた時間に利用者の家でおこなえば六〇〇円の賃労働となる。この根底には「誰でもできるケア」というアマチュア意識がある。しかしもしかりにこの時期に、彼女たちが自分たちの活動を「専門性の高い労働」として意味づけても、介護サービスの報酬が上がったわけではないし、彼女たちの夫に「賃労働」として認められたわけではないだろう。この時点の物質的、言説的制約のなかで選びとることのできた言説は「主婦でもできる」や「主婦だからできる」といったものであった。

もうひとつは、「住民参加型福祉」という言説に支えられた「ワーカーズ＝社会的に有用な活動である」という言説である。ケアは賃労働としては十分に評価されないが、「社会的な活動」としては高く評価される。パートタイマーとして雇用労働に時間を使うのではなく、地域の人びとのために役立つ仕事をしている。こうした意識は労働対価への要求水準をさげ、「社会的に有用な活動」という理念に強く共感するメンバーほど、自発的なシャドウワークをおこなってきた。これは夫の経済的資源がなければできない実践である。このようにワーカーズコレクティブは、物質的にも言説的にも「主婦」という枠組のなかでおこなわれた活動であった。

さてでは介護保険制度による構造の転換によって、ワーカーズコレクティブの実践を支える資源や言説構造はどのように変化しただろうか。

まず介護保険制度は、介護労働を「半ペイドワーク」から「賃労働」へと変えた。その結果、多くのワーカーズコレクティブが介護保険制度に参入し、経営母体であった生協から経済的に自立、運営に関する権限も獲得した。(17)時給は一〇〇〇円、地域によっては一二〇〇円まであがり、介護保険制度以後一、二年のあいだで年収三〇〇万円近く稼げる「食えるワーカーズ」になった事業所もある。

さらに介護保険制度への参入はワーカーズメンバーの意識にも変化をもたらした。九州における福祉ワーカーズコレクティブの調査をおこなってきた上野千鶴子は介護保険制度以後の変化を以下のように説明する。

> 介護保険は四・二兆円市場といわれる巨大な介護市場を生み出すことで、女性のケア労働を無報酬労働から、報酬をともなう労働に変えた。福祉ワーカーズコレクティブにとっては、有償ボランティアのレベルにとどまっていたワーカーの収入と意識とを、いっきょにプロ化するための大きな契機となり、それに対抗する動きも同時にひきおこした。（上野・肥口［2001:1］）

介護保険制度への参入によって経済資源を獲得したことで、メンバー個人の仕事への要求水準も高まり、「ワーカーズ＝主婦でもできる」という意味づけは払拭された（山根［2001:232］）。介護保険制度のサービス事業体としてのプロ化、専門化の道を歩み始めたのである。

一方でワーカーズコレクティブの労働は、市場の雇用労働とは異なるという意味づけは、介護保険制度以後もワーカーズコレクティブの理念として重要視されている。ワーカーズコレクティブ運動の先導者である横田克巳は、著書のなかで以下のように述べている。

> 個人資源（いくばくかのお金、知恵、労力、時間）を出し合い、リスクを分担し合って働き合う、自由な自己の実現です。疎外された労働（人間が自分でつくった価値物によって支配される関係。人間性を喪失《そうしつ》した働き方の状況）ではなく、自分の創り出したサービスやモノの価値を、市場原理から離れて

表5－1　ワーカーズコレクティブの資源配分構造、言説構造上の位置の変容

実践の場＼構造	介護保険制度以前		介護保険制度以後	
	資源配分	言説	資源配分	言説
家庭	主婦の時間資源	ケアの経験者	主婦の時間資源	ケアの経験者
労働市場	半ペイドワーク	住民参加型福祉	賃労働	専門労働
ワーカーズコレクティブ	有償ボランティア	「主婦でもできる」	雇用労働ではない賃労働	ワーカーズの専門性

自分たちで価格や分配基準を決定でき、生産した価値をコミュニティの中で直接交換することなのです。（横田［2002：84-85］）［強調引用者］

市場原理から離れた価格設定とは、すなわち利潤を追求しない低賃金での労働のことをさす。横田によればこうしたワーカーズコレクティブの働き方は、人間性を喪失した「疎外された労働」とは対極にある。また介護保険制度以後、「地域に暮らす人びとにとって最適な福祉水準」を達成する「コミュニティオプティマム福祉」（福祉クラブ生活協同組合［2005］）が理念として強調されているが、これは「介護保険外」のサービス供給を、低賃金で担うことの動機づけとなっている。介護保険制度以後もワーカーズコレクティブの担い手は、稼ぎ手である夫に経済的に依存する主婦であり、経済資源の獲得よりも「やりがい」が重要な動機でありつづけている。しかしそのことが、本章でみるようなワーカーズコレクティブ独特の労働市場における交渉実践を動機づけている。介護保険制度以前と以後のワーカーズコレクティブの資源配分構造、言説構造上の位置を整理すると表５－１のとおりである。

では、理念を追求しながら専門化をめざすワーカーズコレクティブは、どのような交渉実践をおこなっているのだろうか。

ワーカーズの労働は「雇用・被雇用」という関係にはないため、組合の組織化による雇用者との組合交渉がおこなわれるわけではない。一方で介護保険制度以後も、多くのワーカーズコレクティブは完全に独立した事業体ではなく、その産みの親である生協や、生協から発展した組織との連携や支援のなかで活動をおこなっている。特に生協がワーカーズコレクティブに業務委託をしている場合には、上部の組織と個々のワーカーズコレクティブのあいだには相互依存的な関係があり、委託業務のあり方をめぐって両者のあいだで交渉がおこなわれることになる。こうしたことから以下では、生協組織のなかでのワーカーズコレクティブの交渉実践について注目してみたい。

とりあげるのは、生活クラブ生協神奈川が母体となって設立された神奈川県の特別養護老人ホーム「蔦の家」の施設内で委託業務をとおして活動してきた「森」と「楠」、二つのワーカーズコレクティブの事例である。(18) 分析に用いるデータは、筆者が共同調査者として参加した「住民参加型地域福祉の比較研究」（東京大学社会学研究室・建築学研究室）において、半構造化面接の形式でおこなったワーカーズコレクティブメンバーや「蔦の家」関係者へのインタビューデータである。

3　ワーカーズコレクティブの交渉実践
——自律的な労働を求めて

特別養護老人ホーム「蔦の家」は一九九四年に、生活クラブ生協の剰余金と会員の寄付金一億円を投入して設立された。ワーカーズコレクティブ森と楠は、蔦の家設立と同時に結成し、蔦の家内で、森はデイサービス、楠は食事サービスを委託業務として請け負っていた[19]。

生協との業務委託をとおして、経営責任を生協がもち、運営は各ワーカーズコレクティブがもつという関係は、当初は生協とワーカーズの関係において一般的なものであった。しかし介護保険制度以後、多くの福祉ワーカーズコレクティブが、経営的自立をはたした。それに対し森と楠は、介護保険制度以後も蔦の家の内部で委託契約をつづけており、経営の自立を達成していない状態にあった。その要因は、蔦の家の「施設内」での委託業務をおこなっていたことに加えて、森と楠が置かれた特殊な状況のためだと考えられる。

森と楠は、ワーカーズコレクティブ運動を引っ張ってきた蔦の家の理事長によって育てられてきたワーカーズコレクティブである。蔦の家の理事長は森と楠の設立当初、何日も通って自分が設立をサポートしてきたと述べる。蔦の家の経営側からみれば設立からこれまでの歩みは、家庭の主婦をメンバーとして結集し自立したワーカーズコレクティブとして成長させる過程であった。実際に楠は、経営側の後ろ盾のもと一九九六年に市内に仕出しの店舗を設立した。また経営側は二〇〇二年には、森にデイサービスを全面委託する方針を出した。このときの蔦の家の施設長はワーカーズコレクティブ運動の先駆的担い手の女性であった。このように蔦の家のなかで育ててもらったという経緯が、森や楠に蔦の家からの自立を踏みとどめさせる要因となっていると考えられる。

また経営側にとっては蔦の家を「生協福祉」のシンボルとするためには、施設内のワーカーズコレクティブの存在が不可欠である。森と楠は、「職員とワーカーズコレクティブが協同で担うという日本で初めての試み」として設立されたワーカーズコレクティブであり、蔦の家のデイサービスと厨房以外の他の部門（特別養護老人ホーム、ショートステイ、在宅介護）では、一般の「雇用労働者」として福祉専門職が働いている。他の施設同様、職員には福祉系専門学校出身の若い職員が多く、彼らはとくに生協福祉へのこだわりをもっているわけではない。その意味で、蔦の家において生協福祉の理念を体現しているのはこの二つのワーカーズコレクティブなのである。このように蔦の家と二つのワーカーズコレクティブのあいだには、業務委託以上に強い相互依存関係があった。

一方で森と楠は、あくまで独立した組織としてそれぞれの理念を追求してきた。その理念のひとつめが組織の運営方法である。森も楠も、ワーカーズコレクティブの「雇用されない働き方」、「自主運営・自主管理」という理念にのっとり、いつ、何時間働きたいかを提示しあい互いに調整するというワークシェアを実践している。また、蔦の家から得る委託契約金を「分配金」と呼び、毎年その分配金の総額からメンバー間で時給を決めている。調査時には、森は常勤の時給九〇〇円～一〇〇〇円、楠は七五〇円であった。

またトップダウン型の管理ではなく、仕事の現状や問題点をメンバー間で共有し解決していくマネジメントもワーカーズコレクティブの特徴である。そのため、メンバー間の会議が非常に多い。森のメンバーは、蔦の家職員との違いを「職員は縦型の関係、ワーカーズコレクティブは横の関係で働く」と解釈している。横の関係を維持していくために、メンバーが話し合う会議が多いことがワーカーズコレクティブの運営の長所でもあり、難しさでもある。森でも楠でも、会議の多さは後から入ったワーカーには負担として受け取られている。一方で森の連携と話し合いの姿勢は、蔦の家職員に肯定的に評価されている。蔦の家のケアマネジャーは「蔦の家職員は一人ひとり指導しなければならないが、森は自分たちでマネジメントして考えてくれる」と述べる。こうした評価は、ワーカーズメンバーが「森らしい」「楠らしい」働き方を再認識する契機となっていると考えられる。

二つめに、介護や食づくりに関する「理念」もワーカーズコレクティブを支える重要な要素である。森も楠も、主婦としての経験を生かしたケアや食づくりに「ワーカーズコレクティブらしさ」を見出している。楠は「生活者の感覚を生かした家庭的な食事づくり」（楠代表）を理念として、安全な食材や石けんを使い、手作りでの食づくりを目指している。森は、森のケアのよさをケア専門職とは異なる「子育てをしてきた主婦が中心であること」と定義しており、デイサービスでの介護のほか、「生活文化」を出す機会として花火大会など地域でのイベントをボランティアでおこなっている。その意味で楠も森も、主婦ならではの「ケア能力」を自らの「資本」として活用している。

このような運営方法とケアをめぐる理念が、ワーカーズコレクティブにとって何よりも重要な要素といえる。そして蔦の家経営側も、このような「ワーカーズらしさ」を尊重してきた。しかし両者の関係は、介護保険制度以降むずかしい局面に直面してきた。蔦の家の理事長が、「介護保険以前のワーカーズコレクティブの働き方を是とするならば、ワーカーズコレクティブにとっては介護保険は迷惑制度」と語るように、介護保険制度にのっとったサービスを委託する蔦の家の経営側の要求が、森や楠が追求する理念と対立するという事態が起きた。結果として二〇〇五年秋に、楠は蔦の家から撤退することを決定し、施設外の仕出し店舗にのみ活動を絞ることにした。介護保険制度以後の委託業務において要求される専門性が、楠の追求する食づくりの理念と一致しなくなっていった結果の出来事であった。

これは一見すると、主婦の活動であるワーカーズコレクティブが介護保険制度以後の「専門化」に失敗した事例にみえる。しかしその過程をよく考察すると、楠の撤退は、楠の労働が「疎外された労働」になっていったことへの抵抗実践であったといえる。ワーカーズコレクティブとしての楠の理念を尊重しながら、介護保険制度にのっとった事業を委託する施設長のジレンマは、楠の撤退に対して「楠の働き方に対し、これがワーカーズとして望ましい働き方なのか」と思っていたこともあり、「正直寂しくもあり、でもこれでよかったとほっとする気持ちだった」という言葉に表れている。

一方、森は現在も蔦の家の委託業務をとおして「ワーカーズらしさ」を追求している。では二つのワーカーズコレクティブが対照的な交渉実践をおこなった背景にはどのような構造的な要因があったのだろうか。また楠の撤退は、自らが置かれた構造に対するどのような挑戦であり、交渉であったのか。次に森、楠それぞれの交渉実践の過程をみてみよう。

森――「理想のケア」を実現するための権限と責任の獲得

現在もデイサービスの委託を継続している森は、「理想のケア」を実現するために、自分たちの従来の実践を変える「内側」に向けた交渉実践と、蔦の家内での経営者や職員への「外側」にむけた交渉実践をおこなってきた。

上述したように、現在森はデイサービスを全面受託しているが、二〇〇一年までは森メンバーが、特養部門やデイ部門で蔦の家の職員に混じって働く「協働」というかたちをとってきた。この協働の段階では、森は自立した運営主体としての責任を担っていなかった。

こうした状況を変えたのが、蔦の家の経営側のイニシアティブですすめられた「ワーカーズコレクティブの活躍の場を増やす」ための大幅な改革である。一般の職員とワーカーズのワーカーが協働することれまでのあり方を変え、二〇〇二年から漸次的にデイサービスから蔦の家職員を減らし、最終的にデイサービスを森に全面委託するという方針がとられた。そしてマネジメントできる人材を育てるために、経営側は森メンバーの数人を常勤メンバーとして指名した。いわば上からの権限の委譲である。

しかしこの経営側の方針は、当初森メンバーにとっては「自主運営・自主管理でワークシェアする」という理念を否定するものと受け止められた。森ではこの問題をめぐって会議が何回もおこなわれ、結果的に森を辞めていったメンバーもいた。

このように内部に亀裂をうみだした経営主導の改革ではあったが、森は、経営側の方針にのっとり、サブリーダーと常勤メンバーを自分たちで選んだ。この対応は、「職員と対等に発言するためには業務に責任を持って働くメンバーが必要だった」（森代表）と、現在の森のメンバーには肯定的に解釈されている。

しかし森は単に経営側からの命令に従って、このような働き方の転換をおこなったわけではない。そこには、それまで職員との協働のなかで「片手間」に働く自分たちの弱みを痛感してきたという経緯があった。森のメンバーは協働の過程で、ワーカーズメンバーの働き方に対する蔦の家職員の批判に直面してきたとふり返る。

特養でのワーカーズコレクティブの勤務は朝七時から十三時までと、十三時から十九時までで、これは子育て中は厳しい時間だった。特養での勤務に月二回だけでると、記録を読んでも入居者の状況が

理解できず雑用しかできなかった……私が出勤すると職員から嫌な顔をされた。（森メンバー）

「協働」の過程では、家庭でのケア労働者という位置を変えずに空いた時間に働くワーカーの働き方は、フルタイムで働く蔦の家の職員には、「足手まとい」とされてきた。職員の側も「ワーカーズコレクティブといっしょにされるのが面白くなかった」と述べる。利用者の状況や日々の流れを職員が知っていて、ワーカーズメンバーは知らないという状況は、ワーカーズコレクティブの弱みとなり、職員からは「だから森は責任を持たないいんだよ」とよくいわれたという。「ワークシェア」は、職員からみれば「責任をとらない」働き方にすぎない、「片手間」な働き方では社会的評価を得られない。こうした反省から、森のメンバーは「主婦的働き方」を批判的に解釈し、常勤職の選出によって「責任体制を整えた」（森代表）のである。

さらに森の片手間な働き方は、単に職員の足手まといとなるだけでなく、自分たちが考える「理想のケア」の追求を妨げるものであった。

（協働では）デイリーダーである職員は、管理型で安全面を重視するあまりご利用者を管理するばかりだった。「ご利用者が椅子から立ったらついていきなさい」といい、自立の方がお手洗いに行かれるのもついていった。しかし私たちは勉強不足で、それに対抗する言葉を持っていなかった。そのような時期を経て少しずつデイで勤務するメンバーを増やし、研修を進め新人の研修も「森」で担うようになった。課題をみつけ、自分たちの言葉で提案し改善しているので働きやすくなった。（森代表）

協働の過程では森のメンバーは職員の管理型ケアへの違和感を感じてきたが、その違和感を言語化することができなかった。しかし常勤体制に移行していくなかで、この違和感を森なりの「専門性」へと言語化することができるようになった。現在では「福祉の専門性を身につけるきっかけをもらったのは職員との協働」（森代表）と、職員との協働の経験も肯定的に意味づけられている。

このように森のメンバーがまず交渉したのは、メンバー個人内部の意識であった。協働がコンシャスネス・レイジング（意識覚醒）をもたらし、「主婦の片手間な働き方」という従来のハビトゥスを批判的にとらえ、変更させるきっかけとなった。そして「権限と責任」をもった働き方への転換は、結果として「森らしいケア」を言語化し、経営者や職員に対する交渉をとおして実現していくことにつながった。蔦の家では経営者、各ワーカーズコレクティブの代表や特養のリーダーが集まる「運営会議」が毎月おこなわれているが、森はこうした場で運営や経営をめぐって積極的に交渉している。また森の代表は「森は今年度、開所以来の事業高をあげた」と誇らしげに語る。

「主婦からの脱却」は単に意識のレベルにとどまらない。森のメンバーは現在（調査時）二一人中八人が夫の扶養をはずれて働いている。そして労働時間の面からいえば森も楠も、決して「主婦的働き方」をしているとはいえない。特に中心メンバーの労働時間は長く、残業、夜の会議、土日出勤も厭わない。デイサービスでは森のメンバーではない蔦の家のパート女性が働いているが、彼女はワーカーズコレクティブに入らない理由をこう述べる。「ワーカーズコレクティブは意識が高い。意識の高さとは報酬についてボランティア精神が高いということ」と述べる。時間外労働や休日の活動などのボランティア精神が「ワーカーズコレクティブ」と「（雇用労働の）パート」を分けるひとつの指標となっているようだ。休日のボランティアや会議により拘束時間が長い森のメンバーは、家庭を犠牲にした働き方をしており、家庭でのケア責任を負った労働者という位置にこだわる「主婦意識」は薄い。森の代表は「将来は『小規模多機能事業所』を開きたい」と意気込み起業家精神もみせる。

楠――権限の縮小と労働からの疎外

以上のように内なる交渉と経営側との交渉をとおして組織の自律性を獲得してきた森とはちがい、厨房を担当する楠は、蔦の家設立当初から自律的な組織として運営を任されてきた。しかし介護保険制度以後、蔦の家との委託契約において、森とは対照的に、楠では権限が縮小されるという事態が起きた。撤退という結論にいたるまでの「楠らしさ」をかけた交渉実践の過程をみてみよう。

楠は設立以来一〇年、生活クラブの食材にこだわり、無添加、無農薬の食品や、石けんを使う安全な食づくりを理念にして活動してきた。調査時には二〇人が蔦の家の厨房、一六人は市内の仕出し店舗で働いていたが、創設メンバー一一人はほとんど蔦の家の厨房にいた。

蔦の家からの撤退の理由について楠代表は、インタビューで「疲れた」と述べる。疲れの原因は複合的であるが、もっとも大きな要因が介護保険以後の労働強化である。介護保険以後、蔦の家は市の給食サービスも受託したことで、楠に委託される食数が増え、その数は設立当初の五〇食から二八〇食に増えた。食数の増加によって、「立ち仕事で、朝六時半から夕方六時まで、一日中二〇～三〇分の食事の時間しか座る時間がない」状態だったという。「業務が増えて疲れきった。余裕がなくて入居者の顔が浮かばない」と代表はためいきをもらす。また介護保険以後、形態対応食、個別対応食などの要求が増え、とくにこの二年間業務が格段に増えたという。

介護保険制度以後の変化に対応できなかったことは、楠に「専門性」や士気が欠けていたことを意味するわけではない。経済性や効率性を追求する労働に転換することは、楠にとっては労働の質の変化をせまるものである。たとえば要求される食数が増えても「食材の単価を下げて、機械を入れて合理化」すれば数に対応できたかもしれないが、それは「安全な食材や手づくりなどのこだわりを捨てることになる」（楠代表）。安全な食材、せっけんにこだわるという理念を守ることと、介護保険制度の下での食事づくりとの専門性のズレが埋めがたいほど大きくなったのである。

こうしたズレがもっとも大きくなったのは、介護保険制度以後の管理栄養士との関係においてであった。介護保険制度では、管理栄養士による食事管理が義務づけられたことで[20]、蔦の家でも管理栄養士による食事の管理を開始した。しかし管理栄養士の管理手法は、楠のメンバーにとっては「自主運営・自主管理」の理念においても、食の質の面においても、「楠らしさ」を否定するものとして経験された。それまでこだわってきた基礎調味料、せっけんなどの生協素材はどんどん減らされ、管理栄養士によって塩素系の漂白剤の使用を要求されたことは、楠のメンバーにとってつらい経験だったという。楠代表は、継続を困難にした原因として労働強化だけではなく、楠の権限を縮小する管理体制に言及する。

介護保険制度や特定給食施設指定以後、蔦の家の食事部門は職員をリーダーとする管理体制に整えられた。蔦の家は個別ケアを尊重する施設であり、また重度の方が多い施設なので業務に個別対応食やミキサーなどの形態対応食の調理業務内容が増えている。食事部門に経営管理の視点から効率性や資格に基づいた専門性が求められた。それまでは一定の裁量のもとでの業務委託だったが、職員の指示・管理の下、点検されることの多い働きの場となった。（楠代表）

このように楠は、「指示が増え、ふつうの職場、企業の職場の雰囲気に」（楠代表）なり、「自主管理・自主運営」とはほど遠い労働の場となっていったという。楠メンバーたちは、労働強化と意志決定に参加できないことにより、仕事の意味、やりがいを実感することができなくなっていったようだ。

もちろん介護施設の厨房では多くの業者がこうした委託業務形態をとっており、楠だけが特殊ケースではない。しかし、オルタナティブな労働として開始されたワーカーズコレクティブにとっては、裁量権もなく理念も追求できない働きの場とは、「疎外された労働」に他ならない。雇用労働という「疎外された労働」の批判からうまれたワーカーズコレクティブの働き方が、「疎外された労働」に転じていったのである。

交渉の失敗――閉ざされた厨房

では、楠はこのような労働疎外に対し、どのような対応してきたのだろうか。

蔦の家の理事長は「管理栄養士の業務管理基準とワーカーズコレクティブのやり方とにズレがある」ことを認めたうえで、「（ワーカーズコレクティブは）特別養護老人ホームの外側で起こっている制度的状況変化に対し、意識的にアンテナをはっていなければ自己判断ができない。しかし楠はそうではなかったので、管理栄養士の基準が過大な要求に感じられたのではないか」と述べる。

蔦の家のなかで委託事業をしている楠は、確かに直接に外部の制度変化にはさらされていない。楠代表も、楠に問題や課題があるのに整理して対策することができなかったとして、他の施設を見学する等勉強する必要もあったと反省する。しかし、楠の側もこのような構造的変化に対し受け身であったわけではない。二年前には楠独自の管理栄養士の擁立や、調理業務職担当の基幹ワーカーを置くことを試みているが、蔦の家から受け取る委託料の少なさが基幹ワーカーの定着を困難にしたという。理念で人を集められるほど魅力的な職場でなくなった一方、人材を集められるほど報酬をあげることもできなかったというジレンマが窺われる。代表は、「十二万円では中途半端な報酬で、継続してもらえなかった」と述べる。蔦の家からの委託料は一食一九一円の人件費のみで、そこから得られる分配金（給料）は、時給六〇〇円からここ五、六年で七五〇円にあがったが、デイを担っている森の時給九〇〇円に比べて格段に安い。楠の代表は「福祉分野での調理は介護と比べて社会的に低い評価のまま」と述べる。楠の経済資源の少なさが、独自の管理栄養士の導入を不可能にし、運営の自律性を妨げた一因であることは確かである。

もちろん、運営の自立を達成する経済資源が得られなくとも、「運営会議」での経営者との交渉をとおして状況を変えていくこともできたと考えられる。しかしここでも楠は交渉力を発揮することができなかった。施設長も楠代表も口を揃えて、楠には「提案力がなかった」とする。蔦の家の施設長は「四年前に、楠の裁量、権限を大きくしようとしていろいろ提案したが、「『ここまで私たちがやるんですか』という反応がかえってきた」と述べる。蔦の家理事長は、「何が問題なのかということをしっかり説明してもらわないと、法人として何を改善しなければいけないのか、楠のこだわりがよくわからない」とする。

介護保険制度以後、蔦の家と楠の委託契約は、「調理」という作業のみを委託するアウトソーシングとなり、その契約は労働強化と委託料の少なさをもたらした。楠にとっては、この委託契約の内容そのものを変えていかなければ働き方の改善は実現不可能であったのだが、そのような根本的な関係を変えていく交渉を実現させることは難しい。デイ委託契約後の森が、自分たちの目指すものを言語化し交渉を成功させていったのとは対照的である。

ただし交渉力という言説資源を獲得する機会をめぐっては、楠と森が置かれた状況には大きな違いがある。森が職員と「協働」してきたのに対し、楠メンバーは職員や利用者との相互作用の機会がもてず、厨房のなかに閉ざされてきた。楠では、運営は代表など一部のメンバーにまかせ、他のメンバーは厨房で仕事だけをおこなうという体制だった。楠の代表は「ワーカーズコレクティブの定例会議も、三六五日朝六時から夜八時まで業務があるので全員参加は難しい……一歩先のことや全体をみる運営のことは後回しにされ理事にお任せになってしまった」とする。全体会議に参加する理事以外のメンバーは、厨房のなかに閉ざされ食づくりに専念する。こうした体制のなかで楠のメンバーは、蔦の家のなかで孤立していたようだ。それは「厨房」という場が物理的に隔離されていることにも起因する。森のメンバーによれば、「厨房は重い鉄の扉で仕切られ、以前職員から開けるなと言われていたこともあり『開かずの扉』と呼んでいたこともあった」という。一般に施設では厨房は衛生管理という面から、他から隔離される傾向にある。厨房職員が調理に専念し、利用者や他の介護職と関係をもたないことは、厨房職員に施設全体における自分たちの役割を認識する機会を失わせる。結果として楠メンバーは、自分たちの仕事の意義や役割について言語化し相手を説得させる交渉力を獲得することができなかった。気づいたときには「多くのメンバーがスムーズに他の事業者に業務移行ができるうちに契約解除することを望んで」（楠代表）いた。現在楠のメンバーは以前に独立した市内の仕出し店舗に移動し、蔦の家と協力関係を築きながら市の給食サービスや地域の高齢者向けの食事サービスを提供している。蔦の家の内部の「楠らしい労働」の獲得は失敗したが、撤退という決定自体、「楠らしさ」を守るための抵抗実践であったといえる。

食づくりの「単純労働化」への抵抗としての「撤退」

このように森も楠も、理想のケアや労働を求めて苦闘してきた。この「ワーカーズらしさ」をかけた交渉実践が、契約の継続か撤退かという両者の道を分けた。両者が対照的な道をたどった構造的要因として、蔦の家との委託契約の内容や権限配分のあり方があったことは確かである。しかしより大きな構造的要因として、介護保険制度のもとでのデイサービスと食事サービスの位置づけの違いもある。

デイサービスは介護保険制度でもっとも採算のとれる事業であり、森は基幹ワーカーを置くことが可能な分配金を得ることができている。そのために森はデイサービスの全面委託契約をとおして裁量と権限を増やし、また介護保険制度内のサービスと専門性基準を、森の理念に対立することなくとりこむことができた。その結果、森は「理想のケア」をめぐる言説資源を獲得することができ、蔦の家での交渉力を高めていると考えられる。

一方、施設の食事サービスは採算のとれない部門である。蔦の家からの委託料は一食一九一円で楠メンバーの時給は七五〇円にとどまり、独自の管理栄養士を入れることにも失敗している。介護保険制度にのっとった食事サービス提供において、楠の権限は減り、食事数の増加や対応食による労働強化も加わった。また介護保険制度にのっとった衛生管理体制や大量調理は、安全なせっけんや食材の使用という楠の理念と調和しにくいものであった。「楠らしさ」と乖離した介護保険制度のもとでの「専門性」言説は、経営側に対して楠が自らの「専門性」を主張する際の言説資源になりえなかった。

二〇〇五年の介護保険の改正では、管理栄養士の業務が高く評価されることになった一方、調理は「介護ではない」と位置づけられた。また施設では、ホテルコストとならんで食事が自己負担となり、食事サービスは採算のとれない部門となっている。介護保険制度以後、身体介護やマネジメント業務の専門性が評価される一方、調理、掃除、洗濯といった家事労働が「非熟練労働」として外部化されていく傾向が強まっている。楠の代表が述べるように「福祉分野での調理は介護と比べて社会的に低い評価のまま」なのである。

厨房の役割を施設内でどのように位置づけ、厨房職員との連携をはかることが望ましいのか。これは楠だけでなく、他の施設でも模索されている課題である。たとえば、愛知県の社会福祉法人せんねん村では、厨房職員が自分たちの働き方について提案をし、厨房職員が介護職員といっしょに盛りつけを各ユニットでおこなうというアイデアを実現させた。このユニットでのもりつけは、厨房職員の仕事量を増やしたが、「やりがい」が労働の負担増を帳消しにしたという。利用者の残食も減り、何より利用者との個別関係をもつことができることが大きかったようだ。厨房職員が「喜ばれたよ」と利用者の反応を厨房に持ち寄り、やりがいを感じる。これは、「厨房で調理だけしていては、利用者の顔がみえない」と、ためいきをついていた楠の状況と対照的である。

このように楠の事例は、介護保険制度以後の介護労働における専門性や仕事の評価をめぐる階層構造をまさに映し出したものであり、楠の「撤退」という選択は、このような介護労働市場の構造に巻き込まれていくこと、「食事づくりの単純労働化」への抵抗であったといえる。

蔦の家における業務委託と異なり、現在楠が活動する「仕出し店舗」では、対応可能な数だけ受注する食事づくりをすることができる。経営や運営に関する権限ももつことができる。もちろん、楠が外部店舗のインフラを整えられたのは蔦の家の資金力があったからだが、結果的に楠は自立することを選択した。その意味で楠の実践とは、ワーカーズコレクティブとして理想の食づくりや自主運営・自主管理の理念を守る交渉実践であり、「制度にはふり回されない」という抵抗であったといる。

4　ワーカーズコレクティブの実践の効果

以上みてきたように森や楠のメンバーは、自分たちの理想のケアや仕事を追求する権限の獲得をめざして交渉実践をおこなっており、経営母体である生協との関係においてただ受動的であるわけではない。「自主運営・自己管理」「ケアの質」などの理念を追求するための交渉実践がおこなわれてきた。本節では、このような交渉実践がケア労働のジェンダー構造にどのような効果をもたらすものなのか検討してみたい。

ジェンダーをめぐる「言説」の変容——「ケア能力」以外の「資本」の獲得

第一に、「自主運営・自主管理」というワーカーズコレクティブの働き方そのものが、労働市場のジェンダー配置とジェンダーをめぐる言説を一定程度変容させている。それは、女性が働き方への権限をもつこと、「女性向きの仕事」においてただ「使われる」のではない自律的な働き方を獲得するという変容である。次章でみるように民間事業所では、雇用されて間もない男性ヘルパーが所長やサービス提供責任者などマネジメント職に就くという性別職域分離の再生産が起こっている。他方ワーカーズコレクティブのように、女性が「自律性」と「マネジメント能力」をもつ労働の場が拡大することは、性別職域分離の再生産を押しとどめる効果をもつだろう。

第二に、ワーカーズコレクティブの活動は、女性の「ケア能力」以外の「資本」を開発、開花させる機会となっている。上述したように、楠メンバーは外部店舗に移行することで経営的には自立し、森の代表も「将来は小規模多機能事業所を開きたい」と意気込む。このようにワーカーズコレクティブの活動をとおして得た「マネジメント能力」という資本を用いて、事業の継続、拡大を目指している。森と楠が社会福祉法人の内部での活動のなかでも、このような起業家精神と運営能力という資本を獲得しえたのは、マネジメントとケアを分離せずに各自が運営に責任をもつ「自主運営・自主管理」という形態をとってきたからだ。その点で、ワーカーズコレクティブを創出し育ててきた生協は、資金援助というインフラ投資だけでなく、女性の「起業能力」への投資もしてきた。各生協経営者はほぼ男性で占められているが、そのもとで働く女性たちは「生協福祉」の労働力にとどまっているわけではない。彼女たちのマネジメント能力は、資金の獲得、経理、宣伝、ネットワークの活用、地域の資源の活用、そして自治体との交渉にまで及ぶ。その意味でワーカーズコレクティブの実践は、「家の嫁から社会の嫁へ」という性別分業の拡大再生産にとどまらない変動力をもっている。「女性＝他者の活動を手助けする存在」「男性＝活動の主体」とする「ジェンダー秩序」を再生産するのではなく、「女性が権限と責任をもった活動の担い手」となる実践を展開しているのである。

家庭の性別分業の変容

次に家庭の性別分業構造への効果をみてみよう。ワーカーズのメンバーの実践は、家庭の性別分業を一定程度変更させている。森のメンバーは、平日には時給九〇〇円で働き、土日にはボランティアでイベントを企画する。森のメンバーは自分たちを指して「安くて使える気のいいおばさん」と呼ぶこともあるとするが、決して片手間な「おばさん的な働きかた」（阿部［2007］）をしているわけではない。夫や子どもへのケアを犠牲にして、ワーカーズコレクティブに時間を費やしているメンバーも多い。協働の過程で「主婦的働き方」は批判的にとらえられ、「責任をもつプロ化」の必要性が問われるようになった。特に中心メンバーは運営の責任や利用者への責任という点で高いプロ意識をもっている。その意味で既婚女性を「主婦的ハビトゥス」を内面化した主体としてとらえることは適切ではない。

このようにワーカーズコレクティブの交渉実践は労働市場や家庭のジェンダー構造を変動させる可能性をもっている。しかしジェンダー構造を変えていくのは、女性だけではない。男性ケアワーカーの実践にも、構造を変動させる実践を見出すことはできる。そのような事例として、次章では男性ヘルパーの交渉実践について考察する。

注

（1）パートやアルバイトなどの差別賃金をさす「半ペイドワーク」の概念は、生活クラブ生協の前田陽子によって名付けられ、のちに朝日新聞の竹信美恵子を通じて人口に膾炙するようになった（上野［2004：12］）。

（2）九〇年代前半のＯＥＣＤ諸国の公的高齢者介護費用の対ＧＤＰの割合は、ノルウェー一七・六一％、スウェーデン一五・六一％、イギリス六・三三％、アメリカ五・六％に対し、日本は一・〇六％に満たなかった（森川［2004：137］）。

（3）ホームヘルプ以外の事業では一九六三年の老人福祉法において、養護老人ホーム、特別養護老人ホームが老人福祉施設として規定された。また一九七八年にショートステイ、一九七九年にデイサービスが開始され、これらにホームヘルプサービスも加え「在宅三本柱」と呼ばれるようになった。

（4）森川美絵は、サービス供給の多元化とは介護サービスが地域において「（疑似）家族役割」「女性役割」として編成された状況であり、家族を福祉の含み資産としつつ国家の費用を抑制する「日本型福祉社会」モデルの再編であったと指摘する（森川［1998：404］）。

（5）所得税の配偶者控除のための年収限度額がひきあげられたのが一九八〇年代、被扶養配偶者が保険料を徴収されずに年金が受けられる第三号被保険者制度が成立したのが一九八五年である。

（6）厚生労働省『平成十九年介護サービス事業所調査』。

（7）二〇〇五年『国勢調査』。

（8）介護福祉士の受験資格は三年以上介護業務に従事するか、福祉系高等学校卒業のいずれかによって与えられるため、専門学校を卒業した若いケア労働者の多くは「介護福祉士」資格をもって施設に就職していく。

（9）『平成十九年賃金構造基本統計調査』。

（10）『平成十九年介護労働実態調査』。この調査によれば、介護にかかわる職のなかで、実賃金（月給）が最も高いのは、理学療法士や作業療法士で三〇万円前後であるが、これらの職の男性割合は五割に達している。

（11）またホームヘルプ労働では身体介護と家事の報酬の格差により、民間営利企業は身体介護を優先し、既婚女性主体の非営利事業所には安い家事ばかりがまわってくるというケースもある（山根［2001］）。介護労働内部でも、専門性や賃金が低い労働に女性が就くという性別職域分離が起こっている。

（12）介護労働安定センター「ホームヘルパーの就業実態と就業意識調査」（2005）。

（13）全国ワーカーズコレクティブ連合組織ＷＮＪ（Workers Collective Network Japan）の統計によると、二〇〇七年現在でワーカーズコレクティブは全国六〇〇団体、メンバー数は一七三一七人、総事業高は一三六億円である。

（14）ギデンズは歴史的過程における人間のエージェンシーを、（一）毎日の社会的活動のなかで追求されている世俗的で個人的な企て、（二）政治団体の形成、宗教運動、軍隊の企てなど公的なもの、（三）既存の社会関係を積極的に変えようとするもの（Giddens［1987＝1998：283-4］）の三つに区分している。この分類にもとづけばワーカーズコレクティブの実践は、女性の自己実現という（一）個人的な企てを利用しながら、かつ（三）社会を変えようとする積極的企てというエージェンシーとして理解することができる。

（15）またメンバーを対象にした天野のアンケート調査では、働く場として「ワーカーズ」を選んだ（複数回答）として上位を占めているのは、「自分の都合のよい時間帯で働けるから」（五六・六％）、「パートで働くのは気がすすまなかったから」（四八・三％）、「自分のライフワークを見出したかったから」

（三二・九％）と、他の雇用の条件に比べた相対的好条件が参加理由の上位を占めている（天野［1988:414］）。

(16) 二〇〇〇年の九州のグリーンコープの調査では、代表メンバーの収入の発生しない不払い労働時間込みの時間単価は平均二二七円であった（上野・肥口［2001］）。

(17) 神奈川では、介護保険のサービス提供責任者の基本給が二五万円、保険内サービスの時給が一二〇〇円という事業所もある（榊原［2003:81］）。また千葉では、一九九四年にワーカーズコレクティブから生協直営の「たすけあいネットワーク事業」（現在は社会福祉法人生活クラブの「介護ステーション」）に移行したが、介護保険制度以後、代表の手当が月額二万円から、年俸三五〇万円にあがっている（東京大学社会学研究室・建築学研究室［2006:200］）。ただし千葉では近年の介護報酬の改定とサービス抑制により、時給や年俸も下がっている。

(18) 調査は二〇〇五年九月である。団体名はすべて匿名化した。

(19) 調査時には森二一人、楠二〇人のメンバーが活動していた。楠は企業組合の法人格を取得しているが、森は独自の法人格を取得していない。

(20) 厚生省告示第百七十九号　介護保険法施行法第二十六条第二項の厚生大臣が定める額「食事療養費」について参照。

第六章　男性ヘルパーの交渉実践と性別職域分離

本章では、ホームヘルプ労働に参入した男性ヘルパーの交渉実践について考察する。上述したようにホームヘルプ労働は女性が九割を占める「女性職」であり、①「家庭の性別分業における資源配分構造」②「ケア能力をめぐる言説」のもとで既婚女性に適した労働として位置づけられてきた。その点で男性がホームヘルパーを選択することは、自らの構造的位置と矛盾する選択であるといえる。介護保険制度以前には中高年男性が、退職後の「有償ボランティア」としてホームヘルプ労働に携わってきたが、介護保険制度以後の明らかな変化は、若い男性が参入したことにある。「労働者」としてホームヘルプ労働に従事する男性ヘルパーの登場は、ケア労働市場のジェンダー構造にどのような変化を与えているだろうか。

以下では男性ヘルパーの実践と構造への効果をめぐって筆者がおこなった聞き取り調査のデータから検討していきたい(1)。分析に使用するデータは以下の二つである。①現役もしくは離職した十代から六十代の男性ヘルパー一四人（サンプルコードA〜N）、彼らの同僚、上司の女性ヘルパー八人、利用者三人、合計二五人に対する半構造化面接のデータ、②上記の調査対象者MとNが所属する定年退職後の中高年男性中心のヘルパーの会における八人へのグループインタビューのデータ（本書では調査対象者OPQの発言がこのデータに含まれる）である。

1　女性職における男性ヘルパーの位置

まず、介護労働市場において男性ヘルパーの資源配分、言説構造上の位置づけについてみてみよう。上述したようにホームヘルプ労働は、介護労働のなかでも低賃金で、七割が登録型の不安定労働である。一ヶ月の平均実賃金は月給の正社員で一八万六千円、時間給の非正社員の場合で七万二千円となっている。(2) ホームヘルプ労働において男性の割合が一割にも満たない原因のひとつが、賃金の低さにあることは明らかである。特に若い男性ヘルパーにとっては、このような構造のなかでいかに生活していくための賃金を獲得するかが重要な課題となる。

しかし男性ヘルパーの実践を規定する「構造」とはそれだけではない。ホームヘルプ労働の場におけるジェンダー化された「言説」も、男性ヘルパーの実践に影響を与えている。特にサービスの利用者である高齢者は「介護は女性の仕事」という伝統的性別分業観をもっている。こうした介護の担い手にかんするジェンダー言説は、男性ヘルパーに対する労働需要の少なさとしてあらわれる。調査対象者の多くの男性が、男性の仕事はないという理由で事業所に採用を断られた経験をもっていた。

そして事業所の理解で入職できても男性ヘルパーを受け入れる利用者が少なく、男性ヘルパーは仕事量の獲得に苦労しつづけなければならない。利用者宅での一対一のサービス提供をおこなうホームヘルプ労働においては、サービス提供者に対する利用者ニーズが尊重される。契約の際に男性ヘルパーの利用が可能かどうか利用者に確認している事業所も多いが、重労働の身体介護でやむをえない場合をのぞき、多くの利用者が男性を拒否するという。また「男性は家事ができない」「男性に家事をさせたくない」と考えている利用者も多く男性ヘルパーの仕事は少ない(3)。

以上のように男性ヘルパーは、非正規雇用、低賃金といった資源配分構造、また「介護は女性の仕事」という言説構造のなかで生き残りのための戦略を立てることを余儀なくされている。

男性ヘルパーの仕事への意味づけ

次に男性ヘルパーは、ホームヘルプの仕事をどのように解釈しているのか、男性ヘルパーの仕事への意味づけに注目してみよう。男性ヘルパーの仕事への解釈は、①やりがい志向、②稼ぎ手志向、③社会活動志向の三つに分類できる。①は二十代、三十代男性、②は四十代男性、③は六十代以上の男性が中心であり、仕事への解釈は、ライフコースや扶養する家族がいるかという物質的な条件に規定されているようにみえる。しかし①の男性のなかには既婚で共稼ぎである男性もいるが、②のなかには、共稼ぎであるにもかかわらず「男性稼ぎ手」という「男らしさ」をめぐる言説を明確に語っている男性も含まれる。彼らのヘルパーという仕事への意味づけの違いは、物質的条件に加えて、「男らしさ」をめぐる「言説」の受容の程度の違いから生じるものといえる。

①やりがい志向層　独身、DINKS男性

第一のグループが十代から三十代前半の独身、もしくはDINKSの若いヘルパーである（九人）。独身男性七人のうち寮生活者と地方出身の二人以外は、親と同居している。ほとんどが介護保険制度施行以後に入職しており、ヘルパー歴は二年から一年未満と短い。

彼らに特徴的なのは、全員がホームヘルプ労働の選択を促す具体的な経験をもっていると主観的に意味づけていることだ。九人中三人は、祖父母、友人、母親を実際に介護した経験を有している。現在はケアマネジャーとして働いているAさんは、高校生のときに認知症の祖父の介護をしたこと、建築現場で働いていた二十代のBさんは、交通事故で中途障がいになった友人の介助を何年もしていたことを、それぞれヘルパーになった理由としている。また高卒でヘルパーになったCさんは母親が障がい者で常に介助者が家に入っており、在宅介護の意義を痛感していたという。また他の三人は、祖父母の認知症や看取りをめぐって「自分が無力で何もできなかった」という後悔の気持ちをもっていることを介護の仕事に就いたきっかけと述べる。

一方、ホームヘルプ以外の他の看護・介護職から転職した三十代前半の二人は、前職と比較してヘルパー職を評価している。看護師資格を持つHさんは病院や施設では納得のいく看護や介護ができなかったとし、「自分のやりたいことは在宅介護」と述べる。彼は組織内の勝負ではなく技術を売る「職人」として自己定義し、また専門性の必要性を強く主張する。Iさんは障がい者の作業所でボランティアとの境界が曖昧になる働き方に違和感をもち、ヘルパーに移っている。

若い男性介護職の増加は、介護福祉士資格を取得できる福祉系専門学校の増加に後押しされたと考えられているが、男性ヘルパーは「福祉系専門学校→施設」とは別のルートから、介護職に参入している。本調査では三十代前半までの男性九人中、福祉系専門学校卒は三人だけ（他は大卒二人、高卒三人、非福祉系専門学校卒一人）であった。大卒男性二人は卒業後アルバイトをしている途中、祖父母の看取りを契機にヘルパーになっており、フリーターの増加も男性ヘルパーの潜在的な供給源のひとつになっている。

この若い層の男性ヘルパーたちは、自らの介護や看取りの経験からヘルパーを選択したと意味づけており、ヘルパーという仕事の内容に「やりがい」を求めている層といえる。一方で彼らは生活していく賃金を稼ぐために、ヘルパーを「職業」として確立したいという志向ももっている。よって、ホームヘルプ労働における男性の仕事の少なさや報酬、身分の不安定さに不安を感じており、後でみるように彼らの多くは、所長やケアマネジャーなど安定した地位に就くか、もしくは継続を断念して退職していく。

②稼ぎ手志向層　四十代男性

第二のグループが、稼ぎ手志向層といえる妻子持ちの四十代の男性ヘルパーである。既婚で子どもがいる男性ヘルパーは、調査中に出会うことが一番少ない層であった。本調査で聞き取りをした二人は失業をきっかけにヘルパーになった転職組で、彼らはそれ以前に介護の経験はない。働き盛り世代の彼らは、稼ぎ手であることにこだわりをみせる。インテリア会社から転職した四十代半ばのJさんは、妻も看護職で共稼ぎだが「男は食わせて当たり前」「この業界で食っていくんだ」と、ホームヘルプ労働をとおして経済資源を得ることを重要視している。いくつもの事業所をかけもちしし、介護保険外のサービスを利用するお得意様をつくっていることで月三〇万円以上稼いでいる。一方、専業主婦の妻と子ども二人を養うKさんは、時給だけみて割がいいと思いヘルパーになったが給料が少ないのを理由に退職している。このタイプの男性は一度ヘルパーになっても、給料を理由にすぐに辞めていく人が多いと考えられる。

③社会活動志向層　六十代以上の定年退職組

第三のグループとして、かって稼ぎ手であったが現在は退職し、年金などを主な収入源としている六十代以上の男性ヘルパーがいる。彼らは一般企業や自衛隊を定年退職し、退職後の仕事としてヘルパーになっており、介護保険制度以前からヘルパーをやっている人も多い。ヘルパーになったきっかけは母や妻の介護や、介護への興味などさまざまであるが、これまでの市場労働において経験しえなかった価値をヘルパーの仕事に見出している。彼らはアルバイト、趣味、ボランティアとしてヘルパーを意味づけており、全員「登録ヘルパー」で週の労働時間も少ない。六五歳から九年間ヘルパーをつづけているOさんは「ヘルパーで食べていこうなんておこがましい」とボランティア精神の重要性を述べる。Pさんはヘルパーとは別に週に一度養護施設での学習補助のボランティアに通っており、ヘルパーもそうした社会活動の一環としてかかわっている。彼らにとってヘルパーは、「職業」ではなく「社会活動」として意味づけられている。同じ男性であっても、ヘルパーで食べていこうとしている若い男性の苦悩を理解する様子はない。

2　男性ヘルパーの生存戦略
――同化戦略、差異化戦略

では各層の男性ヘルパーたちは、ジェンダー化された職場において、どのような実践をおこなっているのか。ここでは男性ヘルパーが職場において自分の位置 position を確立していこうとする一連の交渉実践を「戦略」としてとらえ、男性ヘルパーに共通する戦略と、世代によって異なる戦略のあり方を考察してみたい。

「女性職」におけるパフォーマンス・プレッシャー

まずどの男性も経験するのが、女性職における「少数派」としての経験である。男性ヘルパーたちは資格取得前や就職前にホームヘルパーが「女性職」であることに気づいてはいるが、それによって自分が不利な立場に立たされることは予想していなかったようだ。資格を取得し事業所に所属しようとする際に、男性ヘルパーを受け入れる事業所が少ないことに気づき、男性であることが「マイナス」である経験をする。入職しても「男性は家事ができない」といった女性ヘルパーや利用者の評価をとおして、彼らは自分が「男性」であることを認識させられる。性別職域分離に関する研究の先駆者であるロザベス・モス・カンターは、職場において少数派の女性社員が「パフォーマンス・プレッシャー」(Kanter [1977＝1995:220]) を感じているとしたが、女性職における男性ヘルパーも、利用者や女性ヘルパーからの評価を非常に強く意識している。所長として働くHさんは「男性ヘルパーは人一倍努力しないとだめ。努力する気がない人は仕事が減っていく」と述べる。十九歳のCさんは、年上の女性ヘルパーから「へえ、あなたヘルパーできるの」といわれたことから「自分は差別されている」と自分の経験を語っている。

利用者の評価も同様のプレッシャーとなる。施設を八年経験してからヘルパーになったAさんは、女性上司と初めての利用者宅に挨拶にいった際に、利用者に「あんたがいい」と女性ヘルパーを指さされた。彼は「利用者に断られないように」という事業所の要請がプレッシャーとなりヘルパーを辞め、結局また施設に戻った。

もちろん男性ヘルパーをすでに雇用している事業所の所長は、男性ヘルパーの参入に好意的である。ある女性所長は「利用者の思いこみで男性のほうがふりまわされる」と同情を示す。またこの事業所では男性ヘルパーを斡旋した結果、男性を拒否していた利用者が受け入れることも多いという(4)。一方で自ら男性として仕事の少なさを経験してきた小規模民間事業所の所長Hさんは、これ以上男性はいらないので採用しないとしている。男性ヘルパーは、将来的にも自分たちが「少数派」であると推測している。

男性ヘルパーと力仕事――性別職域分離の生成

性別職域分離の研究者アン・ウィッツは、職場の性別分離をもたらす男性の戦略を、職場内において技術や知識などへのアクセスから女性を排除する「排除 exclusionary 戦略」と、隣接する他の職とのあいだに境界線をひき支配関係を生み出す「縄張り demarcation 戦略」に区別した(Witz [1992:44-46])。

しかしマイノリティである男性ヘルパーがとりうる戦略は、排除戦略でも縄張り戦略でもない。むしろ男性ヘルパーは「異質なヘルパー」として排除された側であり、彼らの戦略は排除された集団が自分たちの位置を確保しようとする「包摂 inclusionary 戦略」（Witz［1992: 49］）ととらえるほうが適切である。では具体的に彼らはどのような戦略をとっているのだろうか。まず、身体介護と家事の分業という点からみてみよう。

事業所や利用者に承認されるための第一のステップが、男性に適しているとされる仕事をすすんで引き受けることである。多くの職員がシフト交代で入る施設と異なり、サービス時間において身体介護と家事（生活援助）が区別される在宅介護では、男性の仕事、女性の仕事を分ける基準が明確になりやすい。実際にどの年齢層の男性ヘルパーも家事よりも身体介護の担当が多いとしている。所長のBさんによれば、中高年の女性が力のいる身体介護を敬遠する傾向もあり男性ヘルパーは体の重い男性利用者のヘルパーは「力仕事があるのだからこの仕事は女だけではできない」と述べる。事業所にとって男性ヘルパーは「多すぎても困るが、いなければ困る」存在といえる。

しかし、男性＝身体介護という性別職務分離は、男女間の「平等な役割分担」ではない。介護保険制度では身体介護のほうが、家事（生活支援）より報酬が高く設定されており、家事＝女性、男性＝身体介護という分業が成立すれば、登録ヘルパーである限り後者の報酬を高める。月に三〇万円稼いでいるというJさんは、以前は家事にも入っていたが、最近は身体介護にしか入っていないという(5)。

しかし男性ヘルパーの身体介護を受け入れるのは、一部の女性利用者と男性利用者に限られ、さらにトラブルも多い。男性利用者から「年下の男性に介護されるのはたまらない」という理由で断られたケース（六十代Pさん）や、男性利用者宅で身体介護をめぐるトラブルを経験している男性ヘルパーもいる。排泄介助のときに「つばを吐きかけられた」（Bさん）「殴られた」（Mさん）といった経験はヘルパーの年齢に関係なく生ずる。身体介護のなかでも排泄介助は介護する側とされる側の上下関係が生じやすく、特に男性利用者の場合、同性から介助されることへの抵抗が強いと考えられる。

またセクハラをする利用者も男性の担当となる。Mさんは、介護保険以前に自分にまわってくる仕事は、セクハラをする利用者やアル中などで非常に部屋が汚い利用者の家など女性ヘルパーが入れないケースばかりだったという。「女性ができない仕事」を男性の仕事として割り振ることは事業所にとっても都合がよく、「男性の仕事」「女性の仕事」という分離を形成する契機となっている。

「同化」戦略と「差異化」戦略

このようにどの層の男性にとっても「女性ができない仕事」を引き受けることは、ヘルパーとして承認されるために不可欠な戦略である。しかし、これに加えてどのような戦略を展開していくかは各層ごとにその戦略が異なってくる。

三十代前半までの「やりがい志向」のヘルパーでは、身体介護のみを担当している者はおらず、家事も積極的に引き受けようと努力している。「最初は身体介護で入った利用者にそのうち家事をお願いされるようになる」（Dさん）など、一度信頼関係ができれば、男性ヘルパーに家事を頼む利用者もいる。ただし家事に入っても、男性には力仕事の掃除が要求されることもある。ひとり暮らしの女性利用者は

「男性ヘルパーはいや」と拒否していたが、Hさんが集金のために訪問してきた際、「この人ならいい」と思って家にいれることにしたという。しかし「男性に台所に立たれるのは申し訳ない」ので、月に一回力仕事の掃除を頼むだけで、料理を含む週二回の家事は女性ヘルパーを利用している。「料理は女性、力仕事は男性」という割り当てがなされているが、これは男性ヘルパー側の選択ではない。

実際に、男性ヘルパーにとって一番のネックとなるのが料理である。多くの男性にとって、利用者のニーズに合わせてつくる料理は難しい作業のようだ。「掃除はいいが、料理は苦手」という声はよく聞かれた。「ヘルパーの質は家事の内容で決定されるのではない。技術的なことは経験でうまくなる」とし、料理ができなくても採用するという所長もいるが、「男性は料理が得意でない人もいる」という女性ヘルパーの評価もある。

しかし、総じてやりがい志向のヘルパーは、「料理は自信がないが、先輩から教わった」「自分は料理をを二年間努力してきた」（Hさん）「実家にいるので料理をしたことはなかったが、最初は本をみながらがんばった」（Iさん）と、総じて料理を習得する努力をしている。また「稼ぎ手志向」の四十代男性は、ひとりは調理師免許をもっており、もうひとりも入職以前から料理を得意としており、料理に抵抗がなかったようだ(6)。

一方「社会活動志向」の男性ヘルパーで、家事に入る人は少ない。中高年男性ヘルパーの会の聞き取りでは、八人中もともと料理が得意な二人をのぞき、六人は身体介護しか担当しておらず、ヘルパーになってから料理の習得をした人はない。彼らはヘルパーの仕事で生活を支えているわけではないため、数少ない身体介護の仕事があればあえて家事に挑戦する必要性がないのは確かだ。しかし身体介護も家事同様、彼らにとって新しい挑戦であったことには違いない。ではなぜ、彼らは身体介護と同様に家事には挑戦しないのだろうか。

注目したいのは定年退職組の男性ヘルパーが、介護に男性にしかできない仕事があることを強調している点である。六十代のQさんはこう述べる。

今の社会を中心になってつくってきた年代の男性たちが体を悪くされているときにその時代のことをわかってあげ、同感してあげることは男性でなければできない。女性や若い人では無理です。

このように彼は企業社会の戦士として男性利用者との関係の重要性を強調する。もちろん利用者は、男性ヘルパーとの関係を重視し、そこに価値を見出しているかどうかはわからない。「男性だからこそできるケア」とは、あくまで男性ヘルパー側の自己の活動に対する解釈実践である。

しかし企業社会をとおして獲得された男性的アイデンティティは利用者の側にもあり、それゆえ男性ヘルパーが忌避されることもある。男性利用者から「自分が職場の中で男性を使ってきたので、そういう上下関係を家のなかに持ち込まれるのがいやだ」として拒否された男性ヘルパーもいたという。この事例を話してくれた女性ヘルパーは「相手が女性だとなんとも思わないのは、女性はいつも下に見られており蔑視されているからだ」と解釈する。彼女の洞察は、女性が担う介護労働に孕まれるヒエラルキー的関係を見事に言い当てている。

このように男性同士の関係が必ずうまくいくわけではないにもかかわらず、定年退職組の男性ヘルパーは、「男性にしかできない仕事」の重要性を述べる。彼らが企業社会の経験をとおして確立された男性アイデンティティを強くもっているため、利用者と男性同士のつながりを感じる瞬間をより貴重なものとして経験しているからなのかもしれない。そしてこの男性アイデンティティが、女性的な料理や掃除などの家事に挑戦することへの抵抗感をより強くしているとも考えられる。

以上みてきたようにマイノリティである男性ヘルパーの「包摂戦略」は、「同化戦略」と「差異化戦略」に分けられる。「男性にしかできない仕事」を強調する中高年男性が女性からの「差異化戦略」をとるのに対し、家事、料理も引き受ける若い男性は、女性への「同化戦略」をとる。この二つの戦略がホームヘルプ労働におけるジェンダーに及ぼす効果は対照的である。

「男性にしかできない仕事」にやりがいを見出し、身体介護のみを引き受ける「差異化戦略」は、家事＝女性の仕事という規則を再生産する一方で、「同化戦略」は限定的ではあるが、利用者や女性ヘルパーの「仕事の内容」をめぐるジェンダー言説を変える。事業所による斡旋の結果、男性ヘルパーに家事を頼むようになった利用者もいる。

もちろんヘルパーとして料理も仕事として引き受ける男性ヘルパーも、家庭では母親や妻に家事責任を任せていると考えられ、現行の性別分業体制に対して批判的であるわけではない。彼らはヘルパーを職業としてとらえ、必要とされる職務をこなすことにその意義を見出している。登録ヘルパーの場合、家事も含め少しでも利用者件数を増やすことが、収入を上げるために不可欠なのである。それでも彼らにとって苦手な料理にあえて挑戦することは決して楽なことではない。彼らは失敗をくり返しながら技術の向上を試みており、その結果女性ヘルパーや利用者のジェンダーをめぐる言説を変化させている。

しかし、この若い男性たちの職業確立志向は、以下でみるように異なるかたちで職場の性別職域分離をうみだし、男女の賃金格差をうみだしている。

マネジメント職に就く男性――性別職域分離の生成

ここまで介護や家事など仕事の内容をめぐる言説を変更させる「やりがい志向」の男性ヘルパーの交渉実践について考察してきた。一方でこの「やりがい志向」や「稼ぎ手志向」の男性ヘルパーの実践は、同じ職において男性がより賃金の高い仕事に就く垂直的性別職域分離をうみだしている。しかし、それは男性が女性を排除するという意味での「権力行使」によるものではない。

登録型ヘルパーを希望する「社会活動志向」の中高年男性ヘルパーとは異なり、「やりがい志向」の若い男性ヘルパーは安定した月給を得られる社員、常勤の地位に就くことを求めている。これは「稼ぎ手」という男らしさをめぐる言説へのこだわりというより「生活するための賃金を」という物質的な要求によるものである。ヘルパー職では、時間給の登録型で夜勤をこなせば高い報酬を得ることもできるため、彼らが社員を希望するのは「経済資源」そのものよりも登録ヘルパーでいることの不安感によるようだ。三十代のJさんは常勤職になって報酬が下がったが「登録になってくれと言われたら普通の会社に転職する」と述べる。調査時点で四十代までの男性ヘルパー一一人のなかで離職者は四人いたが、うち三人は登録ヘルパーのうちに離職していた。Aさんはケアマネジャーに転職、Dさんは施設勤務を希望して退職しており、専門性が高い介護職や安定した職に転職している。もちろん社員でも退職する人はいる。調査時十九歳だったEさんは大手民間事業所Zで社員として働いていたが、週に日勤五日、夜勤三、四日の勤務に体力がつづかなくなりヘルパーを辞めた。上司による過剰な集客のしわ寄せは時間給の登録ヘルパーではなく、固定給の社員の負担を増大させる。Z社では男性には「社員にならないか」という声がかかるというが、若い男性が使い捨ての労働力として使われていたことは明らかだ。

　そして退職者も多い一方、継続している男性ヘルパーには、事業所所長や常勤のサービス提供責任者などマネジメント的役割が与えられる傾向がある。本調査中にも二人の男性がヘルパーになって一年以内に所長になっている。(7)

　村尾祐美子は、「自らの目標を実現するために他者の自律的な行為から利益を得る潜在能力」というR・マーフィーの「収益権力」の概念を用い、職場において女性比率が高いほど、男性が利益を得ているとする「収益権力」の存在を計量分析によって検証している（Murphy [1982]; 村尾 [2003]）。以下でみるように女性比率の高いホームヘルプ労働においても、男性の「収益権力」を如実にみてとることができる。

　Hさんは三二歳のとき、登録ヘルパーから所長になっている。病院や施設勤務をへており看護師資格をもっているため、彼がヘルパー歴一年で所長になったことは職場において自然な流れだったようだ。Hさんによれば、この事業所は子育て中のヘルパーが多いため彼女らが働きやすい職場づくりを目指している。そしてこのマネジメントは高く評価されており、常勤女性職によれば「Hさんになって事業所がよくなったと登録さんから評判だ」という。また建設業からヘルパーに転職して一年で二七歳のとき所長になったBさんは、自分が所長になった理由を「自分以外は、十九歳の女性と残業ができないシングルマザーと主婦しかおらず、引き受ける人がいなかったから」と述べている。Bさんは所長になってから残業が多く、週に六〇時間から七〇時間働いているとする。

このように両者の職場とも家庭責任を有する女性が多く、若い男性には時間的負担や責任の大きいマネジメント労働が期待される。ある事業所の女性所長は、女性が常勤や社員の地位に就かないのは女性側の選択のためだとする。この女性所長は、「女性のなかには登録から固定給の非常勤に誘ってもいやだという人もいる……若いと子どもが小さいので、余計に登録型がいい。このような雇用形態だから主婦が集まるのだろうか」と、女性ヘルパーの働き方に疑問を呈す。調査した四つの事業所では、女性登録ヘルパーはほとんどが夫の扶養内で働いており労働時間と賃金の増加を望んでいない。よって男性へルパーが、女性を支配することを意図したり、「男性＝稼ぎ手」という言説を利用して高い地位を獲得しようと躍起にならなくとも、「女性の存在が男性にゲタをはかせてくれる」（村尾［2003：162］）のである。

しかし性別職域分離の要因を、家庭のケア責任と結びついた女性の働き方に還元するのも性急であろう。女性ヘルパーが多い職場において、「女性所長」より「男性所長」のほうが、より組織運営が円滑にいくという仮定から、若い男性に白羽の矢が立つという可能性もある。男性は職場においてマイノリティである一方、年齢や経験年数を超越して「上に立つこと」が正当化される。家庭の位置に規定された男女の実践と、男性が上に立つことを正当化するジェンダー言説が互いに強化しあうことで、ホームヘルプ労働においても垂直的な性別職務分離が起こっている。「男性職における女性」と「女性職における男性」の位置は決して対称的ではない。

家事と女性性をめぐる言説の解体と再編

介護保険制度による介護の社会化という構造的変動が、若年男性ヘルパーを参入させる契機になったことは確かである。また、不況による雇用不足と二〇〇〇年前後ピークといわれた若年層の就職難が、若い男性の低賃金労働への参入を促した面もある。

加えて介護保険制度によって介護に一定の専門性が付与され、また賃労働として位置づけられたことの影響は大きい。介護保険制度以前の「誰でもできる」「有償ボランティア」という意味づけのもとでは、職業としてホームヘルプ労働を選ぶ男性はいなかった。

多くの場合、少数派の男性には力仕事である身体介護が割り当てられる性別職務分離がおこっている。一方で若い男性のように、ホームヘルプ労働において一定の仕事量を獲得しようとすれば、家事の習得という同化戦略も必要となる。この同化戦略は「家事は女性の仕事」という言説を変える効果をもっている。また「女性ヘルパーがよい」という利用者側のニーズも不変ではないこともわかった。雇用条件が改善されれば同化戦略をとる「やりがい志向」や「稼ぎ手志向」の男性ヘルパーが定着、増加し、介護や家事という仕事の内容に関する利用者の意識も変化していく可能性がある。

しかし「パート、家計補助的労働」を前提とした現在の雇用条件のもとで、生活するための賃金を求める男性ヘルパーが仕事を継続していくのは難しい(8)。ホームヘルプ事業所で社員や所長の地位を得たとしてもその労働条件は恵まれたものではない。男性がホームヘルプ労働を継続できないのは、賃金が低いからである。こうした状況が変わらない限り、今後もホームヘルプ労働は女性が多く占める女性職でありつづけるだろう。

3　ケアワーカーの交渉実践の変動力と構造的限界

ここまで、介護の社会化というマクロな構造変動のもとで、男性、女性ケアワーカーの交渉実践と変動について考察してきた。しかし、ある側面で構造を変動させている行為者の実践も、他の面では構造を再生産している。本節では男性、女性ケアワーカーの実践がもつ変動力とその限界についてまとめてみたい。

第五章でみたワーカーズコレクティブの事例は、労働市場において、自分たちにとって望ましい労働の場をつくっていくための交渉実践であった。ケアとマネジメントを分離せずメンバー全員が運営に責任をもつという「自主運営・自主管理」の理念は、自律的な働きを求める交渉実践と、またそれを支えるためのマネジメント能力という資本の獲得を可能にしている。他方、生活する賃金を獲得するための男性ヘルパーの交渉実践は、「家事は女性しかできない」という言説に挑戦するものである。ホームヘルプ労働や、家事援助の報酬があがり、男性が継続していくことが可能になれば、「家事＝女性の仕事」という言説は大きく掘り崩されていくと考えられる。

もちろん介護労働市場全体でみれば、ワーカーズコレクティブの数も、男性ヘルパーの数もほんの一握りである(9)。これらの事例から、ケアの社会化がもたらした変動を強調することは、控えなければならない。しかしこうした少数の事例から他の事例の変動可能性にかんしてもみえてくることもある。たとえば「女性の自律的な労働」とは、ワーカーズコレクティブのような働き方だけでしか可能にならないわけではない。理想のケアを求めて仲間同士で事業所を設立し、運営していくという実践は、各地のNPOでおこなわれている。また民間営利企業においても、サービス提供責任者やケアマネジャーなどのマネジメント部門に女性が積極的に参加している。その意味でケア労働市場における実践は女性にとって、「ケア能力」以外のマネジメント能力や交渉能力の獲得過程となっているといえる。

また交渉実践による言説の変容は、男性ヘルパーだけでなく、施設やデイサービスにおいて男性ケアワーカーによってもおこなわれていると考えられる。女性利用者の身体介護をめぐっては、男性ケアワーカーはさまざまな工夫をして利用者に受け入れられるよう努力していると指摘される（吉岡［2006］）。介護が「専門労働」として位置づけられたことが、男性の交渉実践を介した介護や家事とジェンダーをめぐる言説の変容を可能にしている。ケアの社会化は、家庭の性別分業を拡大再生産するものではなく、家庭の性別分業が再生産してきた「ケア＝女性の仕事」という言説を解体する契機でもあるのだ。女性がケア以外の能力を獲得したり、男性もケアにやりがいを見出しているという事実からは、ケア労働におけるジェンダー構造が解体される明るい未来を想像することができる。

しかしワーカーズコレクティブのメンバーも、男性ヘルパーも、ケア労働の構造を根本から変動させる「変革主体」ではなく、違う側面ではジェンダー構造を再生産している。まず「労働の自律性」をかけたワーカーズコレクティブの交渉実践は、経済資源を求める交渉ではなく、「女性＝低賃金」というジェンダー化された資源配分構造を変えるものではない。介護保険制度以後も、ワーカーズコレクティブは介護労働のなかでもホームヘルプ、デイサービス、食事サービスといった低報酬の部門を担当している。それでも彼女たちが労働条件の悪さを問題化しないのは、夫の稼ぎに依存する既婚女性であるからである。こうした働きは生活賃金を求めるシングル女性や男性には不可能であり、そのためワーカーズコレクティブには独身女性やシングルマザーは少ない(10)。シングルの女性や男性も働ける場をつくるという志向がないという点で、ワーカーズコレクティブの実践は「男性稼ぎ手」という資源配分構造を再生産している。ただしこの経済的動機の欠如が、ワーカーズコレクティブの交渉実践の継続を可能にしているという点も看過できない。もしワーカーズコレクティブのメンバーの就労動機が「やりがい」「理念」ではなく、経済的な動機だけであれば、起業や事業の拡大などケア労働市場を変えていく志向は出てこないと考えられる。さらに森でも楠でも経済資源の少なさが運営の自律性を妨げるものとして問題化されており、経営や運営の自立へのニーズが経済資源へのニーズをつくりだしている。介護保険制度の介護報酬そのものが上がれば、「食えるワーカーズ」に移行し男性や独身女性が働ける場に変えていくことができるだろう(11)。

一方で、生活するための賃金を得るために「職業としての確立」を求める男性ヘルパーの交渉実践は、ホームヘルプ労働内における「男性＝マネジメント、女性＝ケア」という分業や、(男性が施設に転職していくというかたちで)「施設＝男性、ホームヘルプ＝中高年女性」という性別職域分離を生成している。上述したように、ホームヘルプ労働の報酬の低さという構造的要因が、生活するための経済資源を求める男性の継続を困難にしている。

しかし介護労働の現場では、生活するための賃金を必要とする男性の資源配分構造上の位置だけが、ジェンダー格差の原因とはいえない。ホームヘルプ労働の性別職域分離や男女賃金格差が再生産される背景には、ケア責任を抱える女性ヘルパーの「家計補助的・短時間労働」への志向があると考えられる。

ただし同じ子育て中の登録ヘルパーでも、子どもを保育所に預けているか幼稚園に預けているかで、まったく働き方が違うと指摘する事業所所長もいた。女性ヘルパーの働き方を変えるには、育児の社会化や、女性の家計補助的働きを後押しする社会保障制度の改革も必要である。男性稼ぎ手構造とケアの私事化という資源配分構造を維持したままで、女性職に男性が参入すれば、「男性＝マネジメント、女性＝ケア、低賃金労働」という性別職域分離は再生産されていくと考えられる。単にケア労働に従事する男性の数を増やすだけでなく、家庭の性別分業を見直し、女性が経済資源と権限を獲得する働き方ができる条件を整えていくことが、「ケア労働のジェンダー構造の解体」には不可欠だといえる。

注

(1)本調査では首都圏の二つの男性ヘルパーの会に参加し知人を紹介してもらう、スノーボール式サンプリングの方法をとり、「会」に参加していないヘルパーまで調査対象を拡大した。調査期間は二〇〇五年七月から二〇〇六年九月である。五人はヘルパー離職者である。またグループインタビューの調査時期は二〇〇五年六月である。

(2)「平成十九年介護労働実態調査」(介護労働安定センター)

(3)こうした状況のなかでも、大手民間企業Z社では若い男性を多く採用しており、二〇〇五年度には新卒社員採用は男性が三割に達していた。ただしZ社は「利用者のニーズを無視して無理矢理男性を入れている」(元社員)という声もあり、男性ヘルパーの需要は、利用者ニーズを犠牲にしてどうにか確保されていたとも考えられる。

(4)この事業所では「一度男性を入れてもいいですか」という形で試用期間をもうけるという方法をとっている。

(5)ただし身体介護と家事の分業は、事業者間でも起こっている。大手民間企業Z社のBさんは男性ヘルパーが多い理由を「営業活動が盛んで、百件以上の利用者がいるため、男性ヘルパーが入れる夜勤や身体介護を容易に探し出せるから」と述べる。一方非営利のワーカーズコレクティブでは、他業者がやりたがらない家事が八割を占めているが、身体介護を増やそうと思っても中高年女性ヘルパーばかりでは「肉体的に無理」だという声を聞いた。

(6)偶然二人とも料理が得意だったのか、料理が得意な人がヘルパーになる傾向があるのか、本調査からははっきりしたことはいえない。

(7)介護保険制度においては指定訪問介護事業所にサービス提供責任者の配置が義務付けられている。サービス提供責任者は訪問介護計画の作成、利用者又はその家族への訪問介護計画の内容説明、指定訪問介護事業所に対する指定訪問介護の利用の申込みに係る調整、訪問介護員等に対する技術指導、等の業務を行う者である。

(8)ただし二〇〇五年の介護保険法の改正では、要介護度の低い利用者には介護予防の観点から「単に生活機能を低下させるような家事代行型の訪問介護は原則行わない」方針がだされた。家事サービスの量の縮小にともない男性が家事をおこなうケースも減っていると考えられる。

(9)ワーカーズコレクティブを含むNPO事業所の割合は、介護事業所のうち五%である(厚生労働省平成十八年介護サービス施設・事業所調査結果)。

(10)森では二十代の男性がひとり働いていたが、森のメンバーは思いやりをこめて「若い人はここでは働いていけないから早く資格をとって外に出す」と述べていた。

(11)榊原(2003)には、神奈川、東京の「食えるワーカーズ」の事例として、保育と介護といったケア労働の他に、配達、住宅、印刷業務という「男性的労働」をおこなっているワーカーズコレクティブが紹介されており、「大企業の下請けピラミッド型系列中小企業」ではない「独自性や営業力を備えた事業体」としてのワーカーズコレクティブの可能性が論じられている（榊原［2003:81］）。

終　章　性別分業の再生産を超えて

本書の課題は、家庭の性別分業を解体する「ケアの社会化」が進む一方、労働市場で女性が低賃金でケア労働を担うという「性別分業の再編」がどのように起こっているのか、女性のエージェンシーに注目して、そのメカニズムを明らかにすることにあった。本章ではここまでの考察をふり返り、エージェンシー概念の意義を再生産論の乗りこえという点から確認し（1節）、性別分業の性支配性と解決策について検討し（2節）、今後の課題について述べる（3節）。

1　エージェンシー概念の意義と貢献
――構造決定論の乗りこえ

性別分業の再生産・変動におけるエージェンシー

本書が性別分業再生産・変動におけるエージェンシーに照準したのは、以下のような議論の状況を乗りこえるためであった。従来、性別分業の再生産をめぐっては、男性の権力と物質的構造によって女性がケア労働を強いられているとする「物質構造決定論」と、ケアの価値を内面化した女性がケア労働を自発的に選択しているという「主体選択論」という二つの対立する説明が併存してきた。そして「物質構造決定論」だけでなく、「主体選択論」も、女性を主体化させる「言説」から行為者が自由である可能性、すなわちエージェンシーを論じえない「構造決定論」であった。

一方、近年のマクロな「資源配分」に注目する研究や、ジェンダーをめぐる「言説」に注目する研究は、「資源配分」と「言説」という二つの構造がどのような関係にあるのか、またいかにして「構造決定論」を乗りこえられるのかという問いに対し、正面から答えうるものではなかった。そこで本書では、「構造に対する解釈にもとづいた能動的実践」としてのエージェンシーに注目し、①行為者の実践を規定する「資源配分構造」と「言説構造」、②構造に対する行為者の「解釈実践」にもとづく「再生産実践」「変動実践」、③「交渉実践」をとおした構造の変動可能性、を明らかにすることを試みてきた。ではこのような考察からみえてきたケアをめぐる「性別分業の拡大・再編」過程とはどのようなものだっただろうか。

第二章でとりあげたマルクス主義フェミニズムは、性別分業の再生産をめぐって、物質的基盤をもつ家父長制によって女性は家庭のケア労働者になることを強いられ、その結果、女性は「不利益」を被っていると説明してきた。一方家父長制論への批判者たちは「女性の居場所＝家庭」という言説を実践の与件とするならば、家庭のケア労働者になることは女性にとって「女性らしさ」という「言説的利益」を獲得する実践になると主張してきた。しかし本書の考察にもとづけば、女性の実践は、資源と言説の双方に関連づける必要がある。女性が「女性らしさ」の言説に従って家庭に入るという選択をする背景には、労働市場における女性の評価の低さと男女賃金格差がある。このような構造があるがために、労働市場に残るより、稼ぎ手を獲得し、「女性の居場所」である家庭に入ることが、女性にとって物質的、言説的に有利な選択となる。また家庭で生じたケアニーズを満たす代替的ケア資源がない場合にも、女性が労働市場から徹底し家庭のケア労働に専念することや、もしくはケア責任を担いながらパートタイム労働に従事することが、世帯単位で経済合理的な選択となる。そして女性は、子どもや高齢者など他者のニーズを考慮せざるをえない位置に置かれる（山根［2004：146］）。このように家庭のケアニーズと稼ぎ手男性の存在という「世帯単位」で利益を考慮する女性の選択は、性別分業を再生産してきた。

しかしいったん家庭のケア責任を引き受けた女性が、つねに現状の性別分業の維持、再生産をのぞんでいるとは限らない。第三章では「主体選択論」の批判をとおして、変動の契機として言説に対する「批判的解釈実践」に照準した。チョドロウやギリガンは幼少期の社会化過程で、女性は他者への思いやりを重視する価値を内面化し、その結果、大人になって母親業を選択すると説明する。しかしギリガンの被調査者の女性たちは「女性は他者のニーズに責任をもつ」という言説に従うだけでなく、そうした言説を批判もしており、その意味で「多様な声」で語っている。また、女性はケアの道徳的価値を評価しているためケアを引き受けている、というケア倫理学の議論も性別分業の再生産の説明として適切ではない。「ケア労働からやりがいを得られない」、「負担が大きい」という経験は、女性が性別分業を批判的に問い直す契機となる。第四章で考察したとおり、女性は経済資源を獲得することで高い交渉力を獲得し、平等なケア分担を実現させている。また男性がケアにかかわることを評価する言説を用いて「ケアに参加せよ」という交渉をすることが可能である。このような女性の交渉実践は、ケアをしない行為者を前提にした労働市場の価値を男性が相対化する契機となり、性別分業を変化させていくものとなっている。

同様に、ケア労働市場のジェンダー構造も、既存の構造のもとでの女性のエージェンシーを介して再生産されている。ケア労働のパートタイム労働という雇用形態は、家庭の性別分業のもとでケア責任を担い、「世帯単位」で自己の利益を考える女性にとってよりよい働き方として選択される。また男性が稼ぎ手である限り、女性にとって家計補助的賃金は不都合なものとはならない。さらに労働市場では、女性の能力と男性の能力は異なる点から評価されており、女性の能力が評価される仕事は限定されている。このような構造的条件のもとでは、女性にとって「ケア能力」は社会的評価を得るための希少な「資本」であり、ケア労働は女性の能力と専門性を発揮する場となる。ケア労働の「女性職化」や「介護＝女性の低賃金労働」という資源配分構造は、このような女性の実践を介して再生産されている。

一方で労働市場においても、ジェンダー構造を変動させる「交渉実践」はおこなわれている。第五章でみたワーカーズコレクティブの事例は、交渉実践をとおして女性が労働に対する権限と責任を獲得していることを明らかにしている。また第六章では、女性職に参入した男性ヘルパーが、家事援助にもやりがいを見出し、交渉実践をとおして「家事は女性しかできない」という言説を解体していることを考察した。よって、ホームヘルプ労働の報酬があがり男性の就労継続が可能になれば、「家事は女性しかできない」という認識は解体されていくと考えられる。しかしこれらの女性、男性ケアワーカーの実践も、男性稼ぎ手構造のもとで女性が家計補助的に働くという資源配分構造を変えるものではない。また介護労働の低賃金構造は、男性の介護労働への参入、継続を困難にしている。このように性別分業は、以前と同じように再生産されるのでも完全に解体されるのでもなく「再編」されている。「構造に対する解釈にもとづいた能動的実践」というエージェンシーに注目することで、こうした性別分業の再編メカニズムの過程をよりよく理解することができる。

ジェンダー秩序論の乗りこえ

次に性別分業再生産・変動過程における女性のエージェンシーに注目した本書の意義について、ジェンダー秩序論への批判的乗りこえという観点から整理してみたい。

江原のジェンダー秩序論は、①実践を産出している構造を「言説構造」に限定した「言説構造還元論」であり、②構造を再生産しない行為者の実践について論じえない「言説構造決定論」にとどまっている点で、資源、言説構造のもとでの実践をとおした性別分業の再編（変動）メカニズムの把握という本書の要請に答えうるものではなかった。では本書の考察は、ジェンダー秩序論の限界をどのような点で乗りこえただろうか。「構造」「実践のカテゴリー還元的説明」「権力」に分けて、それぞれまとめよう。

①構造――言説構造決定論と言説構造還元論批判

まず本書とジェンダー秩序論の「構造」のとらえ方の違いについて確認してみたい。ジェンダー秩序論において「構造」とは、構造化された性別秩序のマクロなパターンの説明であった。ジェンダー秩序論はこのパターンとしての構造から再生産メカニズムを理解しようとしてきたため、動的再生産過程においても、女性を「犠牲者」、または「ジェンダー・ハビトゥス」の主体として位置づける構造決定論を抜け出ていなかった。一方で本書が照準した構造とは、「なぜ行為者がある特定の行為をするのか」を説明するための諸構造である。こうした視点から本書では、家庭に入るという女性の実践の背景にある「男性稼ぎ手構造」や、「主婦でもできるケア」という言説をワーカーズコレクティブのメンバーが選択する背景にあるマクロな言説構造（住民参加型福祉の言説、ケア労働の非専門性言説）に注目してきた。

次に「言説構造還元論」に対して、本書は「資源配分構造」も実践を規定していることを明らかにしてきた。男性が女性よりも高い賃金を得ており、経済的に依存できるという資源配分構造がある場合、「家庭＝女性の居場所」「ケア＝女性の責任」という言説を受容しケア労働を引き受けることは、（女性が属する）世帯にとって合理的な選択となる。また、行為者が批判的に解釈していても性別分業が再生産されるのはなぜなのかを考えたとき、（人びとの言説的意識＝解釈実践とは独立に維持されている）資源配分構造の影響を過少評価することはできない。ケア労働を担う女性が性別分業を批判的にとらえたとしても、代替的なケアサービス資源がなければ、ケア責任から逃れることはできない。また、いったん確立した職場の賃金体系にもとづくジェンダー化された資源配分構造は、行為者がそれをどのように解釈しているかにかかわらず再生産される。それゆえに、資源配分構造が変化したときの、人々の実践と社会変動はドラスティックであると考えられる。

②実践のカテゴリー還元的説明の乗りこえ

次に本書における「実践」のとらえ方について、「カテゴリー還元的説明」の乗りこえという課題と絡めて確認しよう。江原は、ギデンズの規則やブルデューのハビトゥス概念を積極的に用いて、ジェンダー規則とジェンダー・ハビトゥスにもとづいた実践によって、性別分業は再生産されていると説明した。しかし、「ハビトゥス」や「規則」から実践を理解することは、「その場面において使用されているのかどうかわからない性別カテゴリーを予め研究に導入する」カテゴリー還元的説明をとるという限界を伴う。カテゴリー還元的な実践の説明とは、行為者にとっての行為の意味を問うことなく、AがAという行為をしたのは「Aが女性だから」と説明するものである。

一方で本書の考察にもとづけば、行為者は固定的な「ジェンダー・ハビトゥス」を身体化しているわけではないし、一枚岩的な「ジェンダー規則」があるわけでもない。結果として「ジェンダー規則」を再生産するような実践にも、構造に対する解釈実践と有利な選択をしようとする行為者の自律性をみてとることができる。たとえば女性は「女らしさ」の言説を利用することで、他者からの評価を獲得したり、アイデンティティを安定させるという利益を得ることができる。このような女性の実践は、研究者からみれば「女性性を再演する言説実践」でありジェンダーをめぐる言説の再生産である。しかし当該行為者である女性の視点からみれば、女性として評価されるだけでなく、個人の能力を評価するものとして意味づけられているといえる。行為者の実践の意味を理解するためには、「ジェンダー規則」や「女性」という「カテゴリー」から実践を解釈するのではなく、行為者が自らの生き残りや承認のために利用可能な言説の配置を把握することが必要である。

行為者は、既存の「男らしさ」「女らしさ」をめぐる言説だけに捉われることなく、どうしたらよりよい人生を送ることが可能かを考えているし、そのための挑戦もしている。育児に参加する夫、家事をする男性ヘルパー、主婦的ハビトゥスを変更させた女性ケアワーカーの実践は、男性、女性のアイデンティティや価値が変化するものであり、行為者の実践が性別分業の変動力となることを示している。

③権力

最後に男女間の「権力」について。ジェンダー秩序論は、言説に構造化された実践、すなわち「自発的に行われる『ジェンダー秩序』にそった社会的実践」（江原［2001：386］）に権力関係が埋め込まれているとし、主観的権力経験と、権力関係の変容可能性について論じなかった。それに対し、本書の考察では以下のことを明らかにした。第一に、行為者の認識能力はハビトゥスによって限界づけられているわけではなく、過去の経験に対する事後的な解釈も含め「主観的権力経験」が変動志向の実践の重要な契機となっている。第二に、男女間の権力関係とは、経済資源配分構造や多様な言説によって規定されており、それゆえ変容可能なものである。労働市場の男女の地位や経済資源の配分が変われば男女の交渉力も変わる。また交渉のためには、ケア負担をめぐる「不当性」の主張や「男女平等」「父親の育児参加」など多様な言説を用いることができる。女性が交渉実践をとおしてケアの平等化を達成することは、家庭や労働をめぐる男性の価値観を変え男女間の権力関係をも解消することにつながる。

エージェンシーと社会変動

以上、ジェンダー秩序における再生産論の乗りこえという点から、本書の意義を確認してきた。最後に本書の議論が、「変動実践の担い手」としてのフェミニズムの位置づけについてどのような説明を与えるか確認しておこう。フェミニズムは、「ケア＝女性の責任」とする言説に対する批判的解釈実践や、それを変更させる交渉実践をとおして、性別分業をめぐる言説の変化や、女性の雇用機会の拡大、ケアの社会化という資源配分構造の変化を実現させてきた。そしてフェミニズムがもたらした「男女平等」や「女性の自立」といった言説の多様化は、（フェミニスト以外の）女性が利用できる言説の多様性をもたらし、性別分業を変容させてきた。ジェンダー秩序論の「構造決定論」の限界は、フェミニストや、性別分業に満足することができない女性たちの実践の集積としての「社会変動」が証明している。

ただし構造の変動は、「変動を意図した実践」だけによって起きるわけではない。バトラーのエージェンシー概念は、発話の「意図せざる結果」すなわち、「変動を意図せざる実践」による「効果としての変動」をも射程にいれたものであった（Butler［1997］）。つまり変動は、（性別分業を望んでいるという意味で）再生産を意図した実践によって起きる可能性がある。たとえば、専業主婦志向の女性が、結婚相手に高い条件を求めるがゆえに非婚化がすすむといった現象（上野・小倉［2002］）も、効果として性別分業を変動させるエージェンシーの作用に加えることができる。いずれにせよ実践は、ジェンダー秩序の再生産を運命づけられているわけではなく、変動の可能性に開かれている。その契機を見つけ出すことも、ジェンダー研究の重要な課題のひとつであろう。

2　性別分業の性支配性と解消策
――結果の不平等と交渉力の格差

性別分業はなぜ性支配的か？

では、このように女性のエージェンシーを介して再生産されている性別分業はなぜ性支配的であるといえるのだろうか。また性支配的な構造に対し、どのような解決策が求められているだろうか。家庭と労働市場について、それぞれ分けて検討してみよう。

まず家庭における性別分業の性支配性とは、「選択の結果の不利益」と「交渉力の格差」に求められる。上述したとおり、稼ぎ手男性がおりケアニーズがあるという「世帯単位」で自らの利益を考慮したとき、家庭のケア労働を引き受けることは女性にとって合理的な選択となる。しかしその選択は、男女間の結果の不利益をもたらす。「結果の不利益」のひとつめが、経済的不利益である。経済資源の男女間格差は、家庭内で資源の公平な配分がおこなわれない場合、女性の福祉の低減につながるし、夫と離死別した場合に貧困に陥るというリスクをうみだす。またこの経済的不利益は、暴力をふるう夫との離別を困難にするなど女性の選択肢を制約する。結果の不利益の二つめは、「ケア労働の負担」にある。家族の生活が男性の稼ぎに依存している限り、ケアのニーズに合わせて生活設計を変えるのは女性となる。子どもが小さいとき、また障がいをもっている場合にも、女性がほとんどのケアの負担を背負うことになる。子育ては産まない選択によって回避できるが、介護責任を回避することは難しい。そして家庭におけるケアのニーズが大きいほど、精神的、身体的負担、社会からの孤立といったケア労働者が直面する困難も大きくなる。しかし代替的な介護者や社会的サービスがなければ、ケア労働者はケアの受け手の生命に対する道徳的責任から逃れることができない。

一方で、男性は稼ぎ手という「標準的な男性のレール」を生きることによって「経済的不利益」や「ケア労働の負担」を背負うことはない。この意味で、男女の賃金格差や女性の主婦化、二流労働力化は、男性の利益に適うかたちで維持されている。よって多くの男性は自己の優位を自覚しており、男性は女性よりも迷うことなくしかれたレールの上を歩きつづけることができるのだろう。ただし稼ぎ手役割を遂行できなくなったとき、もしくは「男らしさ」に馴染めなくなったとき、男性も、「レールをしく構造」を不都合なものとして経験することになる。また、介護を引きうけるシングル男性や妻を介護する男性も増えている。性別分業からすべての女性が不利益を、すべての男性が利益を得ているわけではない。しかし多くの場合、女性は性別分業の結果、ケア労働負担の増加、貧困といった多くのリスクを負い、一定の確率でそのような不利益に直面する。

性別分業が性支配的といえる二つめの理由は、性別分業そのものが、男女間の交渉力の格差を伴った実践によって再生産されていることにある。家庭において交渉力をもつのは経済資源をもつ行為者である。女性が「見えない交渉」をとおしてケア責任を引き受ければ、稼ぎ手である男性はケアから免責される。さらに女性が家庭のケア責任を担うことで、男性は「自由な労働者」として労働市場で権限と経済資源をもつことができる。労働市場では、管理職を男性が占める職場の構造や、男性中心の労働組合が維持されることで、男女の交渉力の格差が再生産されている。その意味で、性別分業は決して「平等な分業」などではなく、「結果の不利益」と「交渉力の格差を伴った分業」であるといえる。

次に、ケア労働市場のジェンダー構造がどのような意味で性支配的なのか考えてみよう。まず労働市場のケア労働は、女性の「低賃金労働」を再生産している点で性支配的といえるだろう。男性＝稼ぎ手、女性＝ケア責任という家庭の性別分業が、「家計補助的」に働く低賃金のケア労働者を産出している。そしてたとえ経済的自立の必要な独身女性やシングルマザーが働いていても、ホームヘルプ労働は「主婦的労働」として解釈される。「女性を主婦とみなすことで、その人が行っている労働の価値を引き下げ、その人びとの社会的地位を従属的なものに転化させてしまう」「主婦化」(Mies［1988＝1995］)こそが、ケア労働の低賃金化を引き起こしている。その点で、「低賃金＝女性職」というケア労働のジェンダー構造は、女性の貧困と、家庭における女性の男性への経済的依存という「結果の不平等」を再生産している。またケア労働市場のジェンダー構造の性支配性は、賃金だけでなく社会的評価が低いことにも求められる。介護労働のなかでもホームヘルプ労働はもっとも専門性の低い労働として位置づけられており、さらに家事(生活援助)の専門性は低く評価されている。ホームヘルパーの労働条件に対する問題意識をみると、「ホームヘルパーの社会的評価が低い」が四三・五％と、「賃金が低い」(三三％)を抜いて一番高くなっている。(1) また、研修制度がなかったり、利用者に対する十分な情報が与えられないなど、サービス向上のための資源や権限をもてないまま現場のヘルパーは大きな責任を背負って働いている。(2) このような状況で男性の参入が進めば、男性管理職の指示のもと女性が働くという「男女間の権限の格差」がケア労働においても再生産される。

では以上の性支配的な性別分業の再編を変容させていくには、どのような解決策が有効なのだろうか。

公私にわたって、女性がケア労働を担う状況はいかにして変えていくことができるだろうか。ここまでみてきたように、「低賃金＝非正規労働＝女性労働」というケア労働市場のジェンダー構造は、家庭の性別分業構造を介して再生産されており、またケア労働市場のジェンダー構造が、家庭における性別分業を再生産している。以下では、マクロな社会構造と介護労働市場のジェンダー構造それぞれについて、「家庭と労働市場の構造の再生産関係」を断ち切るための方策を考えてみたい。

「ジェンダー化された評価構造」「経済資源、ケア資源、時間資源」配分の見直し

マクロな社会構造をめぐっては、（1）「ジェンダー化された評価構造」の見直し、（2）「男女間の経済資源の配分」（3）「ケア資源の配分」（4）「時間資源の配分」の是正が求められる。

（1）女性の労働の価値を低く評価する労働市場の「ジェンダー化された評価構造」は、女性が家庭において自己実現を求めたり、「女性の能力」を評価するケア労働に参入することを後押ししてきた。コース別管理制度等の性別職域分離を廃し、あらゆる職種において女性のキャリア形成と社会的評価獲得の場を拡大することは、女性が仕事を辞めること（家庭に入ること）の言説的な利益を低減させる。またケア労働という「女性職」以外の職での女性のキャリア形成の選択を後押しする。

（2）「男女間の経済資源の配分」をめぐっては、労働市場の賃金格差の是正と、社会保障制度の見直しがあげられる。「男性＝年功的に昇進、昇級、女性＝補助的労働」という賃金構造は、男性ではなく女性が労働市場から撤退し「ケア責任を重視する」選択を後押ししてきた。また近年では、派遣労働など女性の非正規労働力化が男女賃金格差を再生産している。男女賃金格差の是正のためには、「同一価値労働同一賃金」の原則にもとづき、雇用形態にもとづく賃金格差を解消していくことが求められる。男女間の経済資源の配分格差が是正されない限り、家庭のケア労働配分をめぐる女性の交渉力はあがらないし、（たとえ男性、女性が性別分業を望まなくとも）性別分業は世帯にとって経済合理的でありつづける。

経済資源の配分の是正策として、女性の被扶養者としての地位と、低賃金を正当化する所得税の配偶者控除や第三号被保険者制度の廃止も不可欠である。これらの制度を廃止することは、「世帯」のなかで自己の利益を考慮する既婚女性が、低賃金労働や登録ヘルパーという働き方に満足する状況を変え、労働へのインセンティブをあげることにつながる。しかし次にみる、育児を含めたケア資源の再分配がすすまなければ、育児や介護のための離職や、家庭のケア責任と両立するパートタイム就労の選択は減らないだろう。

（3）「ケア資源の配分」をめぐっては、家庭内のケアに対する「現金給付」と、ケアサービスの「現物給付」という二つの選択肢があるが、家庭のケアへの現金給付は、女性がケアを担う構造を固定化し、「ケア＝女性の責任」という言説を再生産する。女性がケアニーズのために仕事を辞め、ケアの道徳的責任と負担を背負いこみ、ケア責任と両立するパートタイム労働を選択するという状況を変えるには、ケアサービスの現物給付が有効である。ケアサービスを社会的に整備することは、ケアの受け手からみれば、家族による虐待や暴力など「不適切なケアを強制されない権利」（上野［2008］）を保障されることにもなる。

（4）しかし、妊娠出産も含め個人が担うケアニーズへの対応が完全になくなることはなく、わたしたちは自分の利益だけを考慮して生きていくことができるわけではない。よって、女性、男性労働者が育児、介護休業、短時間勤務等の「ケア時間」を獲得でき、またその期間の所得が保障されるワークライフバランスのとれた「働き方の見直し」が必要である。もちろん「ケア」が必要なのは、子どもや高齢者だけではない。だれもが怪我や病気によって身体へのケアが必要になる可能性がある。自己へのケアであれ他者へのケアであれ、ケアが不利にならない制度的条件を整えることは、ケアしながら働く労働者、男性を増やし「男性＝ケアしない存在」という言説を変えることにつながるだろう。以上の方策は、「男性稼ぎ手・女性ケア労働者」モデルから、誰もが家庭でケア責任を担いながら労働市場で働くことのできる「賃労働・ケアラー両立モデル」(Sainsbury［1999］)への転換をはかるものといえる。

「生活賃金の保障」「労働者の権限の再分配」「専門性の階層格差の是正」

次に介護労働市場の構造をめぐっては、(1)「生活賃金の保障」(2)「労働者の権限の再分配」(3)「専門性の階層格差の解消」が求められる。

(1)「生活賃金の保障」は、女性の経済的自立と、男性労働者の就労継続を促し、介護労働の女性職化に歯止めをかけるために不可欠である。いったん参入した男性ケア労働者の継続を可能にするためには、ホームヘルプ労働も含め介護労働全般の賃金を、年収三〇〇万円程度にあげることが必要である。また本書で考察したように、家事を含むホームヘルプ労働においても、研修等の機会があれば男性も料理の技能を上達させることもできるし、技能をもった男性ヘルパーを利用者は受け入れている。ホームヘルプ労働の専門性を明確にし、家事サービスの技能も含めた研修制度を確立すること、また報酬単価をあげることで、男性や若年女性の参入と継続、経済的自立が可能になるだろう。また既婚女性の経済的自立は、家庭における性別分業の解消にも有効となる。

（2）しかし本書でみたように、男性の参入は、男性が女性より高い地位と資源を得る性別職域分離を新たにつくりだしている。よってジェンダー構造を解消する第二の方策として「労働者の権限の再分配」をとおして、女性ケア労働者の権限やマネジメントへの参加をすすめることが必要であろう。そのための方法としては、トップダウンの意思決定システムを廃し、すべての労働者がケアのやり方や働き方に対し「権限と責任」をもつワーカーズコレクティブのような組織運営があげられる。また民間事業所でも、ケアのやり方や組織運営への意志決定に現場のケア労働者が参加できるようにすることができる。[3] 特に権限の少ないホームヘルパーに関しては、研修機会や利用者に関する情報を開示し、ヘルパー間で相談や連携できるような体制づくりが必要であろう。そのためには直行直帰の登録ヘルパーという雇用形態をなくすことが望ましい。また外国人介護労働者に対しても、研修や情報交換の機会を保障することでケアへの権限を与え、雇用者に対し労働者としての権利を主張できるような状況をつくりだしていくことが必要だろう。

（3）ケア労働内でのジェンダー、エスニシティ間の格差を解消するためには「専門性の階層構造の解消」が必要であろう。現在、介護福祉士＞ホームヘルパー一級＞二級という専門性の階層構造のもとで、「介護福祉士」の数はホームヘルプ労働よりも施設において多くなっている。また施設内だけでも、看護職＞相談員等の専門職＞介護労働者（資格有＞無）という専門性の階層化ははっきりしてきている。

そして諸外国をみると、専門性をめぐる構造の違いはケア労働者の階層化に大きな影響を与えていることがわかる。ケアの市場化の道をたどったアメリカでは、在宅ケア労働者になる条件は犯罪歴がないことのみであり、在宅ケアサービスのための特別な訓練や資格審査もない（田中［2002］）。その意味でケア労働は「非熟練労働」とみなされ、移住労働者やエスニック・マイノリティによって担われている。また福祉国家の関与のもとでケアを社会化してきた北欧諸国のなかでも、その戦略の違いと効果がはっきりしてきている。スウェーデンでは看護・介護の専門化がすすむ一方、家事サービスの外部化がおこなわれており、自治体によっては「身体介護」と洗濯や買い物などの「家事」の切り離しが起こり、家事に低学歴の女性、移民、難民外国人が従事する傾向がでてきている（笹谷［2005］）。一方フィンランドでは「ラヒホイタヤ（英語では practical nurse）」という准看護師とホームヘルパーの資格を統合した資格を創出し、施設介護とホームヘルパーの分業をなくし、「おむつ交換・掃除も看護も」できるケア労働者を育てている。ケア労働者の共通資格の創設が、ケアワーカー間の専門性の階層化と賃金格差を解消するという効果をもたらしている(4)。

このように介護職内の階層化に歯止めをかけるためには、「ケア」「マネジメント」の両方に携われること、施設介護や家事を含めたホームヘルプなどさまざまな労働に携われることを基準にした「統一された専門性」が制度化されていくのが望ましい。ケア労働内の専門性と賃金の階層構造を解体することが、男性、女性、移住労働者間の格差を是正していくのに有効であろう。

ケアの社会化は、必ずしも性別分業と女性の抑圧を再生産するわけではない。知恵と工夫によって、ケア労働は男女が共に自己の能力を活かすことができる労働になりうる。家庭の性別分業の解消と並行して、ケア労働を男性と女性の経済的、精神的自立を可能にする労働の場に変えていくことが重要であろう。

3 今後の課題
——「女性間の多様性」と「女性間の格差」

最後に、本書で論じられなかった性別分業論における課題について言及し、本書を終えよう。序章で述べたように、家庭から労働市場への「ケアをめぐる性別分業の再編」は、女性間の格差と多様性の拡大を伴っている。今後の性別分業の研究は、これらの論点を抜きにして展開していくことは不可能である。「女性を一枚岩的に扱わない」という本書の視点は、女性間の格差や多様性の生成メカニズムの探究を求めるものでもある。

女性間の多様性

女性間の価値観の多様性に注目した研究としてイギリスの社会学者キャサリン・ハキムの「選好理論」がある。ハキムは欧米各国の国勢調査や全国調査の統計データを用い、女性の選好は「仕事中心 work-centered 型」、「家庭中心 home-centered 型」、仕事と家庭を両立させ家計補助者として働く「適応 adaptive 型」という三つに分かれると分析している。ハキムはこの女性間の多様性が、教育レベルや階級を横断して見出されることをもって、選好が「構造的な制約」ではなく、女性自身の自発的なライフスタイルの選択によるものであるとし、今後の社会政策はどの選好の選択も平等に保障するべきだと述べる（Hakim［1996］）。

しかし本書の考察にもとづけば、女性の多様な選好も、「選好」を規定している「言説構造」「資源配分構造」との関連から解釈していくことが必要とされる。行為者の選好、すなわち解釈実践は、行為者が置かれている資源配分構造、また利用可能な他の言説のあり方に依存する。労働市場における女性の地位が高くなっても、社会的なケアサービスや男性のケア負担の引き受けがなければ、女性にとって「子どもをもつこと＝仕事を辞めること」であり、「家庭中心型」や「適応型」選好は減ることはないであろう。また、少なくとも「適応型」と「家庭中心型」の選好は、多くの男性がいまだ稼ぎ手であり「仕事中心型」という選好をもっているという与件のもとで形成された選好といえる。ハキム自身も社会政策によって、「家庭中心型」女性が増えるか、「仕事中心」女性が増えるかは変わってくると認めている（Hakim［2000：10］）。だとしたら、性別分業を再生産しているのは「構造」ではなく女性の「選好」だとする選好理論は、今日においても有効な理論とはなりえない。女性間の選好の違いを重視するよりも、なぜそのような選好が形成されるのか、その構造的な条件について考察することがいまだ必要であろう。

女性間の格差

つぎに、ケアをめぐる女性間の格差について。ケアをめぐる女性間の格差がもっとも端的にあらわれるのは、ケアサービスを買う女性と、ケアサービスを売る女性の格差である。家政婦やメイドの利用は、女性をケア労働から解放させる古典的な解決法であったが、近年はグローバリゼーションによる女性労働力移動によって、経済資源をもった先進国の女性がケアサービスを購入することを可能にしている。このような流れにおいて、女性間の格差をめぐっては、経済資源だけでなく、家庭や労働市場の交渉力、そしてケア時間の配分に規定される「ケアする権利」の有無といった点から考察していくことが必要であろう。

ケア労働者の国際移動は、国家の政策に大きく依存する。移民の国アメリカではホワイトカラー女性の男並みの労働を支えているのは移民ケア労働者である。またEUの拡大に伴い、近年西ヨーロッパでも、アジアの移民に加え東欧女性がケア労働者として働くようになっている。日本では、EPAを通じて東南アジアからの介護士、看護師研修生の受入が進みつつあるが、資格要件が厳しく人数も制限されている。一方でケア労働者として働く在日フィリピン女性も多く、エスニシティ、階級格差を伴ったケア労働の分業化は進んでいる。そしてグローバリゼーションによるケアの国際分業は、ケアサービスを買う女性と売る女性、購入したケアサービスによって家族の情緒的絆を維持できる女性と、自分の家族を「ケアする権利」を奪われたケア労働者をうみだしている。家事労働者を雇うことができる女性たちは、子どもとの情緒的結びつきを維持しながら、掃除や料理という家事労働を、他の女性に委ねる。一方移住労働者たちは、母国に置いてきた子どものケアをあきらめ、他人の料理をつくり、洗濯し、他の女性の子をケアする。私がフィリピンで出会ったある女性ケア労働者は、帰国した後、子どもが自分に愛情を示してくれなくなったことを涙を流し悔やんでいた。その意味で、グローバリゼーションは「ケアする時間」と「ケアする権利」を奪われた女性たちをうみだしている。一方で、女性移住労働者が、移住先で高い経済資源を得ることは、母国における彼女たちの力を高めている。(5) 海外で働いた女性は、夫婦間における交渉力だけでなく、帰国後、家や車などの購買能力、そして子どもの教育に対する決定権も獲得しており、女性労働力の移動は、母国での男女格差を緩和させるという効果をもっている。ただし、フィリピンのようなケア労働者の送り出し国において、外国にケア労働者として移住した女性のケアを代替しているのは、国内のさらに貧しい女性である。自国でケアサービスを買う女性と移住ケア労働者、さらに第三世界のケア労働者という「グローバルなケアの連鎖 global care chains」(Hochschild [2000]) によって、女性間の資源配分、交渉力の違いは今後ますます拡大していくだろう。

そして日本でも高所得の共稼ぎカップル、高所得の独身女性、稼ぎ手男性と専業主婦女性のカップル、非正規職カップル、非正規独身女性という四層五層の分化、多元構造化がすすんでいくだろう。高所得の共稼ぎカップルのケア労働を、非婚のパート女性がおこなうという分業が起こるかもしれない。そしてこの格差は、将来的には質のよい介護サービスを買える女性と、買えない女性の格差になるだろう。社会的にも経済的にも評価される高賃金の労働と、低賃金で責任の重いケア労働の分業をおし進める社会は、望ましい社会だろうか。歴史をふりかえれば、高所得女性による低賃金の「メイド」の利用は新しい現象ではない。しかしフェミニズムがめざしてきた「女性のケア負担の解消」が、旧来と同じような階級構造の再生産によって乗り越えられるのだとしたら、それは不幸な結果だといわざるをえない。社会化されたケア労働を担うのが女性であれ、移住労働者であれ、ケアを買う人、売る人に二分された社会はのぞましくない。女性間の格差の再生産のメカニズムを明らかにし、その解決策を導き出すことはジェンダー研究の重要な課題でありつづけている。

注

(1)介護労働安定センター、平成十七年度「ホームヘルパーの就業実態と就業意識調査」より。また本調査によれば、ヘルパーがサービス内容の向上に必要なものとして「ヘルパー同士の経験交流」(六一・四%)、「チームワークによるサービスの提供」(四〇・五%)に次いで、「サービス提供責任者中心の勉強会の実施」(三二・八%)があげられている。

(2)さらに近年、ヘルパーや看護職の「スポット派遣」も進んでいる(白崎[2008;2009])。派遣ケア労働者たちは、利用者の名前も既往症も感染症も知らされない状況で、利用者の命に対する責任と事故のリスクを背負って働いている。自ら派遣ヘルパーとして働く白崎朝子は自らの経験を「防塵マスク無しでアスベスト除去をさせられている日雇い労働者か原発を転々とする労働者のようだ」(白崎[2008:52])と述べる。経験や資格も考慮されず、理想のケアを実践する裁量も権限ももてない、非正規雇用の拡大が、ケア労働市場でも進んでいる。

(3)一九七〇年代から主婦をリクルートして事業を拡大してきた岐阜県の新生苑では、現在、施設、配食センター、ホームヘルプ、デイなど各部門を独立採算型にし、現場のケア労働者にも運営、経営感覚を学ばせるというマネジメントをおこなっている。

(4)ラヒホイタヤはそれまでバラバラにおこなわれていた十種類の保険医療分野の基礎職業訓練教育(保育士、准看、救急助手、精神障害者療法士、ホームヘルパー、リハビリ助手、歯科衛生士、医療事務、ヘルスセンター医療助手、知的障害者ヘルパー)を統合したもので、その上に専門コースを積み上げることでより柔軟で専門能力をもつ資格として機能している。養成期間は三年間一二〇学習時間(一学習時間は四〇時間)である。他のケア領域で柔軟に対応できる専門能力を育てることで、生涯にわたる職業人生で選択肢が広がるもの(保育士から高齢者介護への移行など)と評価されている(笹谷[2005:65])。

（5）筆者がおこなったフィリピンでの聞き取り調査において二十代のフィリピン人女性は「子育ては夫にさせる。私は夫より力をもっている。なぜなら夫は無職だから」と、自分が「家父長」であることをはっきりと意識していた。

あとがき

なぜ女性はケア労働するのか。このテーマは、自分の母親、親族、友人たちの人生と接するなかで日常的に問いつけられる問題である。「女性」というカテゴリーのなかで選択可能な選択肢のもとで、試行錯誤しながら生きていくうちに、育児や介護というケア労働を担う位置を選んでいる。こうした経験は、「女性」や「主婦」として持っている資源を生かしながら、労働市場においてケア労働を提供している女性たちにもあてはまるだろう。また女性たちはケア労働のやりがいや喜びを語りながらも、「無償」や「低賃金」の労働を担う自分たちの社会的位置の弱さに気づいており、そうした状況を変えることを試みている。「安くて使える気のいいおばさん」。これはワーカーズコレクティブの女性が、低い賃金で「生き生きと」働く自分たちのことを指して使った表現だが、この言葉には、「気のいいおばさん」が置かれている社会構造に対する批判的な意識が表れている。このような女性の位置と経験の説明として、「しっくり」くるものを書きたい。本書で「エージェンシー」という概念を使った動機はこのようなものだった。

もちろん私にとって、こうした日常的な関心と理論上の関心は一本の線上にある。一定程度、女性の選択肢が広がり、ライフスタイルの多様化が認められるようになった今日、女性を一枚岩的な構造的犠牲者と位置づける家父長制論は、もはや説得力を失っている。一方で「女性は他者との結びつきやケア責任を重視している」という女性の「価値」や「選好」を強調する「主体選択論」はくり返し登場し、一見、人びとの日常的な感覚と「しっくり」する説明として流通している。しかし、性別分業の再生産を女性の「選好」に求める議論も、まだまだ男性と同様の選択肢をもちえないなかで、性別分業を選択していく女性の現実を説明するものとして適切ではないだろう。さらに、女性の「選好」を強調する議論は、「性別分業は女性が望んだ結果である」という自己責任論と表裏一体である。とくに「女性が望んでいる」という論理で、女性が低賃金のケア労働を担う状況を正当化する議論を放置しておくわけにはいかない。このような関心から、私にとって「主体選択論」は正面から批判しておかなければならない議論であった。

また「主体選択論」批判は、自分に対する反省としての意味もあった。前作『産む産まないは女の権利か――フェミニズムとリベラリズム』において、リベラリズムと対置される言説としてキャロル・ギリガンの「ケアの倫理」をとりあげたものの、ギリガンの議論に対して正面から批判ができなかったことを後悔していた。私の研究が女性の「価値」を本質化する議論に与するものではないことを示すために、女性だから他者のニーズを重視しているのではなく、ケア責任を委ねられている行為者であるからこそ他者のニーズを考慮し、またそこに自分の人生の意味を見つけ出そうとしているのだ、ということを（しつこいくらい）いいたかった。これは、妊娠や中絶、育児、介護に共通していえることである。しかしはたして本書の考察は「主体選択論」批判として世間に届く声になるだろうか。一抹の不安を感じながらも、ひとまず、ここまで辿りつけてほっとしている。

本書は二〇〇九年四月に東京大学大学院人文社会系研究科から博士号を授与された『なぜ女性はケア労働者になるのか――女性の行為主体性と性別分業の再生産・変動』を加筆、修正したものである。多くの方に支えられて本書を執筆することができた。この場を借りてお礼を申し上げたい。

大学院入学以来からの指導教官である上野千鶴子先生には、博士論文執筆から本書の完成まで大変お世話になった。博士論文執筆過程での精神的、身体的不調を乗りこえて本書の完成まで辿りづけたのは、先生の指導と暖かい励ましがあったからである。また、草稿をもっていくと、論文全体の構成から、細かい用語法にいたるまですべてチェックを入れてくださった。教え子の「指導」とは、まさに時間と資源と精神力を使う「労働」である。こうした作業のために、先生の（睡眠）時間と労力を私が奪ってしまうことをいつも申し訳なく思っていた。「私だって忙しいのに」と苦笑いされながら、本書の完成のためにご尽力いただいたことに、心から感謝している（ちなみに私は先生の苦笑いが結構好きです）。

一橋大学の佐藤文香先生には博士論文の執筆、査読、本書の完成に至るまで、多くの時間を費やして指導をいただいた。上野先生が研究生活における母であるとすれば、文香さんは姉のような存在で、研究生活のなかでの些細な心配事についてもいつも相談にのっていただいた。お二人にいただいたご厚意を、次の世代に還元していきたいと思う。

本書の原型である博士学院請求論文の審査をしていただいた盛山和夫先生、大沢真理先生、武川正吾先生には、何度も丁寧なコメントと助言をいただいたことに、感謝申し上げたい。厳しいコメントと共に、励ましの言葉をいただいたことが、執筆のエネルギーとなった。

また本書において論敵としてとりあげさせていただいた江原由美子先生にもお礼を申し上げたい。江原先生の再生産論がなければ、本書はなかったといっていいと思う。よくいわれることだが、批判に値する論敵とは、もっとも尊敬している論者でもある。

そして多くの恩師、先輩、学友からもたくさんのことを学ばせていただいた。日本学術振興会特別研究員として所属していた一橋大学では、博士論文の構想について発表の機会をいただき、木本喜美子先生をはじめ、諸先生、先輩方から貴重な助言をいただいた。また、国際ジェンダー学会の研究会、女性労働問題研究会のメンバーとの議論、上野ゼミでの議論も、本書の糧となっている。

忙しい仕事の合間をぬって、インタビューに応じてくださったケアワーカーの方々にも、心から感謝したい。「介護職は世の中に対しても貢献していかなければならない」と高い職業意識から、私のインタビューに応じていただき、たくさんの同僚を紹介してくれた男性ヘルパーの方もいた。日々、高齢者の生活を支えている介護職の方々の貢献に比べ、私が社会に貢献できることはあまりにも小さく、身の縮む思いがする。研究者として社会にどのような貢献ができるのか。今後の課題である。

私の研究を応援し、励ましてくれた両親、妹、祖母、友人たちにも感謝している。また、人生のパートナーとして研究生活を共に歩んでいる内藤準には、大変な迷惑をかけた。思い出せば博論執筆の過程で私が体調を崩し、パソコンに口述筆記（打ち込み）をしてもらったこともあった。男性研究者が妻の貢献（内助の功）に謝意を述べていると、無償労働の搾取という気がするが、この場合はどうなのか。とりあえず、感謝している。

最後になるが、本書の出版は、勁草書房の松野菜穂子さんのご尽力によって可能になった。私の遅筆につきあい、完成まで支えてくれたことを感謝したい。なお本書は、日本学術振興会特別研究員奨励費による成果の一部であることを付記しておく。

二〇一〇年一月

山根純佳

人名索引

ア 行

アーネ，ユーラン　183
赤川学　17
浅野智彦　138
天野正子　228
アルチュセール，ルイ　12
アンガーソン，クレア　21, 150, 152, 157, 203
ウィリス，ポール　104
ウェーバー，マックス　87
上野千鶴子　51, 87, 230
ウォーカー，アラン　202
ウォルビー，シルヴィア　3, 89, 90, 91
ウルフ，ドナルド　180
エスピン＝アンデルセン　21
江原由美子　50, 51, 110, 166, 178, 207
エリクソン，エリック　127
大沢真理　23
オースティン，ジョン　12, 49

カ 行

カーバー，リンダ　136
春日キスヨ　140, 151
カンター，ロザベス・モス　259
ギデンズ，アンソニー　40, 58, 73
グラハム，ヒラリー　155, 162
クレージ，ハゼル　202
ケリー，ジョアン　90
コールバーグ，ローレンス　127
ゴフマン，アーヴィング　137
コムター，アーフケ　181
コリンズ，パトリシア　100
コンネル，ロバート　55, 61, 65

サ 行

笹谷春美　159
サリー，サラ　27
シーロフ，アラン　22
スケッグス，ビヴァリー　162
スコット，ジョーン　13, 96, 123, 141
スタック，キャロル　132
スピヴァク，ガヤトリ　30
セインズベリ　23
瀬地山角　84
ソコロフ，ナタリー　90

タ 行

デルフィ，クリスティーヌ　85
トロント，ジョーン　142, 147

ナ 行

ニコルソン，リンダ　132
ノディングス，ネル　145

ハ 行

フェンスタメイカー，サラ　185
パーソンズ，タルコット　124

ハートマン，ハイジ　90, 95
ハキム，キャサリン　294
バトラー，ジュディス　10, 27, 49
バレット，ミッシェル　102
ハンフリーズ，ジェーン　97
ビーチィ，ベロニカ　103
フーコー，ミッシェル　11
プカ，ビル　133
深澤和子　23
ブラッド，ロバート　180
フリードマン，マリリン　136
ブルデュー，ピエール　18, 40, 45, 58, 162
フレイザー，ナンシー　28
フロイト，ジグムント　122, 127
ベイアー，アネット　144
ヘルド，ヴァージニア　144
ポラート，アンナ　104

マ　行

マクネイ，ルワ　28
三好春樹　148
ミラー，バイラ　153
ミレット，ケイト　81
村尾祐美子　267
森田成也　84

ヤ　行

山田昌弘　148
要田洋江　151
横田克巳　230

ラ　行

ルイス，ジェーン　23, 98
ルークス，スティーブン　182
ルディック，サラ　146
ロマーン，クリスティーン　183

ワ　行

ワートン，エイミー　96

事項索引

ア　行

育児休業　24, 186, 187, 199
イデオロギー　21, 98, 102, 152
意図せざる結果　28, 285
エージェンシー　9, 13, 25, 27, 42, 278
エディプス・コンプレックス　122
NPO　222
M 字型就労　23, 187

カ　行

介護の社会化　1, 215
介護保険制度　30, 219, 256
介護労働　2
介護労働市場　222, 224
家事　223, 261, 262, 269
家族賃金　92, 97, 105
カテゴリー還元主義　52
カテゴリー還元的説明　55, 73, 100, 141, 283
家内制生産様式　85
家父長制　5, 11, 53, 79, 83, 90, 95, 96, 101, 107
感情労働　160
機会費用　203
規則 rule　41
虚偽意識　7, 95
ケア責任　89, 94, 150, 151
ケア能力　148, 159, 162, 218, 235, 248
ケアの私事化　88
ケアの社会化　1, 271
ケアの倫理　126-143
ケアリング　145, 154, 162
ケア倫理学　144
ケア労働　35, 154, 180
経済合理性　183, 190
経済資源＝権力論　177, 204
言説　12, 14, 16, 19, 24, 26, 58, 98
言説＝権力論　177, 204
言説構造還元論　66, 110, 282
言説構造決定論　63, 282
言説実践　12, 139, 151
権力　11, 16, 42, 52, 72, 103, 177, 180, 191, 284
　顕在的――　181, 197
　潜在的――　181
　不可視的――　181, 197, 203
権力資源　180, 188
構造　41, 45, 59, 68, 254, 282
　言説――　99, 108, 194, 208, 231, 248, 255
　資源配分――　20, 108, 150, 194, 208, 231, 255
構造決定論　6, 40, 50
構造の二重性テーゼ　40
公的家父長制　3

サ　行

差異化戦略　265
サバルタン　30

参加型福祉　219
ジェンダー　9, 10, 17, 183, 189, 198, 205
ジェンダー・イデオロギー　102, 181
ジェンダー・ハビトゥス　59, 166, 178, 208
ジェンダー化された主体　6, 57, 65
ジェンダー化された評価構造　164, 289
ジェンダー規則　59, 166, 178
ジェンダー体制　3, 61
ジェンダー秩序　51, 110, 166, 194, 207, 281
資源　19, 26, 31, 41, 60, 69, 98, 180
　ケア——　150, 289
　経済——　93, 94, 177, 188, 204, 289
　時間——　187, 199, 289
自主運営・自主管理　226, 247, 248
実践　41, 46, 70, 254, 283
　解釈——　70, 139
　交渉——　72, 175, 232
　再生産——　71
　受容的解釈——　71, 107
　批判的解釈——　71, 117, 165, 200
　変動——　71, 117
資本　47, 162, 235, 248
資本制　83, 102
収益権力　267
主観的権力経験　72, 179
主体　11, 13
主体選択論　4, 25, 52, 117, 165, 208, 217, 278
象徴支配　48
女性間の格差　6, 295
女性間の（価値の）多様性　7, 294
女性犠牲者モデル　55, 100
女性職　2, 103, 105, 253
女性の経験　14, 24, 141
身体介護　223, 261, 263
スウェーデン　2, 183, 186
性支配　53, 286
精神分析理論　119
性別職域分離　34, 92, 94, 102, 266, 272
性別分業　1, 15, 34, 39, 61, 249
性別役割分担　34
全体社会の家父長制　2
専門性　223, 246, 256, 292

タ　行

脱家族化 de-familialization　23
脱商品化 de-commodifcation　21
男女賃金格差　93, 107, 272
男性稼ぎ手モデル　23
男性ヘルパー　253
抵抗（実践）　108, 245
デイサービス　233
低賃金労働　105, 288
同化戦略　265
道徳発達理論　127
特別養護老人ホーム　232

ナ　行

能動的実践　29, 40, 167, 201

ハ　行

パートタイム労働　105, 110, 218
母親業　119
ハビトゥス　45, 59, 60
半ペイドワーク　1, 219, 229

福祉国家研究　19
物質構造決定論　4, 13, 25, 52, 99, 208, 217, 278
物質的基盤　84, 91, 94
ベヴァリッジ・プラン　20
ホームヘルプ労働　215, 219, 253
ポスト構造主義　13
ポスト構造主義フェミニズム　9, 16, 25, 58
本質主義　52

マ　行

マルクス主義フェミニズム　4, 14, 51, 79, 90, 120, 177
見えない交渉　193, 202

ヤ　行

役割取得　124
唯物論　82

ラ　行

ラディカル・フェミニスト　82
ラディカル・フェミニズム　51, 81

ワ　行

ワーカーズコレクティブ　215, 270

参考文献

Abel, Emily and Margaret Nelson eds., 1990, *Circles of Care: Work and Identity in Women's Lives,* New York: State University of New York Press.

阿部真大，2007,「介護労働と『主婦的』なるもの」『若者の労働と生活世界——彼らはどんな現実を生きているか』大月書店，132-148.

Acker, Joan, 1992, "Gendered Institutions: From Sex Roles to Gendered Institutions," *Contemporary Sociology,* 21(5): 569-69.

足立眞理子，2007,「ケアのグローバル化——ケア労働の国際的移転と日本的状況」『フェミニスト・ポリティクスの新展開——労働・ケア・グローバリゼーション』明石書店，159-176.

Ahrne, Göran and Hemmt Christine Roman, 1997, *barnen och makten: För Handlinger om arbete och pengar i familjen,* Rapport till Utredningen om fördeliningen av ekonomisk makt och ekonomiska resurser mellan kvinnor ovc män, SOU. = 2001, 日本・スウェーデン家族比較研究会、ハンソン友子訳『家族に潜む権力——スウェーデン平等社会の理想と現実』青木書店.

赤川学，2002,「言説の歴史社会学における権力問題」『年報社会学論集』15: 16-29.

Althusser, Louis, 1971, "Idéologie et appareils idéologiques d'Etat." = 1993, 柳内隆・山本哲士訳「イデオロギーと国家のイデオロギー装置」『アルチュセールの〈イデオロギー〉論』三交社，7-11.

天野正子，1988,「『受』働から『能』働への実験——ワーカーズ・コレクティブの可能性」佐藤慶幸編著『女性たちの生活ネットワーク——生活クラブに集う人びと』文眞堂，387-438.

———，1995,「『生活者』概念の系譜と展望」佐藤慶幸・天野正子・那須壽『女性たちの生活者運動』マルジュ社，17-69.

Anderson, Katharyn and Dana C. Jack, 1991, "Learning to Listen: Interview Techniques and Analyses," Sherna Berger Gluck and Daphne Patai eds., *Women's Word: The Feminist Practice of Oral History,* NewYork: Routledge.

Andre, Rae, 1981, Homemakers: *The Forgotten Workers,* The University of Chicago. =1993, 矢木公子・黒木雅子訳『主婦――忘れられた労働者』勁草書房.
Anker, Richard, 1998, *Gender and Jobs:Sex Segregation of Occupations in the World,* Geneva: International Labour Office.
浅野智彦, 2001,『自己への物語的接近――家族療法から社会学へ』勁草書房.
――――, 2005,「物語アイデンティティを越えて」上野千鶴子編『脱アイデンティティ』勁草書房, 77-102.
安里和晃・牧田幸文, 2007,「介護労働市場とエスニシティ――アメリカ・カリフォルニア州の事例から」久場嬉子編『介護・家事労働者の国際移動――エスニシティ・ジェンダー・ケア労働の交差』日本評論社, 99-140.
Austin, John L., 1960, *How to do Things with Words,* London: Oxford University Press. =1978, 坂本百大訳『言語と行為』大修館書店.
Baier, Anenette, 1995, "The Need for More than Justice," Virginia Held ed., *Justice and Care: Essential Readings in Feminist Ethics,* Colorado: Westview Press, 47-58.
Baldwin, Sally and Glendinning Caroline, 1983, "Employment, women and their disabled children," Janet Finch and Dolocie Groves eds., *A Labour of Love: Women, Work, and Caring,* London: Routledge and Kegan Paul, 53-71.
Barrett, Michele, 1980, *Women's Oppression Today,* London: Verso Editions.
Baumrind, Diana, 1993, "Sex differences in moral reasoning: response to Walker's conclusion that there are none," Mary Jeanne Larrabee ed., *An Ethic of Care ―― Feminist and interdisciplinary perspectives,* New York: Routledge, 177-92.
Becker, Gary, 1974, "Theory of Marriage," Theodore W. Schultz ed., *Economics of the Family,* Chicago: University of Chicago Press.
Beechey, Veronica, 1987, *Unequal Work,* London: Verso. =1993, 高島道枝・安川悦子訳『現代フェミニズムと労働――女性労働と差別』中央大学出版部.
Benston, Margaret, 1969, "The Political Economy of Women's Liberation," *Monthly Review,* 21-4
Blood, Robert and Wolfe Donald, 1960, *Husbands and Wives: The Dynamics of Married Living,* NewYork: Free Press.
Bourdieu, Pierre, 1979, *La Distinction: Critique Sociale du Judgement,* Paris: Minuit. =1991, 石井洋二郎訳『ディスタンクシオンⅠ』藤原書店.

———, 1980, *Le Sens Pratique,* Paris: Minuit. =1988, 今村仁司・港道隆訳『実践感覚 I』みすず書房 .
———, 1982, *Ce Que Parler Veut Dire, L'economie de echanges linguistiques,* Paris: Atheme Fayard. =1993, 稲賀繁美訳『話すということ——言語的交換のエコノミー』藤原書店 .
———, 1998, *La Domination Masculine* =2001, Nice Richard tran. *Masculine Domination,* Cambridge: Polity Press.
———, 2000, *Pascalian meditations,* Cambridge: Polity Press.
Bourdieu, Pierre and Jean-Claude Passeron, 1964, *Les Heritiers: Les étudiants et le culture,* Paris: Minuit. =1997, 石井洋二郎監訳『遺産相続者たち——学生と文化』藤原書店.
———, 1970, *La reproduction: élément pour théorie du système d'enseignement,* Paris, Minuit. =1991, 宮嶋喬訳『再生産』藤原書店 .
Butler, Judith, 1990, *Gender Trouble: Feminism and the Subversion of Identity,* NewYork: Routledge. =1999, 竹村和子訳『ジェンダー・トラブル——フェミニズムとアイデンティティの攪乱』青土社.
———, 1997, *Excitable Speech: A Politics of the Performative,* London: Routledge. =2004, 竹村和子訳『触発する言葉——言語・権力・行為体』岩波書店.
———, 1999, "Performativity's Social Magic," Richard Shusterman ed, *Bourdieu: A Critical Reader,* Oxford: Blackwell, 113-28.
Chodorow, Nancy, 1978, *The Reproduction of Mothering: Psychoanalysis and the Sociology of Gender,* California: University of California Press. =1981, 大塚光子・大内菅子訳『母親業の再生産——性差別の心理・社会的基盤』新曜社.
Chow, Rey, 1993, *Writing Diaspora: Tactics of intervention in contemporary cultural studies,* Bloomington: Indiana University Press. =1998, 本橋哲也訳『ディアスポラの知識人』青土社.
Collins, Patricia, Hill, 1991, "Work, Family and Black Women's Oppression," in *Black Feminist Thought: Knowledge, Consciousness, and the Politics of Employment,* NewYork and London: Routledge. =1993, 富岡明美訳「黒人フェミニズム——労働、家族、そして黒人女性の抑圧」『日米女性ジャーナル』14:53-78.
———, 1995 "Black Women and Motherhood," in Virginia Held, ed., 1995, *Justice and Care: Essential Readings in Feminist Ethics,* Westview Press,

117-35.
Connell, Robert, W., 1987, *Gender and Power: Society, the Person and Sexual Politics,* Oxford: Basil Blackwell. =1993, 森重雄・菊池栄治・加藤隆雄・越智康詩訳『ジェンダーと権力――セクシュアリティの社会学』三交社.
――――, 2002, *Gender,* Cambridge: Polity Press.=2008, 多賀太監訳『ジェンダー学の最前線』世界思想社.
Dalla Costa, and Selma James, 1972, *The Power of Women and Subversion of the Community,* Bristol: Falling Wall Press.
Dalla Costa, 1981, Emergenza femminista negli anni '70 e percorsi di rifiuto del lavoro, in AA. VV., La società italiana. Crisi di un sistema, F. Angeli, 1981. =1986, 伊田久美子・伊藤公雄「フェミニズムの登場と「拒否」の闘いの展開」『家事労働に賃金を――フェミニズムの新たな展望』インパクト出版会, 6-28.
Daly, Mary and Guy Standing, 2001, "Introduction" in Mary Daly ed., *Care Work Quest for Security,* Geneva: International Labor Office.
Delphy, Christine, 1984, *Close to Home, A Materialist analysis of Women's Oppression,* Translated by Diana Leonard, University of Massachusetts Press. =1996, 井上たか子・加藤康子・杉藤雅子訳『何が女性の主要な敵なのか――ラディカル・唯物論的分析』勁草書房.
江原由美子, 1995,『装置としての性支配』勁草書房.
――――, 2000a,『フェミニズムのパラドックス――定着による拡散』勁草書房.
――――, 2000b,「母親たちのダブル・バインド」目黒依子・矢澤澄子編『少子化時代のジェンダーと母親意識』新曜社, 29-46.
――――, 2001,『ジェンダー秩序』勁草書房.
Emily, Abel and Margaret Nelson eds., 1990, *Circles of Care: Work and Identity in Women's Lives,* NewYork: State University of NewYork Press.
Esping-Andersen, Gøsta, 1990, *The Three Worlds of Welfare Capitalism,* Cambridge: PolityPress. =2001, 岡澤憲芙・宮本太郎監訳『福祉資本主義の三つの世界――比較福祉国家の理論と動態』ミネルヴァ書房.
――――, 1999, *Social Foundations of Postindustrial Economies,* Oxford: Oxford University Press. =渡辺雅男・渡辺景子訳『ポスト工業経済の社会的基礎――市場・福祉国家・家族の政治経済学』桜井書店.
Faludi, Susan, 1991, *Backlash: The Undeclared War Against Women,* London:

Chatto and Windus.
Fenstermaker, Sarah, 1985, *The Gender Factory: The Apportionment of Work in American Household,* NewYork: Plenum Press.
Finch, Janet, 1989, *Family Obligations and Social Change,* Cambridge: Polity Press.
Finch, Janet and Jannifer Mason, 1993, *Negotiating Family responsibilities,* London: Tavistock: Routledge.
Fineman, Martha, 1995, *The Neutered Mother, the Sexual Family: And Other Twentieth Century Tragedies* = NewYork: Routledge. = 2003, 上野千鶴子監訳『家族、積みすぎた方舟：ポスト平等主義のフェミニズム法理論』学陽書房.
Fisher, Berenice and Joan Tront, 1990, "Toward a Feminist Theory of Caring," Emily Abel and Margaret Nelson eds., *Circles of Care: Work and Identity in Women' s Lives,* NewYork: Routledge, 35-62.
Foucault, Michel, 1978, *Histoire de la sexualité 1: La volanté de savoir,* Paris: Gallimard = 1986, 渡辺守章訳『性の歴史 I　知への意志』新潮社.
Francis, Becky, 1999, "Modernist reductionism or post-structuralist relativism: can we move on? An evaluation of the arguments in relation to feminist educational research," *Gender and Education,* 1 (4) : 381-394.
Fraser, Nancy, 1997, *Justice Interruptus: Critical Reflections on the "Post-socialist" Condition,* London and New York: Routledge. = 2003, 仲正昌樹監訳『中断された正義――「ポスト社会主義的」条件をめぐる批判的省察』御茶の水書房.
Friedan, Betty, 1963, *The Feminine Mystique,* NewYork: Norton.
Friedman, Marilyn, 1995, "Beyond Caring: The De-Moralization of Gender," Virginia Held ed., *Justice and Care: Essential Readings in Feminist Ethics,* Colorado: Westview Press, 61-77.
深澤和子, 2003,『福祉国家とジェンダー・ポリティックス』東信堂.
船橋惠子, 2006,『育児のジェンダー・ポリティクス』勁草書房.
福祉クラブ生活協同組合, 2005,『ワーカーズコレクティブ――地域に広がる福祉クラブのたすけあい』中央法規.
Giddens, Anthony, 1977, *Studies in social and political theory,* London: Hutchinson.
――――, 1979, *Central Problems in Social Theory,* London: Macmillan. = 1989, 友枝敏雄・今田高俊・森重雄訳『社会理論の最前線』ハーベスト社.

———, 1984, *The Constitution of Society,* Cambridge:Polity Press.

———, 1987, *Social Theory and modern Sociology,* Cambridge:Polity. = 1998, 藤田弘夫監訳『社会理論と現代社会学』青木書店.

———, 1993, *New Rules of Sociological Method: a positive critique of interpretative sociologies Second edition,* Cambridge:Polity Press. =2000, 松尾精文・藤井達也・小幡正敏訳『社会学の新しい方法基準第二版　理解社会学の共的批判』而立書房.

Gilligan, Carol, 1982, *In a Different Voice: Psychological Theory and Woman's Development,* Cambridge, Mass.:Harvard University Press. =1986, 岩男寿美子監訳『もうひとつの声――男女道徳観のちがいと女性のアイデンティティ』川島書店.

———, [1986] 1993, "Reply to Critics," Mary Jeanne Larrabee ed., *An Ethic of Care —— Feminist and interdisciplinary perspectives,* New York:Routledge, 207-214.

Gilligan, Carol and Grant Wiggins, 1987, "The origin of morality in early childhood relationships," Jerome Kagan and Sharron Lamb eds., *The Emergence of Morality in Young Children,* Chicago:University of Chicago Press.

Groves, Dulcie and Janet Finch, 1983, "Natural Selection:perspectives on entitlement to the invaid care allowance" Janet Finch and Dulcie Groves eds., 1983, *A Labour of Love: Women, Work, and Caring,* Routledge and Kegan Paul, 148-166.

Goffman, Erving, 1959, *The Presentation of Self in Everyday Life,* Garden City, N.Y.:Doubleday. =1974, 石黒毅訳『行為と演技』誠信書房.

Graham, Hiraly, 1983, "Caring a Lobour of Love," Janet Finch and Dolocie Groves eds., *A Labour of Love: Women, Work, and Caring,* Routledge, 13-30.

Greeno, Catherine, and Eleanor Maccoby, 1993, "How Different is the '"Deferent Voice'?, " Mary Jeanne Larrabee ed., 1993, *An Ethic of Care: Feminist and Interdisciplinary Perspectives,* NewYork:Routledge, 193-198.

Hakim, Carherine, 1996, *Key Issues in Women's Work: Female heterogeneity and the Polarisation of women's employment,* London:Athlone.

———, 2000, *Work-Lifestyle Choice in the 21st Century: Preference Theory,* Oxford:Oxford University Press.

Hartmann, Heidi, 1976, "Capitalism, Patriarchy, and Job Segregation by Sex," *Signs: Journal of Women in Culture and Society,* 1(3):137-69.

———, 1979, "The Unhappy Marriage of Marxism and Feminism: Towards a more Progressive Union," *in Capital and Class,* 8. Reprinted Lydia Sergent, ed., *Women & Revolution,* London: Pluto Press, 1-42. =1991, 田中かず子訳『マルクス主義とフェミニズムの不幸な結婚』勁草書房, 31-80.

———, 1981, "The Family as the Locus of Gender, Class, and Political Struggle: The Example of Housework," *Signs: Journal of Women in Culture and Society,* 6(3):366-394.

長谷川公一, 1989,「研究ノート　家父長制とは何か」江原由美子編『ジェンダーの社会学――女たち／男たちの世界』新曜社, 92.

Held, Virginia ed., 1995, *Justice and Care: Essential Readings in Feminist Ethics,* Westview Press.

Hochschild, Arlie Russel, 1983, *The Managed Heart: Commercialization of Human Feeling,* Berk eley: University of California Press. =2000, 石川准・室伏亜希訳『管理される心――感情が商品になるとき』世界思想社.

———, 2000, "Global Care Chains and Emotional Surplus Value," in Will Hutton, Anthony Giddens, eds., *On the Edge: Living with Global Capitalism,* London: Vintage, 130-146.

Humphries, Jane, 1977, "Class struggle and persistence of the working class family," *Cambridge Journal of Economics,* 1(3):241-258.

———, 1981, "Protective legislation, the capitalist state, and working class men: The case of the 1842 mine regulation act," *Feminist Review,* 7.

伊田広行, 1994,『性差別と資本制――シングル単位社会の提唱』啓文社.

———, 1998,『シングル単位の社会論――ジェンダー・フリーな社会へ』世界思想社.

井上輝子・上野千鶴子・江原由美子・大沢真理・加納実紀代編, 2002,『女性学事典』岩波書店.

岩井紀子・稲葉昭英, 2000,「家事に参加する夫、しない夫」盛山和夫編『日本の階層システム4 ――ジェンダー・市場・家族』東京大学出版会, 193-215.

岩間暁子, 2008,『女性の就業と家族のゆくえ――格差社会のなかの変容』東京大学出版会.

Joseph, Gloria, 1984, "Black mothers and Daughers: Toraditional and New

Perspectives," Sage: *A Scholarly Journal on BlackWomen* 1 (2): 17-21.
介護労働安定センター，2005「ホームヘルパーの就業実態と就業意識調査」
介護労働安定センター，2007「平成19年 事業所における介護労働実態調査」
Kanter, Rosabeth Moss, 1977, *Men and Women of the Corporation,* NewYork: Basic Books. =高井葉子訳『企業のなかの男と女——女性が増えれば企業が変わる』生産性出版.
春日キスヨ，1989,『父子家庭を生きる——男と親の間』勁草書房.
————，1995,「フェミニスト・エスノグラフの方法」井上俊・上野千鶴子・大澤真幸・見田宗介・吉見俊也編『ジェンダーの社会学』岩波書店, 169-187.
————，1997,『介護とジェンダー　男が看とる　女が看とる』家族社.
————，2001,『介護問題の社会学』岩波書店.
————，2003,「高齢者介護倫理のパラダイム転換とケア労働」『思想』955: 216-36.
加藤隆雄，1997,「女性文化と家父長制資本——ジェンダーの再生産理論をめざして」『教育社会学研究』61: 5-23.
川本隆史，1995,『現代倫理学の冒険：社会理論のネットワーキングへ』創文社.
Kelly, Joan, 1979, "The Doubled Vision of Feminist Theory: a Postscript to the 'Women and Power' Conference." *Feminist Studies,* 5(Spring): 216-27.
Kerber, Linda, K. 1993, "Some Cautionary Words for Historians, " in Mary Jeanne Larabee ed., *An Ethic of Care —— Feminist and interdisciplinary perspectives,* NewYork: Routledge, 102-07.
木本喜美子，2003a,『女性労働とマネジメント』勁草書房.
————，2003b,「新しい労働分析概念と社会システムの再構築——労働におけるジェンダー・アプローチの現段階」竹中恵美子編『労働とジェンダー』明石書店.
木本喜美子・深澤和子編著，2000,「農家女性労働の再検討」『現代日本の女性労働とジェンダー——新たな視角からの接近』ミネルヴァ書房, 86-123.
木脇奈智子，2007,「『父親の育児』をめぐる夫の意識・妻の意識——子育て中のカップルの調査から」『国際ジェンダー学会誌』5, 9-34.
久場嬉子，2003,「ジェンダー視点から見る周辺労働問題——ホームヘルプ労働をめぐって」『日本労働社会学会年報　階層構造の変動と「周辺労働」の動向』14: 45-66.
久場嬉子編，2007,『介護・家事労働者の国際移動——エスニシティ・ジェンダ

ー・ケア労働の交差』日本評論社.

Kohlberg, Lawrence, 1971, "Stage of Moral Development as a Basis for Moral Education," Brenda Munsey ed., 1980, *Moral Development, Moral Education, and Kohlberg: Basic Issues in Philosophy, Psychology, Religion, and Education,* Birmingham, Ala. :Religious Education Press. = 1987, 岩佐信道訳『道徳性の発達と道徳教育——コールバーグの理論の展開と実践』麗澤大学出版会.

Komter, Aafke, 1989, "Hidden Power in Marriage," *Gender and Society,* 2:187-216.

厚生省, 1963『厚生白書　昭和37年度版』

厚生労働省, 2007,「厚生労働省社会保障審議会福祉部会資料」厚生労働省,『平成二十年賃金構造基本統計調査』

Kuhse, Helga, 1997, *Caring: Nurses, Women and Ethics,* Oxford:Blackwell, = 2000, 竹内徹・村上弥生訳『ケアリング——看護婦・女性・倫理』メディカ出版.

Land, Hiraly, 1978, "Who cares for the family?," *Journal of Social Policy,* 17(3).

————, 1991, "Time to Care" in *Women's Issues in Social Policy,* in Mavis Maclean and Dolocie Groves eds., London:Routledge.

Lawrence, Walker, 1984, "Sex Difference in the development of moral reasoning:a critical review," in Mary Jeanne Larrabee ed., *An Ethic of Care —— Feminist and interdisciplinary perspectives,* NewYork:Routledge, 157-176.

Lewis, Jane ed., 1983, *Women's Welfare-Women's Rights,* London:Croom Helm.

Lewis, Jane, 1985, "The Debate on Sex and Class," *New Left Review,*149, 108-20.

————, 1986, "The Working-class wife and mother and state invention, 1870-1918," Jane Lewis ed., *Labour and Love: Women's Experience of Home and Family,* 1870-1918, Oxford:Basil Blackwell.

————, 1992, "Gender and the Development of a Welfare State Regimes," *Jour-nal of European Social Policy,* 2.3:159-173.

————, 2001, "Legitimizing care work and the issue of gender equality," Mary Daly ed., *Care Work: The quest for security,* Genova:ILO, 57-75.

Luira, Zella, 1993, "A Methodological Critique," Larrabee Mary Janne ed., *An Ethic of Care —— Feminist and interdisciplinary perspectives,* New York:

Routledge, 199-203.
Lukes, Steven, 1974, *Power: A Radical View,* London:Macmillan. =1995, 中島吉弘訳『現代権力論批判』未来社.
松田茂樹, 2005,「現代日本における母親の就労の子どもへの影響に関する規範意識」渡辺秀樹編,『現代日本の社会意識——家族・子ども・ジェンダー』慶応大学出版会, 85-105.
McNay, Lois, 1999, "Gender, Habitus and the Field Pierre Bourdieu and the Limits of Reflexivity," *Theory, Culture and Society,* 16(1):95-117.
————, 2004, "Agency and Experience: gender as a lived relation," in Lisa Adkins and Beverley Skeggs eds., *Feminism after Bourdieu,* Oxford: Blackwell, 175-90.
Mcdonough, Roisin and Harrison Rachel, 1984,「家父長制と生産関係」A・クーン・A・ウォルプ編『マルクス主義フェミニズムの挑戦』勁草書房, 12-54.
Mies, Maria, 1986, *Patriarchy and Accumulation on a World Scale,* London: Zed Books=1997, 奥田暁子訳『国際分業と女性——進行する主婦化』日本経済評論社.
Mies, Maria, Veronika Bennholdt-Thomsen and Claidia von Werlhof, 1988, *Women: The Last Colony,* London:Zed Books. =1995, 古田睦美・善本裕子訳『世界システムと女性』藤原書店.
Miller, Baila, 1990, "Gender Differences in Spouse Management of Caregiver Role," in Emily Abel and Margaret Nelson eds., *Circles of Care: Work and Identity in Women's Lives,* New York: State University of New York Press, 92-103.
Millet, Kate, 1970, *Sexual Politics,* NewYork: Doubleday.
三好春樹, 2005,『介護の専門性とは何か』雲母書房.
三井さよ, 2004,『ケアの社会学——臨床現場との対話』勁草書房.
————, 2006,「看護職における感情労働」『大原社会問題研究所雑誌』567:14-26.
森川美絵, 1998,「『参加型』福祉社会における在宅介護労働の認知構造——ジェンダー、二重労働市場、専門化の観点から」『現代日本のパブリックフィロソフィ』, 396-418.
————, 2004,「高齢者介護政策における家族介護の『費用化』と『代替性』, 大沢真理編『福祉国家とジェンダー』東京大学出版会, 131-158.
森村修, 2000,『ケアの倫理』大修館書店.

森田成也，1997,『資本主義と性差別——ジェンダー的公正をめざして』青木書店.
村尾祐美子，2003,『労働市場とジェンダー——雇用労働における男女不公平の解消に向けて』東洋館出版社.
室住眞麻子，2004,「家族家計・家計内個々人への収支配分・社会保障，大沢真理編『福祉国家とジェンダー』明石書店，65-96.
Murphy, Raymond, 1982, "Power and Autonomy in the Sociology of Education," *Theory and Society,* 12:179-203.
中川スミ，1993「家事労働は『搾取』されているのか——大沢真理氏の「『家事労働はなぜタダか』を手がかりとして」を読んで」東京大学社会科学研究所紀要『社会科学研究』45(3):258-274.
中西祐子，2004,「フェミニストポスト構造主義とは何か——経験的研究手法の確立に向けての一考察」武蔵大学論集『ソシオロジスト』6.
Nicholson, Linda, 1993, "Women, Morality, and History," Mary Jeanne Larrabee ed., *An Ethic of care: Feminist and Interdisciplinary Perspectives,* NewYork:Routledge, 87-101.
西躰容子，1998,「『ジェンダーと学校教育』研究の視角転換——ポスト構造主義的展開へ」『教育社会学研究』62.
庭野晃子，2007,「父親が子どもの『世話役割』へ移行する過程——役割と意識との関係から」『家族社会学研究』，18(2):103-114.
Noddings, Nel, 1984, *Caring: A Feminine Approach to Ethics and Moral Education,* Barkley:University of California Press. =1997, 立山善康他訳『ケアリング　倫理と道徳の教育——女性の観点から』晃洋書房.
小笠原祐子，1998,『OL たちの〈レジスタンス〉——サラリーマンと OL のパワーゲーム』中公新書.
岡真理，2000,『記憶／物語』岩波書店.
Oliver, Judith, 1983, "The caring wife," Emily Abel and Margaret Nelson eds., 1990, *Circles of Care: Work and Identity in Women's Lives,* New York: State University of New York Press, 72-88.
大日向雅美，2000,『母性愛神話の罠』日本評論社.
大沢真理，1993a,『企業中心社会を超えて——現代日本を〈ジェンダー〉で読む』時事通信社.
———，1993b,「『家事労働はなぜタダか』を手がかりとして」東京大学社会科学研究所紀要『社会科学研究』45(3):239-257.
———，2004,「福祉国家とジェンダー」大沢真理編『福祉国家とジェンダ

ー』明石書店，17-40.
Orloff, Ann Shola, 1993, "Gender and the Social Rights of Citizenship: state policies and gender relations in comparative research," *American Sociological Review,* 58(3): 303-328.
Parsons, Talcott, 1951, *The Social System,* NewYork: FreePress.
Parrenãs, Rhacel, 2001, *Servants of Globalization: Women, Migration and Domestic Work,* Standford: Stanford University.
Pollert, Anna, 1982, *Girls, Wives, Factory Lives,* London: Macmillan.
Puka, Bill, 1993, "The Liberation of Caring: A Different Voice for Gilligan's "Different Voice," in Mary Jeanne Larrabee ed., *An Ethic of care: Feminist and Interdisciplinary Perspectives,* NewYork: Routledge, 215-39.
Qureshi, Hazel and Alan Walker, 1989, *The Caring Relationship.* London, UK: Macmillan.
Reinharz, Shulamit, 1992, *Feminist Methods in Social Research,* NewYork: Oxford University Press.
労働政策研究・研修機構編, 2006,「介護休業制度の拡大に向けて――「介護休業制度の利用状況等に関する研究」報告書」『労働政策研究報告書』73.
Ruddick, Sara, 1995a, *Maternal Thinking Toward a Politics of Pease: With a New Preface,* Boston: Beacon Press.
――――, 1995b, "Injustice in Families: Assault and Domination" in Virginia Held ed, *Justice and Care: Essential Readings in Feminist Ethics,* Boulder Col.: Westview Press, 203-223.
Sainsbury, Dianne, 1996, *Gender, Equality and Welfare State,* Cambridge University Press.
Sainsbury, Diane ed., 1999, *Gender and Welfare Regimes,* Oxford: Oxford University Press.
Salih, Sala, 2002, *Judith Butler,* NewYork: Routledge. =2005, 竹村和子訳『ジュディス・バトラー』青土社.
榊原裕美，2003,『生活クラブ生活協同組合運動の実践と展望――ワーカーズコレクティブの試みの20年後の検証』横浜国立大学環境情報学府修士論文.
櫻井和代，2004,『ホームヘルプ労働の自立と未来』本の泉社.
――――, 2005,「現場でもがくヘルパーたち」ヘルスケア総合政策研究所編『ホームヘルパーの悲鳴――どうなる介護の未来』日本医療企画，39-50.
三具淳子，2007,「妻の就業決定プロセスにおける権力作用」『社会学評論』58(3): 305-324.

笹谷春美，2000,「『伝統的女性職』の新編成――ホームヘルプ労働の専門性」木本喜美子・深澤和子編『現代日本の女性労働とジェンダー』ミネルヴァ書房，175-215.
――――，2001,「ケアワークのジェンダー・パースペクティブ」『女性労働研究』36:59-67.
――――，2005,「ケアワーカーの養成過程におけるジェンダー課題――伝統的女性労働と『専門性』の確保」(平成14年度―16年度科学研究費補助金による研究成果)
佐藤博樹・武石恵美子，2004,『男性の育児休業』中公新書.
Scott, Joan W., 1992, "Experience" in *Feminist Theorize The Political,* Judith Butler and Joan Scott eds., NewYork:Routledge, 22-40.
――――，1999, *Gender and the Politics of History, Revised Edition,* Columbia University Press. =2004, 荻野美穂訳『ジェンダーと歴史学』平凡社.
瀬地山角，1996,『東アジアの家父長制――ジェンダーの比較社会学』勁草書房.
盛山和夫，2000,『権力』東京大学出版会.
Siaroff, Alan, 1994, "Work, Welfare and Gender Equality:A New Typology, " Diane Sainsbury ed., *Gendering Welfare State,* London:Sage Publications.
Siim, Birte, 1987, "The Scandinavian welfare states:towards sexual equality or a new kind of male domination?," in *Acta Sociologica,* 30(3/4):255-270.
白崎朝子，2008,「介護派遣労働の現場から――コムスンショックからグッドウィル崩壊へ」『世界』2008, 9, 47-55.
――――，2009,『介護労働を生きる――公務員ヘルパーから派遣ヘルパーの25年』現代書館.
Skeggs, Beverley, 1997, *Formation of Class and Gender,* London:SAGE.
――――，2004, "Context and Background:Pierre Bourdieu's analysis of class, gender and sexuality," Lisa Adkins and Beverley Skeggs eds., *Feminism after Bourdieu,* Oxford:Blackwell, 19-33.
Smith, Pam, 1992, *The Emotional Labour of Nursing,* London:Palgrave Macmillan.
Socoloff, Natalie, 1980, *Between Money and Love: The Dialectics of Women's Home and Market Work,* NewYork:Praeger. =1987, 江原由美子他訳『お金と愛情の間―――マルクス主義フェミニズムの展開』勁草書房.
総務省統計局，2005,「国勢調査」
Spivak, Gayatri, 1988, *Can the Subaltern Speak? in Marxism and the Inter-*

pretation of Culture, Urbana and Chicago: University of Illinois Press.
Stack, Carol, 1993, "The Culture of Gender: Women and Men of Color," Mary Jeanne Larrabee ed., *An Ethic of Care —— Feminist and interdisciplinary perspectives,* NewYork: Routledge, 108-111.
Stacy, Judith, 1991, "Can There be a Feminist Ethnography?," Sherna Berger Gluck and Daphne Patai eds., *Women's Word: The Feminist Practice of Oral History,* NewYork: Routledge.
田端博邦, 2004,「福祉国家と労働政策——ジェンダーの視点から」大沢真理編『福祉国家とジェンダー』明石書店 , 97-128.
多賀太, 2007,「仕事と子育てをめぐる父親の葛藤——生活史事例の分析から」「国際ジェンダー学会誌」5:35-61.
竹中恵美子, 1989,『戦後女子労働史論』有斐閣.
田間泰子, 2001,『母性愛という制度——子殺しと中絶のポリティクス』勁草書房.
田中かず子, 2002,「介護システムの国際比較と日本の課題」『女性労働研究 介護労働の国際比較』青木書店, 19-29.
————, 2008,「感情労働としてのケアワーク」上野千鶴子・大熊由起子・大沢真理・神野直彦・副田義也編『ケアその思想と実践2 ケアすること』岩波書店 , 97-120.
東京大学社会学研究室・建築学研究室, 2005,『住民参加型地域福祉の比較研究』. Tront, Joan, 1993, *Moral boundaries: A Political argument for an ethics of care,* London: Routledge.
————, 1995, "Women and Caring: What Can Feminists Learn about Morality from Caring?" in Virginia Held ed., *Justice and Care: Essential Readings in Feminist Ethics,* Colorado: Westview Press, 101-115.
上野千鶴子, 1985,『資本制と家事労働——マルクス主義フェミニズムの問題構制』海鳴社.
————, 1990,『家父長制と資本制——マルクス主義フェミニズムの地平』岩波書店.
————, 1995,「差異の政治学」井上俊他編『岩波講座 現代社会学 11 ジェンダーの社会学』岩波書店, 1-26.
————, 2002,「福祉ワーカーズ・コレクティブ・コレクティブの新しい展開の可能性を求めて」ユニベール財団研究助成報告書.
————, 2004,「生協・労働・ジェンダー」『生活協同組合研究』2004, 5:5-16.
————, 2008,「家族の臨界——ケアの分配公正をめぐって」『家族社会学研

究』20(1):28-37.
上野千鶴子・肥口征子，2001,『地域福祉の構築——地域に根づくか　ワーカーズ・コレクティブの挑戦』東京大学社会学研究室・グリーンコープ福祉連帯基金.
上野千鶴子・小倉千加子，2002,『ザ・フェミニズム』筑摩書房.
Ungerson, Clare, 1983, "Why do women care?" Janet Finch and Dulcie Groves eds., 1983, *A Labour of Love: Women, Work and Caring,* London: Routledge and Kegan Paul.
————, 1987, *Policy Is Personal: Sex, gender and Informal Care,* London: Tavistock. =1999, 平岡公一・平岡佐智子訳『ジェンダーと家族介護——政府の政策と個人の生活』光生館.
Walby, Sylvia, 1986, *Patriarchy at Work: Patriarchal and capitalist relations in employment.* Cambridge:Polity Press.
————, 1990, *Theorizing Patriarchy,* Blackwell.
————, 2000, "Analyzing Social Inequality in the 21st century:Globalization and Modernity Restructure Inequality," *Contemporary Sociology* 29,(6):813-818.
Weber, Max, 1956, Soziologie der Herrshaft" Wirtshaft und Gesellshaft(5 Auf) J.C.B.Mohr. =1960, 世良晃志郎訳『支配の社会学Ⅰ』創文社.
Wharton, Amy, 1991, "Structure and Agency in Socialist-Feminist Theory" *Gender and Society* 15:373-389.
Willis, Paul, 1977, *Learning to Labour: How working class kids get working class job,* Farnborough, Eng.:Saxon House. =1996, 熊沢誠・山田潤訳『ハマータウンの野郎ども』筑摩書房.
Wilson, Elizabeth, 1977, *Women and the Welfare State,* London:Tavistock.
Witz, Anne, 1992, *Profession and Patriarchy,* Routledge.
————, 2004, "Anamnesis and amnesis in Bourdieu's work:The case for feminist anamnesis," Lisa Adkins and Beverley Skeggs eds, *Feminism after Bourdieu,* Oxford:Blackwell, 211-223.
山田昌弘，2003,「ケアとジェンダー」江原由美子・山田昌弘『ジェンダーの社会学——女と男の視点からみる21 世紀日本社会』放送大学出版協会，152-162.
山根純佳，2001,「家事ワークの対価と評価」福祉ワーカーズ・コレクティブ2000年利用者調査報告書『地域福祉の構築——地域に根づくかワーカーズの挑戦』
————，2004,『産む産まないは女の権利か——フェミニズムとリベラリズ

ム』勁草書房.
———, 2005,「『ケアの倫理』と『ケア労働』——ギリガン『もうひとつの声』が語らなかったこと」『ソシオロゴス』29:1-18.
———, 2007,「男性ホームヘルパーの生存戦略——社会化されたケアにおけるジェンダー」『ソシオロジ』51(3):91-106.
———, 2009,「書評『ケアその思想と実践2　ケアすること』上野千鶴子他編」『女性労働研究』53:172-175.
横田克巳, 2002,『愚かな国の、しなやかな市民——女性たちが拓いた多様な挑戦』ほんの木.
横塚晃一, 1975,『母よ！殺すな』すずさわ書房.
要田洋江, 1999,『障害者差別の社会学——ジェンダー・家族・国家』岩波書店.
吉岡なみ子, 2006,「ケアの相互作用過程に生じる困難性と施設ケア秩序——介護老人保健施設の場合」*F-GENS Journal* 6, September 2006:119-126.
Young, Iris, 1981, "Beyond the Unhappy marriage: A Critique of the Dual Systems Theory," Sargent Lydia ed., *Women and Revolution,* South end Press. =1991, 田中かず子訳「不幸な結婚を乗り超えて——二元論を批判する」『マルクス主義とフェミニズムの不幸な結婚』勁草書房, 81-111.
全国社会福祉協議会編, 1979,『在宅福祉サービスの戦略』全国社会福祉協議会.

著者略歴

1976 年　神奈川県に生まれる
2000 年　早稲田大学教育学部卒業
2002 年　東京大学大学院人文社会系研究科修士課程修了
2009 年　東京大学大学院人文社会系研究科博士課程修了　博士（社会学）．山形大学人文学部講師，実践女子大学准教授を経て，
現　在　実践女子大学教授
主著・主論文
『産む産まないは女の権利か――フェミニズムとリベラリズム』勁草書房（2004）
「ケアの再公共化とフェミニズムの政治――福祉国家・ケア・新自由主義」上野千鶴子・江原由美子編『挑戦するフェミニズム　ネオリベラリズムとグローバリゼーションを超えて』有斐閣（2024）
「ケアワークにおけるジェンダーの再編――『長時間労働する身体』と『ヘゲモニックな男性性』」『社会学評論』288: 433-449, 日本社会学会
岩波講座　社会学（岩波書店，2023 ～）編集委員

なぜ女性はケア労働をするのか
性別分業の再生産を超えて

2010年 2 月25日　第 1 版第 1 刷発行
2025年 4 月20日　第 1 版第 3 刷発行

著　者　山《やま》　根《ね》　純《すみ》　佳《か》

発行者　井　村　寿　人

発行所　株式会社　勁《けい》　草《そう》　書　房

112-0005 東京都文京区水道2-1-1　振替　00150-2-175253
（編集）電話 03-3815-5277／FAX 03-3814-6968
（営業）電話 03-3814-6861／FAX 03-3814-6854
本文組版 プログレス・三秀舎・松岳社

ISBN978-4-326-65352-2　　Printed in Japan

＊落丁本・乱丁本はお取替いたします。
ご感想・お問い合わせは小社ホームページから
お願いいたします。

https://www.keisoshobo.co.jp